■국내 최신판 · 완벽한 그림 해설 · 새로운 레크레이션 모음집!!

# 정통 실내

## 기초 이론에서부터
## 실기 완성까지

# 레크레이션

현대레저연구회 편

KB259684

太乙出版社

국내 최신판 · 완벽한 해설 · 초보에서 마스터까지!

# 정통
# 실내 레크레이션

### 현대레저연구회편

太乙出版社

# 머 리 말

　게임 연구는 수많은 레크레이션 활동 중에서도 특히 중요한 영역 중 하나인데 최근에는 각종 그룹활동이나 서클 활동에 의한 동인회 만들기가 활발한 전개를 벌이고 있고 또 여러가지 회의 토론회, 연구회, 파티 등의 회합이 열리게 되어 보다 좋은 운영을 위해 빼놓을 수 없는 기법으로써 게임의 효용은 높이 평가되고 크게 주목받게 되었다. 또 개인의 입장에 따라 생활 지혜로써 가장 간단하고 바람직한 요소를 지닌 게임을 습득하는 것은 절대적으로 필요한 상황이 되고 있는 듯하다.

　20여년에 걸쳐 레크레이션 활동에 매료되고 있고 그 중요성을 통감한 나머지 보급을 위해 작은 힘이나마 기울여 각종 레크레이션 종목에 손을 대 왔으나 특히 게임은 관심을 가지면 가질수록 내용의 다양성에 놀라게 되고 점점 흥미로워진다.

　게임을 술자리의 안주 정도로 생각하기 쉽다. 그러나 내부에 포장되어 있는 것이 다양하고 표현 방법에도 오래 전의 것, 새로운 것이 있고 그 각각 독특한 맛을 지니고 있다. 게다가 우리들 주위에 늘상 있는 것이라는 점이 중요하고 가능하다면 우리들 생활 속에서 끄집어 낸 것이 한층 가치있고 의미깊은 것이라고 할 수 있을 것이다.

　따라서 이 책에 수록한 게임 종목은 결코 진기한 것이나 신선한 것이 아니고, '언제 어디서 누구나' 친해질 수 있는 것이 대부분을 차지하고 있으나 생활에 적응하는 각자의 창의 연구를 가하는 것에 의해 새로운 생명을 불어넣어 보다 즐겁고 흥미로운 것으로 만들도록 하자.

그리고 이 작은 책에 의해 게임에 대한 재인식을 갖고 밝은 가정, 직장 또 그룹 활동에 의한 친구 만들기에 조금이라도 도움이 된다면 더 바랄 것이 없겠다.

이 책 출판에 있어서 여러 지도를 해 주신 모든 분들께 감사의 뜻을 전하고 싶다.

# 차 례

# 제1부—레크레이션이란

# 차 례

# 차 례

# 차 례

# 제3부 — 중 · 고등학교
# 청소년을 위한 레크레이션

## 제1장/서로 친숙해 지는 레크레이션

# 차 례

# 차 례

## 제2장/여럿이 간단한 운동으로 즐기는 레크레이션

# 차 례

12

# 차 례

# 차 례

## 차 례

## 제1장/여럿이 함께 모여 화목하게 즐기는 게임

# 차 례

16

# 차 례

# 차 례

# 차 례

## 제5부——집회·모임· 연회석상 등에서 즐길 수 있는 레크레이션

### 제1장/연회를 연출하는 기본적인 요소

### 제2장/분위기를 만들기 위한 게임

# 차 례

# 차   례

# 차 례

# 제1부
# 레크레이션이란

## 제1장

# 레크레이션 게임의
# 성격과 의의

# 1. 레크레이션 게임의
# 어의(語義)와 의의(意義)

    원래 게임(Game)이라는 말은 인도 유럽어의(Ghem)에서 파생된 것이라고 한다. 그것은 '기쁜 듯이 펄쩍 뛰어오른다'고 하는 말이라고 일컬어지지만 현재의 사전류에 있어서 볼 수 있는 게임의 해설로는 '① 놀다, ② 승부·경기, ③ 시합·경기, ④ 소정의 규칙에 근거해서 경기자가 개인 또는 단체로 상대와 그 기를 겨루는 것'이라고 하는 표현은 매우 단순하지만 그 이상으로 원래 의미가 가진 소박하고 생생한 약동적인 상태를 느낄 수 있다.

    1950년 6월 제1회 국제사회학회의가 개최되어「사회학적 견지에서 본 게임」(Games from the Sociological Point)라는 문제가 토의되었다. 출석한 당시의 국내 사회학회 회장 H씨에 의해 귀국 후 보고되고 있지만 그것에 따르면 제출된 게임에 관한 사회학적 연구의 보고는 6종류로 특히 마이가드씨(P.Maugard—덴마크)는 게임학(Ludology— Ludus(놀다))과 Logos(학)과의 조성어로 스포츠를 포함하는 광의의 게임에 관한 과학이라는 뜻)을 제창하며, '게임학이란 게임에 관한 과학으로서 사회학의 일부이며 많은 과학이 여기에 관계한다.'고 해서 게임을 사회학적으로 연구하는 것의 중요성을 지적하고 있으며 게임은 인간이 영위하는 노동 작업이며 생리 활동을 제외한 일절의 인간 활동을 가리킨다. 그러나 게임 활동이 식사나 성생활과 같이 본능적 욕망의 충동에 의해 영위된다고 보는 것은 너무 지나친 생각으로 오히려 단순한 성향에 의해 영위되어 오는 것이라는 점을 강조하고 있다.

또한 에릭 반 박사(D.R.Eric Barne)는 그의 저서 「인생 게임 입문」에서 '인간과 인간과의 접촉의 출발점, 그것은 개인의 문제뿐만 아니라 개인과 개인의 교섭, 즉 집단 행동까지 확대되어 간다. 게임의 매력의 하나는 인생에 대해서 도덕적인 목표를 주거나 설교하지 않고 일상 평범한 인간 관계 속에서 볼 수 있는 기쁨과 고통을 생생하게 또한 유머러스하게 그려 내는 것.'이라고 서술하고 있듯이 그 초래하는 의의는 보다 광범위하고 보다 심오하다고 말하지 않을 수 없다.

그러나 이런 기조를 근거로 하면서도 여기에서 말하는 게임은 인간의 경쟁적, 본능적 욕구를 만족시키는 스포츠보다는 같은 신체 활동이라도 별도 시간을 들이지 않더라도 더구나 스포츠와 같이 심하게 경쟁심을 자극하는 일도 없이 승패는 그 과정에 있어서의 흥취 돋구기에 필요하다고 하는 정도로 즐길 수 있고, 다음에 서술하는 놀이에 비하면 승패는 약간 엄격하게라고 하는 특성을 가진 것으로서 생각해 주기 바란다. 따라서 게임에는 스포츠나 놀이에는 없는 마음 편함, 소탈함이 있어 짧은 휴식의 한때를 즐겁게 보내기 위한 것으로서는 최적이라고 말할 수 있으리라.

종래 국내에 있어서는 게임과 놀이란 동의로 생각되고 있었지만 오늘날에는 반드시 동일의 것은 아니게 되어 있지 않을까? 놀이는 광의로 보면 모든 유희의 총칭이지만 협의로 보면 주로 어린이들이 학교 등에서 하는 노래나 음악에 맞춰서 춤추는 것이나 일정한 방법

에 따라서 흥미와 운동을 목적으로서 노는 것을 가리키고 있다고
말할 수 있으리라.

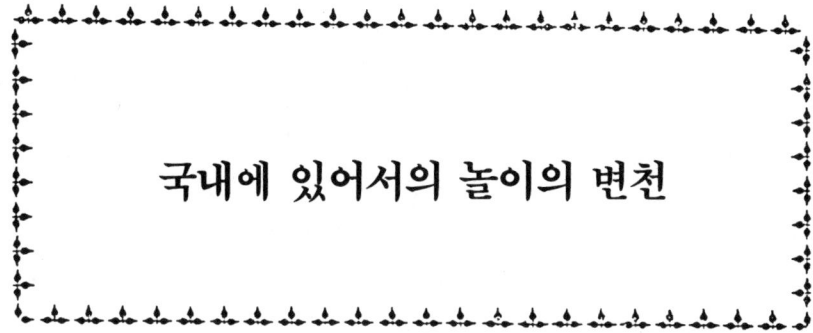

# 국내에 있어서의 놀이의 변천

우리나라에 있어서의 놀이의 발생은 오래되어 '고서(古書)'에 나무 오르기, 씨름, 매 사냥, 닭싸움, 공차기, 말을 달리며 활 쏘기 등이 있고 각종 기록에는 공던지기, 투석, 눈 놀이, 말타기 등의 말이 나와 있다.

주로 학교를 중심으로 한 놀이(유희)의 발달은 종래의 체조에서는 만족되지 않았던 심신 양면에서 효과를 놀이에 의해 기대하는 마음이 반영된 것이겠지만 학교 체육에 있어서의 놀이가 처한 입장은 현저하게 향상되었다.

이것과 마찬가지로 학교 밖에 있어서의 놀이에 대한 평가도 급등하고 일반에게도 친숙해져서 널리 활용되어 오늘날에 이르고 있다. 특히 최근에 와서, 레크레이션 활동이 급속하게 진전하기에 이르러서 그 중요성은 더욱 주목받게 되었지만 이점에 대해서는 뒤에 서술하기로 하고 어쨌든 장황하게 국내에 있어서의 놀이에 대해서 서술한 것은 게임을 생각하는 데 있어서 매우 관련이 깊기 때문이라는 사실을 양해해 주기 바란다.

그런데 현재 우리나라에서 게임이라고 하는 이름으로 불리고 있는 것은 스포츠종목으로서 볼 수 있는 것부터 아이스플레이카로서 기분

전환이나 숨돌리기를 위한 것을 포함하면 그 수는 아마도 수백 종류 가 넘을 것이다. 그러나 그 하나하나에는 독특한 맛이 있고 내용은 천차만별이며 더구나 유머가 풍부하고 건강성도 풍부해서 흔히 일컬 어지는 것 같은 생선회의 곁들이는 야채나 해초같은 존재가 아니라 오히려 그 내포하는 다양성, 흥미성, 효용성이 이루 헤아릴 수 없는 것이 있고 더구나 게임 전개 속에는 다양한 인간 모양이 짜여져 있기 때문에 매우 인간적인 냄새가 물씬 풍기는 현대 사회의 축소된 모습 도 감추고 있어서 그 흥미는 끝이 없다.

게임에는 타인과 관계 없이 자신 혼자서 노는 것도 많지만 그것은 그것으로 결코 무의미하다고는 생각할 수 없지만 함께 놀고 서로 즐김으로서 거기에 보다 큰 의미가 있다.

개인으로 노는 경우라도 대개 상상 속에서 누군가 상대와 놀고 있는 게 아닐까?

게임은 역시 '소정의 규칙에 근거해서' 만들어지고 이루어지고 있는 것이다. 하지만 그 규칙의 존재가 즐겁게 놀기 위해서 빼 놓을 수 없는 것일지라도 그것은 어디까지나 즐기기 위한 것이므로 그로 인해 속박당하거나 변화시켜서는 안된다고 하는 것은 아니다. 매우 탄력성, 융통성을 가지고 있기 때문에 오히려 그 속에서 서로의 상상 력이나 창조성이 발휘되는 것 쪽이 보다 바람직하다.

말할 필요도 없이 게임에도 승패를 겨루는 것이 많지만 일반 운동 경기와 같이 승부를 위해서 타인을 되돌아 보지 않는다고 하는 것이 아니라 다분히 즐기면서 이루어지는 것이 보통이며 이 즐거움이 게임 을 한층 더 가깝게 느끼도록 만든다. 그러나 경쟁에 이기기 위한 마음 가짐과 게임 중에 겨룰 때의 마음 가짐과는 언뜻 보아 비슷하나 다른 것이 있다는 사실을 깨달을 것이다.

# 3. 레크레이션 게임의 요소

레크레이션 게임은 비교적 간단하고 어려운 운동기술을 필요로 하지 않는 경우가 많기 때문에 회에 곁들인 야채같은 존재로 생각되기 쉽지만 이것을 자세하게 살펴보면 각각의 내용에는 이루 헤아릴 수 없을 만큼 다종 다양한 요소가 내포되어 있고 그 표현 방법에는 오래된 것, 새로운 것이 있어 그 하나 하나에는 독특한 맛이 있고 귀중한 문화 재산적인, 격조 높은 것도 있다.

더구나 이것을 행하는 도중에서 리더쉽이나 프렌드쉽이 높아지고 그룹워크로서의 상호 작용이 이루어져서 협조, 친화의 사회적 성격이 배양되고 건강하고 명랑한 심신의 육성이 도모되며, 바람직한 인간 관계의 양성에 도움이 되는 것이다.

또한 그런 효과를 올리기 위해서는 다음과 같은 약간의 요소를 갖추지 않으면 안된다.

## (1) 간이성

모든 사람이 환경, 연령, 성별, 직업 등의 제약이나 조건에 구애받는 일 없이 얼마 안되는 시간을 이용해서 즐길 수 있을 것, 즉 '언제, 누구나, 어디에서나'라고 하는 선뜻 행할 수 있는 간편함이 필요하다.

일반적으로는 스포츠 종목과 같이 엄격한 규칙이라든가 규격에
정해진 용구나 시설을 필요로 하지 않고 때와 장소에 적응해서 연구
하고 개조하는 것쪽이 효과적인 경우가 많다.

또한 특별한 기술을 필요로 하지 않는다. 물론 능숙한 것 보다
더 좋은 일은 없지만 서투른 것이 오히려 분위기를 즐겁게 하는 경우
도 있어서 재미있다.

### (2) 건강성

스포츠 만큼의 신체적 단련은 바랄 수 없지만  적당한 운동량과
흥미로 인한 기분 전환, 피로 회복, 건강 증진에 도움이 되고 심신에
활력을 주어 육체적, 정신적으로 도움을 준다고 말할 수 있다.

### (3) 준수성

게임에는 간단하지만 반드시 규칙이 있기 때문에 즐기면서도 이것
을 준수시킴으로서 규칙이나 질서에 따르려고 하는 사회적 매너를
몸에 익혀 사회인으로서의 소양를 고양시킬 수 있다.

### (4) 협조성

게임을 즐기기 위해서는 개인의 경우보다 집단 쪽이 전체 속에서의
자신을 발견하기 쉽고, 함께 놀고 함께 즐기는 기쁨을 얻음으로서
보다 효과가 큰 것이다. 팀 워크를 필요로 하는 그룹워크 중에서는
상호의 연대감이 강해지고 공정, 협력의 정신이 존중되어 사회인으로
서 중요한 자신의 역할에 도움이 되는 것이다.

### (5) 다양성

게임의 내용이 매우 다종 다양하기 때문에 그때 그때에 상응하는 것을 선택할 수 있고 더구나 그것들을 행하는데 있어서는 각각 그것에 상응하는 것이 발휘되지 않으면 안된다.

# 제2장

## 게임의 지도

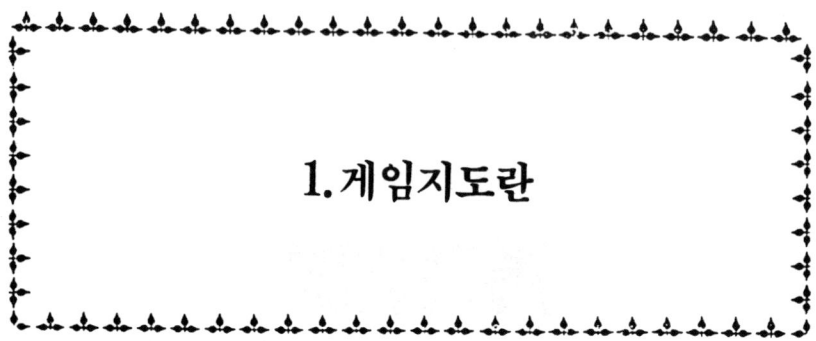

# 1.게임지도란

'게임 지도의 요령은 무엇입니까?'

이런 질문을 가끔 받는데 뭐라고 대답해야 좋을지 정말로 곤혹스러울 때가 있다.

게임 지도에 대해서, 이렇게 하지 않으면 안된다고 하는 정해진 패턴은 없다. 또한 그와 같은 것은 없는 편이 좋고 오히려 정형화하거나 고정화하는 것의 폐단을 우려해서 항상 유동적, 탄력적이기를 바라고 있는 정도다. 따라서 그와 같은 때에는,

'스스로 좋다고 생각한 것을 자꾸 자꾸 해보고 그 중에서 찾아보십시오.'라고 말하기로 하고 있다.

하지만 그렇다고는 해도 별로 경험이 없는 사람이나 처음 발을 들여 놓은 사람에게 있어서는 그것도 무리가 아닌 일로 무엇부터 시작해야 좋을지 모르고, 생각이 미치지 못하는 것은 당연하고 때로는 비정하다고 생각되어도 뿌리치는 경우도 있지만 꼭 매달려서 요구하는 경우에는 약간의 실례를 지시해보기로 하고 있다.

그러나 그것은 어디까지나 하나의 예시로서 예를 들면 A가 성공한 것을 B가 마찬가지로 했다고 해도 성공한다고는 할 수 없다. 거기에 지도의 어려움이 있고 또한 그것을 하나 둘 일일이 해명, 발전시켜가

는 점에 무엇이라 말할 수 없는 묘미가 있다고 하는 것이다.

또한 '번뜩임'의 중요성에 대해서 강조하는 경우가 있다. '번뜩임'이라고 하는 것은 바꿔 말하자면 직감이라고 해도 좋을 지도 모른다. 이 '번뜩임'이라든가 직감은 사람에 따라서는 천성적으로 갖추고 있는 사람도 있겠지만 일반적으로는 좀체로 그렇게는 안된다.

역시 살아오면서의 경험의 축적이 중요하고 그로 인한 여러 가지의 데이타가 머리 속의 컴퓨터에 빽빽이 채워져 있어 필요한 경우에 그 '번뜩임'이 즉시 튀어 나오는 것이다. 물론 지도에 즈음해서는 미리 프로그램을 생각해두지 않으면 안되지만 이것은 어디까지나 예정으로서 대상의 반응이나 그때의 조건 변화에 적응시킨 번뜩임에 의해 유동적으로 맞춰야 한다.

이것도 딱 적중해서 성공하는 경우와 멋지게 빗나가서 실패하는 경우가 있음을 잊어서는 안된다.

물론 이 번뜩임이나 직감에만 의존하는 것의 위험은 충분히 고려하지 않으면 안되지만 결코 두려워하고 주저해서는 안된다. 먼저 언급했듯이 수많은 경험(실패를 포함해서)이 누적된 것이 데이타가 되기 때문에 이 귀중한 체험을 중요시 여기는 일을 잊어서는 안된다.

이상 번뜩임이나 직감에 대해서 서술했지만 말할 필요도 없이 이것만이 게임 지도의 전부라는 것은 아니다. 지도를 보다 효율적으로 하기 위해서는 역시 이 밖의 기본적인 여러 조건을 습득해둘 필요가 있기 때문에는 다음에 이것에 대해서 서술해 보자.

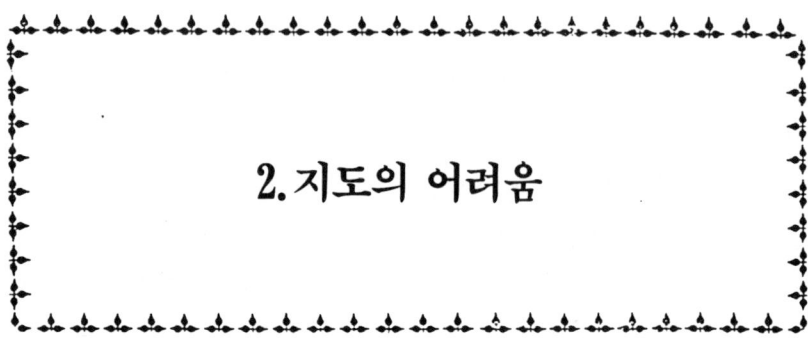

# 2. 지도의 어려움

'명선수가 반드시 유명코치가 되는 것은 아니다'라고 한다.

예전에는 명선수로 이름을 떨치고 기록상으로도 기량면에서도 타인의 추종을 불허하는 명성을 남긴 사람의 대부분은 하늘이 준 재능의 은혜를 입고 고도의 기술의 습득에 별로 고생하지 않고 그 영역에 달했기 때문일까, 지도받는 상대가 어째서 할 수 없을까라고 하는 고민이 자신에게는 이해되지 못하기 때문에 설명을 해도 납득, 이해시킬 수 없다. 거기에 비해서 선수로서 발군의 업적은 없더라도 지도의 입장에 섰을 때 성공하는 경우는 상대의 결점이나 고민을 자신의 경험으로부터 손에 잡힐 듯이 느껴서 살아있는 생생한 말로서 이해시켜 갈 수 있기 때문일 것이라고 생각된다. 자신은 가능할지라도 그것이 그대로 상대에게 있어서 가능하다고는 할 수 없다. 이것이 바로 지도의 어려움인 것이다.

물론 외국의 유명 운동선수 가운데는 천부의 재능과 부단의 노력으로서 명선수로 한시대를 누렸을 뿐만 아니라 명코치로서 수많은 후배의 지도 육성에 열매를 올릴 수 있었던 사람도 물론 있지만 그들은 공통적으로 지도의 어려움을 다음과 같이 서술하고 있다.

'자신이 팀의 주장이 되어 기술의 문제뿐만 아니라 사람을 어떻게

움직이느냐를 생각하게 되면서 차츰 지도의 어려움을 느끼게 되었
다. 선수들의 마음의 움직임은 자신의 체험과 선수 취급의 경험으로
부터 차츰 알게 되어 선수(先手)에 선수를 쳐서 선수의 마음을 돌보
는 방향으로 하고 있었다.

　육상 경기는 단순하기 때문에 재미없다고 해서는 지도가 되지 않는
다. 재미있는 것이라고 생각하게 하는 데에도 연구가 필요하다. 선수
들보다 나쁜 조건에 자신을 두는 것도 선수들을 분발하게 하는 데에
효과가 있었다.'

　한마디 한마디에 천금의 무게를 느끼게 하는 시사로서 고개가 수그
러지는 바이다.

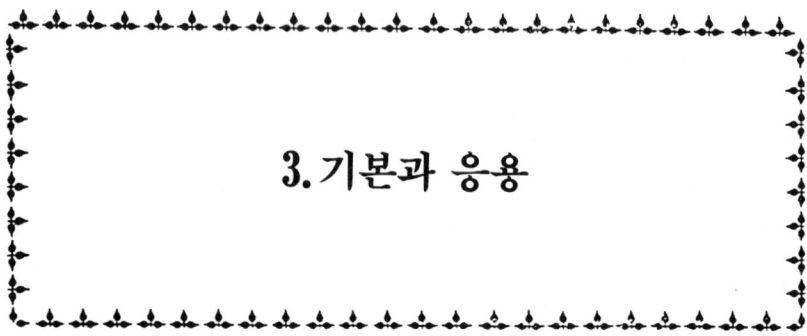

# 3. 기본과 응용

　무슨 일에나 말할 수 있는 얘기이지만 특히 기술을 습득하는 데에는 무엇보다도 우선 기본을 충실히 다지고 거기에 하나 하나 쌓아올려 가는 것이 중요하다. 게임 지도의 경우에도 결코 예외일리는 없다.

　게임의 구성은 비교적 간단하기 때문에 누구나 일단은 손을 대기쉽다. 이것은 먼저 언급한 게임의 간이성이라고 하는 중요한 요소이기도 하지만 리더로서는 그것만을 안이하게 생각하지 말고 깊이 생각해서,

　(a) 게임이 가진 즐거움을 충분히 맛보기 위해서는 어떻게 해야 하는가

　(b) 게임의 기본 원형을 잘 파악하기 위해서는 어떻게 해야 하는가

　(c) 자신이 가진 모든 센스를 살리기 위해서는 어떻게 해야 하는가 ……등등을 달성시키 위해서 노력을 기울이지 않으면 안된다.

　기술부터 하나하나 쌓아올리는 것의 중요성은 아무리 반복해도 끝이 없지만 게임은 바로 살아 있는 것이다. 기본의 중요성을 고수한 나머지 소위 형식에 틀어 박혀서는 안된다.

　지금 그곳에 하나의 게임이 있었다고 하자.

우리들은 그 게임을 습득한 후에 그것을 어떻게 전개, 발전시킬까를 연구하지 않으면 의미가 없다. 주어진 것을 그저 원숭이 흉내만으로 끝나게 해서는 안된다. 지금까지 자신이 경험하고 습득한 모든 센스를 거기에 투영시키기 위해서 여러 가지 시험해보는 것이 바람직하다.

기본을 확실히 지켜 나아가는 데에도 그 나름대로 이유도 있고 가치를 인정받는 것 같지만 그것만으로는 새로운 싹이 생기지 않는다.

정해진 규칙 속에서 의표를 찌른 해프닝이 튀어나오는 것도 역시 즐거운 것이라고 말할 수 있으리라. 바로 거기에 예측할 수 없는 무한한 기쁨이 있다고 생각된다. 물론 거기에는 성공뿐만 아니라 실패도 있겠지만 결코 두려워해서는 안된다.

# 4. 게임의 효율적 지도

　같은 게임 종목을 같은 장소에서 같은 순서로 지도했다고 해도 리더가 다르면 참가자의 반응이나 성과 등에 차이가 생긴다. 그것은 각 리더의 개성, 기능, 이해, 센스 등의 차이에 의한 것으로 그것은 그 자체로 오히려 재미있지만 지도의 효율 문제가 나오면 그것은 용이한 것이 아니다.

　일반적으로 이루어지는 게임 지도를 보다 효율성 있게 하기 위한 연구는 모든 면에서 고안되지 않으면 안되지만 그러나 절대로 이렇게 해서는 안된다고 하는 정형화된 것이 있는 것은 아니다.

　리더의 레퍼토리 중에서 상황에 따라 작성한 것을 지도하고 있는 경우가 많지만 리더로서는 게임의 목표나 분위기에 어울리는지 그리고 장단점을 숙지하고 임기 응변에 이용해 나가지 않으면 안 되지만 역시 기본적인 지도 과정, 지도의 형태, 지도의 진행방법을 생각해두는 것이 필요하지 않을까?

## (1) 지도의 단계

　게임의 지도 과정은 게임의 특성이나 목표, 소재의 차이를 생각하면서 독자적인 것을 만들지 않으면 보다 효율을 높일 수는 없지만

일반적으로는,

( i ) 도입 ( ii ) 전개 ( iii ) 변화 ( iv ) 정리 등 4단계로 나눠서 지도하는 것이 적절할 것이다.

( i ) **도입**

게임은 흔히 '어린애 같다'라든가 '바보 같다'고 생각되어 기피, 경시당하기 쉽지만 그런 잘못된 선입관을 일소하고 '한번 해 보자'라고 하는 적극적인 의욕을 복돋워서 자발적으로 참가시키는 것은 좀체로 용이한 일은 아니다. 거기에는 우선 '기선을 제압해서' 상대의 마음을 잡는 것이 중요하고 이것을 할 수 있느냐 없느냐가 그 이후의 전개에 미치는 영향이 매우 크다.

리더는 우선 그 자리의 분위기, 참가자의 경험도, 체력, 능력, 마음의 움직임을 재빨리 통찰, 감지하고 우선 게임을 해서 그 반응을 확인해본다. 좋든 나쁘든 얼마간의 반응이 있을 것이고 그것에 따라 다음의 방법을 계속 투입해본다.

2, 3회 하고 있으면 대개의 분위기 조성이 이루어져서 전원의 시선이 하나가 되어 이쪽에 집중해오면 이제 이쪽의 것이 되는 것이다.

여기에서 행하는 게임은 초심자라도 선뜻 더구나 간단히 참가할 수 있는 것이 바람직하고 기교적으로 착수하기 어려운 것을 해서 처음부터 저항감을 갖게 해서는 안된다. 뒷 장(章)에서 서술할《도입의 게임》등과 같은 것에 의해 들어가면 좋지 않을까?

( ii ) **전개**

이 단계에서는 앞의 도입에 의해 고조된 분위기를 한층 더 복돋워서 확대를 꾀하고 상대의 움직임에 따라 내면적인 감정을 흔들면서 고조로 끌어올려 참가자의 능력을 높이고 기술의 습득을 도모하도록 하기 바란다.

처음에는 리더의 지도나 조언이 충분히 필요하지만 차츰 연습이 진행됨에 따라서 점차 자신들의 힘으로 연습할 수 있게 진행하고 요령이나 방법, 몸을 움직이는 방법 등의 정확함도 더해가서 확실한 기술이나 운동의 요령을 습득시키는 것이 바람직하다.

여기에서는 대항게임, 경쟁게임 등을 삽입하면 효과적이고 도입의 단계를 요하는 것도 더 해보면 좋지 않을까?

(iii) 변화

지도의 흐름중에서는 항상 단조로움을 피하고 변화를 주는 점을 잊어서는 안된다. 즉, 하나의 게임중에서도 그 전체의 프로그램 중에서도 반드시 강약, 대소, 고조, 장단, 경중 등의 변화가 있는 것이 흥미를 지속시키는 데에 연관이 있음을 기억해 두는 것이 중요할 것이다.

변화를 보다 효율적으로 살리기 위해서는 '타이밍'을 맞추는 법이 매우 중요한 포인트라는 점을 특히 강조하고 싶다. '무엇을', '언제' '어디에서'라고 하는 언뜻 아무것도 아닌 듯 싶은 타이밍 맞추는 법이 사실은 상당히 어렵다. 지도자의 말이나 움직임 등에서 모처럼 제공된 소재가 사느냐 죽느냐는 바로 이 타이밍 맞추는 법에 있으며, 그것이 얼마나 결정적인 의미를 가지느냐를 충분히 고려하지 않으면 안된다. 이것을 한번 잘못하면 소위 타이밍 마귀가 되어 버린다.

이와 같은 일이 없도록 깊이 명심해야 할 것이다.

(iv) 정리

여기까지 왔으면 리더는 실시한 게임이 과연 얼마만큼 목표를 달성

할 수 있었는지 얼마나 효과를 올릴 수 있었는지를 반성하고 더 나아가서는 어디가 부족해서 미완성이었는지를 명확히 해서 겸허하게 또는 솔직하게 불충분한 점에 대한 반성이나 보충을 하지 않으면 안된다.

또한 참가자에게도 그저 재미있고 우습게 마구 떠들어 대는 것이 아니라 그 경험 중에서 과연 약동감, 충실감, 연대감 등의 감동의 여운을 남길 수 있었는지 실시중의 기술, 태도가 어떠했는지 등에 대해 반성시키고 대강 정리의 시간을 갖게 해서 개개인의 각자 생활로 새롭게 출발시키는 것이 바람직하다. 이런 것을 위해서도 게임 종료시의 평가가 게임 전체의 여운을 좌우하는 것이라는 점을 잊어서는 안된다. 이 판단을 그르치면 그때까지의 노고가 수포로 돌아가 버린 예도 적지않다.

### (2) 지도의 형태

게임 지도의 형태라고 해도 학교에 있어서의 커리큘럼에 의해 이루어지는 학습 활동은 차치하고 일반적으로 실시되는 그것은 매우 유동적으로 특별히 정형된 것이 있는게 아니지만 역시 효과적인 지도를 기대하기 위해서는 기본적인 형태를 근거로 한 다음에 그때 그때의 조건이나 제약에 적응시켜가는 것이 필요할 것이다.

따라서 다음에 드는 세 가지의 형태는 절대적인 것이 아니라 오히려 게임의 내용, 목적 등에 따라 어떻게 적응시키느냐, 그러기 위해서는 어떤 형태가 아니면 안되느냐를 연구해가는 것이 바람직하다.

### (ⅰ) 단체 지도

동일 내용의 것을 동시에 연습시키는 형태로서 다수를 동시에 지도

하기 때문에 시간의 낭비나 노력의 헛수고가 적고 집단적인 훈련을 할 수 있지만 자칫 지도자 중심이 되기 때문에 획일적이 되기 쉽다.

또한 참가자는 수동적이기 때문에 다소 개성도 무시되고 자발성, 적극성이 부족해지는 경향이 있기 때문에 주의할 필요가 있다.

(ⅱ) 개별지도

참가자 중에는 개인적 능력이나 기술의 차이가 있어 그런 개인차에 따른 지도의 형태로서 비교적 치밀성을 필요로 하는 게임 지도에서는 각자의 능력이나 개성이 발휘되어 효과가 있다.

지도자는 게임의 내용이나 대상자의 정도를 고려해서 그 능력이나 조건에 맞는 방법에 따라 보다 나은 것을 이끌어 내주도록 노력하지 않으면 안된다.

(ⅲ) 그룹지도

참가자를 약간의 그룹으로 나누지만 전체의 통일성을 가지면서 어느 정도 자주적으로 그리고 그룹내의 상호작용에 의해 유기적인 활동을 하게 하는 것이 좋다. 그룹 구성원들 사이에 바람직하지 않은 대항 의식이 생기거나 일부 사람만의 활동을 조장해서 그로 인해 다른 사람이 무관심해지거나 하는 것은 극히 피하지 않으면 안된다.

**(3) 지도의 방법**

게임 지도의 형태를 잘 파악한 다음에 지도를 진행해가는 방법에는 약간의 방식을 생각할 수 있지만 기본적인 것으로서 다음의 세 가지 방법에 대해서 서술해 보기로 하겠다.

(ⅰ) 전체연습법

우선 실시하려고 하는 게임의 개요를 설명해서 일단의 이해를 보았다고 하고 어쨌든 1회만 연습시켜 보고 대개의 요령을 납득시키고 다음에 본격적으로 진행해가는 방법으로서 비교적 간단하고 더구나 단시간에 끝나는 게임에는 이 방법이 적합하다.

(ⅱ) **부분연습법**

문자 그대로 실시하려고 하는 게임을 분할해서 연습하는 방법이다.

즉 게임을 몇 부분으로 나눠서 예를 들어 4부분으로 나눈 것을 가정해 보면, 우선 1부에 대해서 설명하고 곧 연습으로 옮긴다. 대개의 파악을 할 수 있었다고 보면 다음에 2부로 진행해서 연습이 끝나면 다음 부로 진행한다. 이와 같이 차례 차례로 분할해서 연습하고 각부의 연습이 완성되면 전체를 통한 연습으로 진행한다고 하는 방법으로 난해한 것이라든가 상당한 기교를 필요로 해서 장시간에 걸치는 경우에는 효과가 있다.

더욱이 한층 더 상세하게 행하는 것으로서 예를 들어 1부가 끝나면 2부로 진행하고 다시 한번 2부로 1부로 되돌아가 연습하면 비교적 좋은 결과를 올릴 수 있다는 사실을 알아두면 좋다.

(ⅲ) **절충법**

앞에 서술한 두 가지의 방법, 전체연습법과 부분연습법을 절충하는 방법으로 우선은 가장 무난하지만 역시 다소 압력이 약한 경향이 없지도 않다.

이상 세 가지의 방법에 대해서 서술했지만 반드시 절대로 이렇게 하지 않으면 안된다고 할 정도의 구속은 없는 것으로서 게임의 내용, 참가자의 이해도 장소 등의 여러 조건을 감안해서 정확한 판단을 해서 실시해야 할 것이다.

### (4) 게임의 대형(隊形)

게임을 전개하는데 즈음해서 각각의 게임에 적당한 대형을 만드는 것이 필요하고 그것에 초래되는 효과의 대소는 간과할 수 없을 만큼 중요하다.

유동적인 움직임을 나타내는 게임의 전개에는 여러 가지의 대형이 있지만 여기에서는 대표적인 유형에 대해서 서술해두기로 하겠다.

( i ) 자유대형

참가자를 자유롭게 분산시켜 활동시키는 것으로 예를 들면 술래잡기라든가 조 체조 놀이라고 하는 종류의 것이다.

( ii ) 열대형

일정한 간격을 두고 종대나 횡대로 늘어서는 것으로 이것들은 다시 1열, 2열……이 되거나 또는 대열(對列)로 하는 경우도 있다.

그림 1 횡대 종대

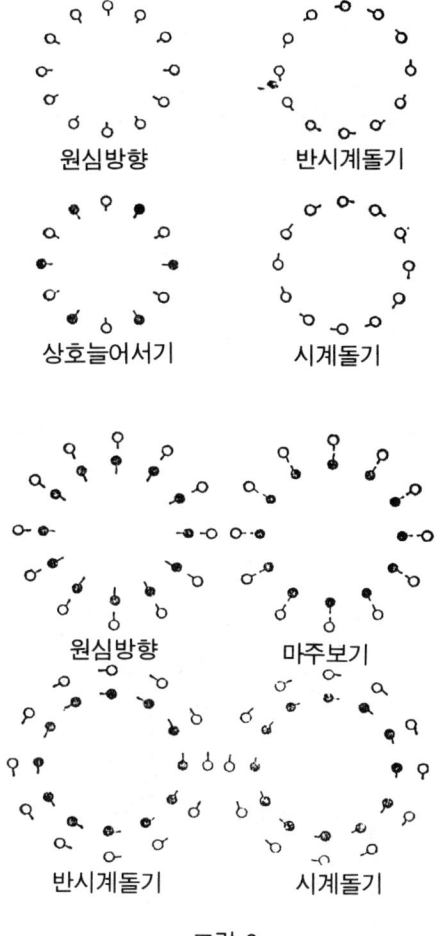

원심방향　　　반시계돌기

상호늘어서기　　　시계돌기

원심방향　　　마주보기

반시계돌기　　　시계돌기

그림 2

### (iii) 원대형

참가자가 원 선상에 늘어서는 대형으로 일반적으로는 1중원과 2중원이 있으며 1중원에는 원심 방향, 교대로 늘어서기, 시계 방향, 반시계 방향이 있고 2중원에는 원심 방향, 마주 보기, 시계 방향, 반시계 방향 등의 구분이 있다.

또한 참가자를 몇 개의 원으로 나눠서 각각에게 게임을 시키는 경우도 있다.

### (iv) 방사 대형

원심으로부터 몇 조인가의 방사선을 만들어서 그 선상에 늘어서는 대형으로 대항 게임 등에 이용되는 경우가 많다.

### (v) 방대형

다수를 한번에 움직일 경우에는 방 모양으로 열 대형을 만들어서 중심을 향하게 해 주면 좋다.

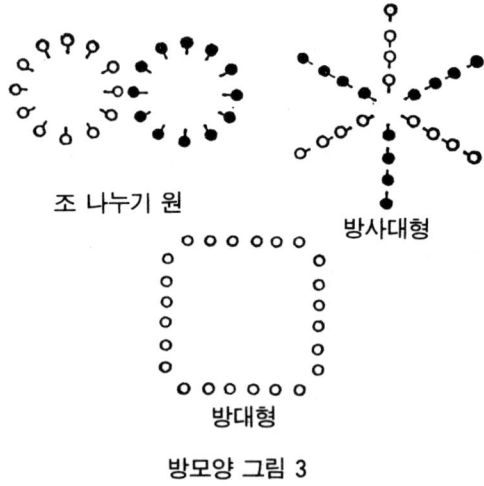

조 나누기 원

방사대형

방대형

방모양 그림 3

### (5) 게임과 스킨쉽

현대는 정보화시대, 컴퓨터 시대, 인스턴트 시대 등이라고 일컬어지고 있지만 거기에는 고립화, 소외화된 인간성 상실의 문제가 숨어 있어 인간들은 제각기 아무 관련 없이 각각의 생활 방식으로부터 달아나려고 손으로 더듬고 있다. 이 상황에 대해 하나의 방향을 제시하고 있는 것이 스킨쉽이다.

스킨쉽이란 피부의 감각을 통해서 인간상호의 교류를 꾀하는 것으로 피부와 피부의 접촉에 의한 친화력이 미치는 효과는 매우 큰 것이다.

말을 매개로 한 커뮤니케이션에 비하면 스킨쉽은 같은 동료와의 몸의 접촉이기 때문에 한층 더 연대감이 강해져 가고 그것은 상호의 의지나 감정이 전달되어 가는 데 있어서 유용한 방법이라고 말할 수 있지 않을까?

게임 전개중에서 아무리 즐거운 내용일지라도 몸이 떨어져 있어서는 진짜 친근감을 바랄 수 없다. 손과 손, 어깨와 어깨의 상호 접촉은 그대로 마음의 접촉으로 통해 동료의식도 깊어지는 것이기 때문에 가능한 한 스킨쉽의 효과를 잘 활용하기를 권하고 싶다.

거기에는 간단한 어깨 치기부터 시작 되어 가위바위보해서 때리기, 손가락 씨름, 그리고 조 체조 등 작은 소재를 충분히 효과적으로 행하는 것이라고 생각한다.

# 제3장

## 레크레이션 게임의 분류

리더는 게임의 수를 많이 알고 있는 것만으로 좋다고 하는 것은 아니다. 자리에 임해서는 때에 따라서 효과적으로 활용하는 것이 아니면 모처럼의 소재가 활용되지 못하게 된다. 때문에 각각의 목적에 따라서 분류해두고 그때 그때에 적당한 게임을 선택하도록 해두면 좋다.

그러나 이 분류의 방법도 사람에 따라서 여러 가지 있어서 반드시 획일적이라고는 할 수 없다.

예를들면,

( i ) **레크레이션 게임**

(a) 실내 놀이

- 대항적 놀이
- 여럿이 함께 하는 놀이
- 경쟁적 놀이
- 과학적 놀이
- 지능 놀이

(b) 집단 놀이

- 이어주기 게임
- 포획 게임
- 경쟁 게임
- 투쟁 게임
- 모의 게임

( ii ) **어린이 게임**

(a) 옥외 게임

- 술래잡기 놀이
- 자리잡기 놀이
- 도주 게임
- 주의력 게임
- 눈 가리기 게임
- 그 외의 게임

(b) 실내 게임
  - 기억 게임
  - 감별 게임
  - 관찰과 탐색 게임
  - 모방 · 상상 게임
  - 기술 게임
  - 눈 가리기 게임

(iii) **집회 게임**

(a) 인사 게임

(b) 사소한 어깨풀기 게임

(c) 대표 또는 개인 게임

(d) 정적인 게임
  - 원이 되어서
  - 조로 나눠서

(e) 동적인 게임
  - 원이 되어서
  - 조가 되어서

(f) 노래하면서 하는 게임

(ⅳ) **새로운 게임**

(a) 실내 게임

- 인사 게임
- 원이 되어서 하는 게임
- 조로 대항하는 게임
- 대표가 나와서 하는 게임
- 종이와 연필을 사용하는 게임
- 차 안에서 하는 게임
- 특수한 것
- 한가족 단위의 게임
- 스탠스
- 음악 게임

(b) 실외 게임

- 스릴 게임
- 메이파티

(ⅴ) **게임과 그 지도법(YWCA)**

(a) 실내 게임

- 원이 되어서 하는 게임
- 조가 되어서 하는 게임
- 대표가 하는 게임
- 교실, 강당에서 하는 게임
- 종이, 연필을 이용하는 게임

(b) 옥외 게임

- 공 게임
- 술래 게임
- 릴레이 게임
- 집단 게임
- 수상 게임

(ⅵ) **노인 클럽 지도와 즐거움 놀이법(G. E. 보우엘)**

(a) 원형 게임

(b) 팀 릴레이 놀이

(c) 퀴즈 놀이

(d) 종이와 연필을 이용하는 놀이

(e) 활동적 게임

(ⅶ) **즐거운 게임**

(a) 가정 대상의 게임

(b) 집회 대상의 게임(1), (2)

(c) 자전거를 사용하는 게임

(ⅷ) **게임의 초대(청년 연구회)**

(a) 모임의 처음에 하는 쉬운 놀이

- 이름을 서로 아는 게임
- 움직임이 적은 간단한 게임

(b) 분위기를 살리고 부드럽게 하는 놀이

- 전원이 동시에 하는 게임
- 전원이 조로 나눠서 하는 게임

- 대표가 하는 게임

(c) 사소한 휴식의 게임

  - 몸의 긴장을 푼다

  - 머리의 작용을 순조롭게

(d) 둘, 셋이 지루해 하고 있을 때 친하게 하는 놀이

  - 앉아서 간단히 할 수 있는 놀이

(e) 옥외에서의 게임 놀이

  - 많은 사람이 함께 하는 건강 게임

  - 조로 나눈 작은 운동회 놀이

(ix) **게임과 지도(YWCA)**

(a) **움직임이 많은 게임**

  - 경쟁 게임

  - 술래 잡기

  - 기타

(b) **조용한 게임**

  - 경쟁 게임

  - 수수께끼 게임

  - 문장을 짓거나 그림을 그리는 게임

  - 기타

(x) **파티 게임**

(a) **파티의 시작을 스무드하고 즐겁게 하는 게임**

  - 회장에 오는 것이 즐거워지는 게임

  - 즐겁게 자리에 앉는 게임

  - 모두를 기다리는 동안의 게임

- 인사게임
- 이름을 기억하는 게임

(b) 분위기를 만드는 게임

- 리더가 모두를 향해서 하는 게임
- 모두 하는 게임
- 술래를 교대하는 게임

(c) 분위기를 살려 교제를 깊게 하는 게임

- 자리 교환 게임
- 전원을 조로 나누어 경쟁하는 게임
- 벌로서 하는 게임

(d) 잠깐 휴식, 시간 보내기 게임

(e) 즐거운 선물 게임

(f) 가정에서의 게임

(g) 치료에 사용되고 있는 게임

( xi ) **학급을 즐겁게 하는 전체 게임**

(a) 학급의 분위기를 부드럽게 할 때에

(b) 학습에 지쳤을 때에

(c) 아침이나 귀가의 짧은 시간에

(d) 비교적 긴 시간이 있을 때에

(e) 교외 학습에 나갔을 때에

(f) 생일이나 즐거운 모임에

(g) 클럽 활동이나 모임의 전후에

(h) 두 사람 혹은 셋이서 조를 짜서 할 때에

(i) 몸을 움직이고 싶을 때에…… 등등.

앞에서와 같이 가지각색의 분류법을 취하고 있으며 소장한 80권
의 게임에 관한 저서 하나하나가 다른 방식을 내세워서 분류를 하고
있다.

# 제2부

# 국민학교 교육에
# 도움을 주는
# 레크레이션

# 도 움 말

요즘 학교에서는 국민학교에 막 입학한 1학년생들 조차 친구들과의 놀이가 정해져 있는 경우를 흔히 볼 수 있다.

"오늘은 학원에 가야하고 내일은 3시 정도면 시간이 있다."
라는 이야기를 듣고 왠지 씁쓸한 기분이 들었다. 학원에서 학력을 키우고 수영 클럽에서 체력을 기른다. 이런 식으로 상징되는 현대 사회의 풍조는 자유로이 행해져야 할 어린이들의 놀이가 어른들에 의해 관리되고 있는 현상을 낳고 있는 것이다.

원래 놀이는 어린이들에게 있어서 생활 그 자체이며 자발적인 것이다. 그런데'누구와 놀아서는 안 된다. 어떤 놀이를 행서는 안 된다. 어디에 가서는 안 된다. 몇 시를 넘겨서는 안된다.'라는 식으로 한정된 틀 속에 놀이의 내용이나 방법, 경우에 따라서는 놀이의 상대까지 정해져 있는 것이다.

그러나 우리는 어린 시절에 즐거운 놀이를 많이 체험하는 것에 의해 마음이 따뜻하고 정서가 풍부한 인간으로 자랄 수 있다는 것을 잊어서는 안 되는 것이다.

## 게임의 활용

어린이들은 놀면서 성장한다고 한다. 그러므로 놀 수 없는 현대 어린이들에게 게임을 가르치는 일은 오늘날 매우 중요한 일이라고 생각한다.

　게임에는 일정한 형식이나 룰이 있고 정해진 동작이 있다. 그것을 지키고 친구들과 서로 협력하는 가운데 사회성을 익히고 학급 선생님과 아이들과 아이들 끼리의 인간관계가 이어져 가는 것이다.　또 학습에서　오는　긴장감을　풀 수 있어 심신의 건강을 유지시키는 작용도 있다. 또 놀이 방법을 연구하거나 새로운 게임을 만들어 내는 활동은 창조력을 개발하는 효과도 갖고 있다.

### 게임의 요소

　그럼 어떤 게임을 학교에서는 실시하는 것이 좋을까? 한마디로 말해 누구나 가볍게 참가할 수 있고 진심으로 즐거워할 수 있는 것이 바람직하다.

　게임은 장황한 설명을 하지 않아도 할 수 있는 것이 좋다. 너무 긴 설명은 어린이들의 흥을 잃어버리게 만들기 때문이다. 용구나 장소를 특별히 선택하지 않아도 되고 모두 끼어 곧 진심으로 즐길 수 있는 것을 선택하는 것이 중요하다.

### 게임지도방법

　드디어 게임을 실시할 차례인데 이것이 좀처럼 생각대로 잘 되지 않는다.

　게임 책에 나와 있는 대로 해 보아도 아이들이 생각대로 흥을 내지 않는 경우가 있다. 이것은 포크댄스나 음악 등도 마찬가지인데 선생 쪽이나 리더가 머리로 아이들을 재미있게 만들려고 하기 때문이다. 중요한 것은 선생 자신이 게임의 재미를 알고 있어야 한다는 것이다. 선생의 그런 분위기에 아이들이 따르게 된다.

　끝으로 게임 지도시 명심해야 할 사항으로써 다음을 머리 속에 넣어 두면 도움이 될 것이다.

① 언제나 두배의 레퍼토리를 준비해 두고 어린이의 모습을 보고 반복해 간다.

② '조금 더 계속하고 싶다'라는 느낌이 들 때 중단한다.

③ 도입은 선생과 아이들이 할 수 있는 게임으로 시작하고 어린이와 어린이 그룹 대항으로 진행해 가는 방법을 취한다.

이 책에 실린 게임은 어디까지나 하나의 예이므로 여러 가지로 연구하여 여러분 자신이 게임을 만들어 내는 것이 바람직하다고 생각한다.

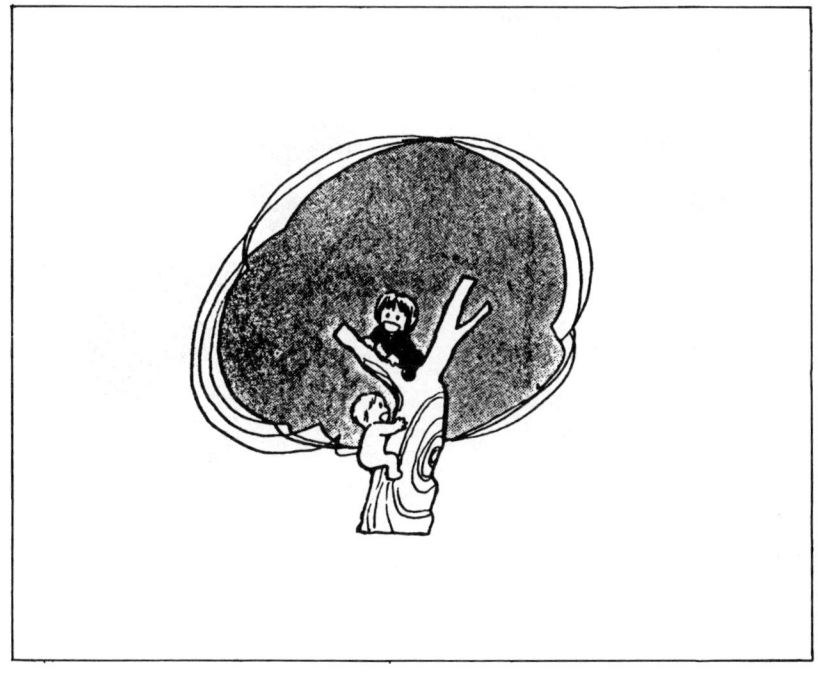

# 제1장

## 수업을 살리는
## 레크레이션

# 도 움 말

어린이들은 게임을 대부분 무척 좋아한다. 교실에서 게임을 하게 되면 마치 다른 사람이 된 듯 눈을 반짝인다.

게임은 선생님의 수업을 신선하게 하고 긴장을 풀어 주며 수업에 관심을 갖게 하는 마력을 갖고 있다. 또 게임 그 자체가 '놀이를 통한 학습'이라는 교육적인 기능도 갖추고 있는 것이다. 이것은 저학년의 구체물을 이용한 학습이 상당한 효과를 올리고 있는 예로도 알 수 있다. 그러므로 교재를 게임화 하는 것에 의해 학습 내용이 어린이들에게 잘 이해되고 수업에 활기가 생기게 되는 것이다. 그러므로 게임 도입을 적극적으로 실천했으면 한다.

이 장에서는 지금까지 교실에서 실행해 온 게임 중에서 어린이들이 좋아하고 게다가 간단하게 할 수 있는 것을 국어·산수를 중심으로 뽑아 보았다. 대상 학생은 특별히 지정하고 있지 않으므로 선생님이 자신의 학급 어린이들의 지식이나 사고 그리고 지금 다루고 있는 교재 등의 내용을 잘 생각하여 게임의 내용이나 표현을 바꾸어 이용하면 좋을 것이라고 생각한다.

교재의 게임화로써 수업 도입시에 게임으로 분위기를 돋우는 것만으로도 어린이들을 학습에 끌어 들이거나 학습 정리 단계에서 보다 이해를 깊이기 위해 게임을 이용하면 매우 효과적이다.

# 1분 게임

## □ 교과
산수.

## □ 준비
스톱워치 또는 손목시계 1개.

## □ 진행 방법
우선 선생님은 앞에 서서 어린이들에게 손목시계를 보이면서 설명한다.

"1분은 60초지요. 자 여러분 일어나세요. 머리속으로 1, 2, 3하고 수를 세어 1분이 지났다고 생각되면 조용히 앉아 주세요. 됐습니까? 준비 시작!"

선생님이 손목시계를 감추면 어린이들은 각각 머리속으로 '1, 2, 3, 4……' 세어 간다. 60초까지 세었으면 앉는다. 개중에는 30초 만에 앉는 어린이도 있고 1분이 지났는데도 좀처럼 앉지 않는 아이가 있는 재미있는 게임이다.

# 그냥은 안 죽어

프랑스 파리로 유학을 보낸 아들이 너무나 씀씀이가 헤퍼서 화가 난 아버지가 아들에게 최후 통첩의 편지를 보냈다.

〈오늘 이 순간부터는 네게 단 한 푼도 줄 수가 없다. 너는 이제 나에게 있어서는 죽은 자식이나 마찬가지이다.〉

그러자 아들에게서는 다음과 같은 편지가 도착하였다.

〈네, 제발 아버님 마음대로 해 주십시오. 그러나 장례식 비용만은 보내 주시겠지요?〉

# 계산 릴레이

## □ 교과
산수.

## □ 준비
문제 용지와 연필.

## □ 진행 방법
각 열의 첫번째 책상과 의자를 뒤로 돌려 그 위에 정수, 소수, 분수 등 학년에 따른 계산 문제를 20문제 정도 쓴 용지와 연필을 둔다. 열 대항 게임을 개시한다. 어떤 문제부터 시작해도 상관은 없으나 선두 어린이가 1문제 계산하면 다음 어린이로 교체해야 한다. 이렇게 해서 빨리 정확하게 모든 문제를 빨리 푼 열이 승리하게 된다.

## □ 응용
10분 동안 몇 문제를 풀 수 있나 하는 방식도 있다. 또 삼 수, 나무 목, 말씀 언변 등이 붙는 한자를 1자씩 교대로 쓰는 '한자 릴레이'를 해도 좋을 것이다.

## 꺼벙한 남편

삼철 씨는 아내와 함께 들판을 가로질러 자동차를 몰고 있었다. 그런데 갑자기 아내가 뒤가 마렵다고 하므로 삼철 씨는 차를 세웠다. 마누라는 덤불 속에 가서 쭈그리고 앉았다. 그리고는 한참만에,

"당신 종이 가진 것 있죠?"

"응? 왜 그래? 그걸 싸가지고 가려고?"

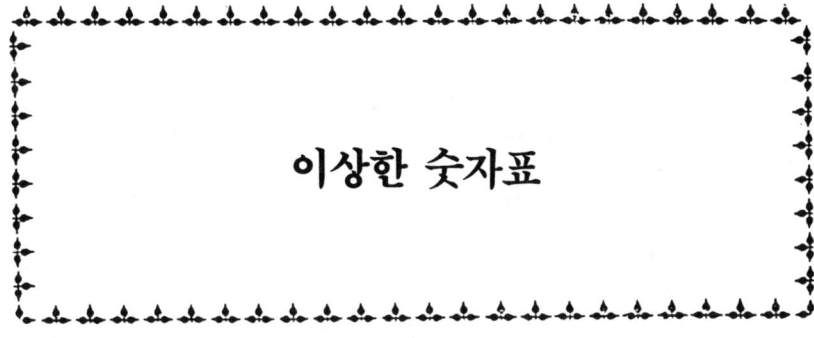

# 이상한 숫자표

□ **교과**

산수.

□ **준비**

숫자표.

□ **진행 방법**

그림과 같은 표를 만들어 칠판에 건다.

우선 선생님은,

"자아, 1에서 60까지의 숫자 중에서 좋아하는 숫자를 골라 보세요."

라고 말하며 몇 명의 아이들을 지적한다.

다음에,

"그럼 A군이 생각한 수는 이 6장의 표 중 어디에 들어 있나요? 어느 표와 어느 표에 있나요?"

라고 질문한다. 이렇게 하여,

"B군의 수는?, C군의 수는?"

| 51 | 50 | 31 | 30 | 11 | 10 |
|---|---|---|---|---|---|
| 54 | 47 | 34 | 27 | 14 | 7 |
| 55 | 46 | 35 | 26 | 15 | 6 |
| 58 | 43 | 38 | 23 | 18 | 3 |
| 59 | 42 | 39 | 22 | 19 | 2 |

표1

| 53 | 52 | 31 | 30 | 13 | 12 |
|---|---|---|---|---|---|
| 54 | 47 | 36 | 29 | 14 | 7 |
| 55 | 46 | 37 | 28 | 15 | 6 |
| 60 | 45 | 38 | 23 | 20 | 5 |
|  | 44 | 39 | 22 | 21 | 4 |

표2

| 57 | 56 | 31 | 30 | 13 | 12 |
|---|---|---|---|---|---|
| 58 | 47 | 40 | 29 | 14 | 11 |
| 59 | 46 | 41 | 28 | 15 | 10 |
| 60 | 45 | 42 | 27 | 24 | 9 |
|  | 44 | 43 | 26 | 25 | 8 |

표3

| 57 | 56 | 31 | 30 | 21 | 20 |
|---|---|---|---|---|---|
| 58 | 55 | 48 | 29 | 22 | 19 |
| 59 | 54 | 49 | 28 | 23 | 18 |
| 60 | 53 | 50 | 27 | 24 | 17 |
|  | 52 | 51 | 26 | 25 | 16 |

표4

| 57 | 56 | 47 | 46 | 37 | 36 |
|---|---|---|---|---|---|
| 58 | 55 | 48 | 45 | 38 | 35 |
| 59 | 54 | 49 | 44 | 39 | 34 |
| 60 | 53 | 50 | 43 | 40 | 33 |
|  | 52 | 51 | 42 | 41 | 32 |

표5

| 51 | 49 | 31 | 29 | 11 | 9 |
|---|---|---|---|---|---|
| 53 | 47 | 33 | 27 | 13 | 7 |
| 55 | 45 | 35 | 25 | 15 | 5 |
| 57 | 43 | 37 | 23 | 17 | 3 |
| 59 | 41 | 39 | 21 | 19 | 1 |

표6

이라고 계속해서 물어 간다.

아이들이 지적한 표 오른쪽 아래의 숫자를 합계 내면 이상하게도 답이 나온다. 표①과 표③이면 10, 표① 표② 표③ 표④ 표⑥이면 31, 표③, 표④ 표⑤이면 56이다.

## □ 응용

표를 사용하지 않고서도 할 수 있다.

선생님 : "A군이 생각한 수에 같은 수를 곱하세요. 그 다음에는 생각한 수에서 1을 빼 그 답과 같은 수를 곱하세요. 됐습니까? 그러면 전 답에서 뒤 답을 빼세요. 네 얼마가 되었나요?"

A군　 : "19입니다."

선생님 : "A군이 생각했던 수는 10이군요."

라고 곧 답이 나온다.

대답한 수에 1을 더해 2로 나누면 되는 것이다.

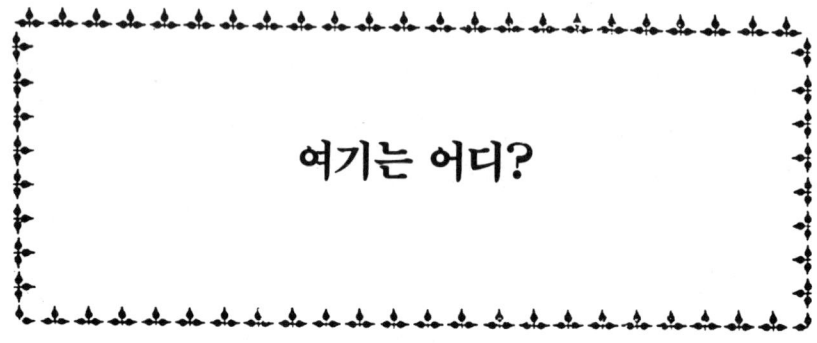

# 여기는 어디?

□ **교과**

사회.

□ **준비**

없음.

□ **진행 방법**

각 그룹마다 산, 강, 호수, 평야, 분지, 도시 등 1개의 지명을 정해 그에 대한 힌트를 3개 만든다. 예를 들면 ① 바람 ② 해녀 ③ 돌 하면 제주도라는 식으로…….

지명 힌트가 정해지면 그룹 순으로 3개의 힌트를 발표하고 다른 그룹이 그곳이 어딘지를 맞춘다. 그룹원이 상의하여 대표가 대답하도록 한다.

□ **응용**

① 지명을 역사상 인물로 바꾸어 '나는 누구일까요?'로 해도 재미 있다.

② 선생님의 출제에 따라  학급  전원이 대상이 되어 개인 게임으로도 할 수 있다.

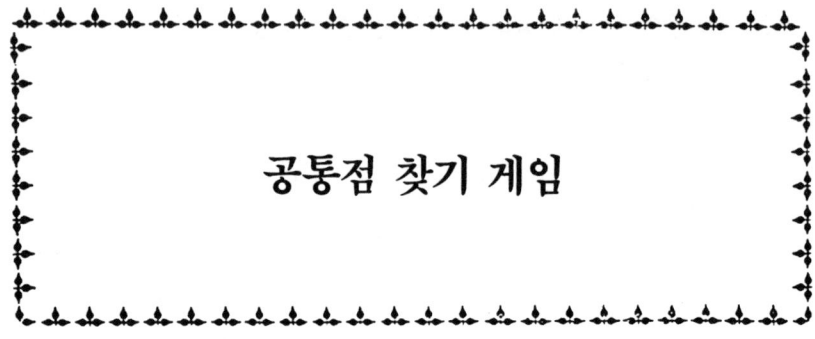

# 공통점 찾기 게임

□ **교과**
사회.

□ **준비**
카드를 각 그룹에 각각 10장 정도.

□ **진행 방법**
그룹(반)마다 자연, 도시, 산업, 경제, 역사 등에 있어서 관계가 깊은 지명을 3개씩 선택하여 카드 겉의 지명 란에 답을 써 넣는다.
'제주도, 울릉도, 완도' (섬)
이런 식으로 각 그룹 10문제 정도 만들면 선생님이 카드를 모아 순서대로 읽는다.
가장 빨리 대답을 한 그룹이 1점 득점한다. 이렇게 해서 득점이 많은 그룹이 우승하게 된다.

□ **응용**
반대로 주제를 주고 지명을 대도록 해도 좋을 것이다.

## 이상한 이야기

  삼철이의 아내인 상숙 씨는 이혼 소송을 제기하였다. 재판관
은 물었다.
  "이혼하려고 하는 이유는 무엇인가?"
  "저의 남편은 이제 저를 사랑해주지 않습니다."
  "그것은 충분히 이혼 사유가 됩니다만, 그런데 무슨 증거라
도?"
  "물론 있지요. 이번에 낳은 아이는 제 남편의 아이가 아니랍
니다."

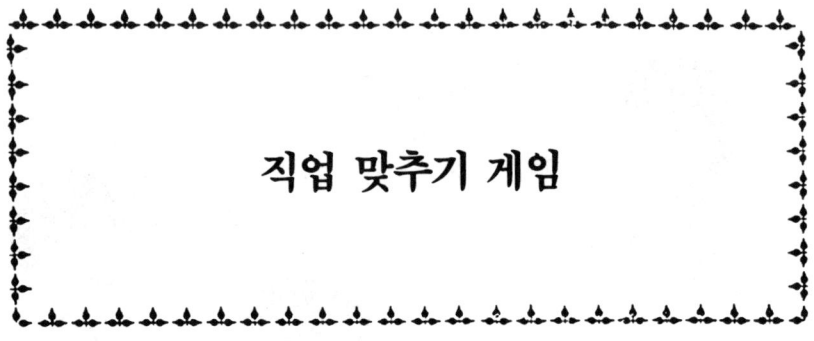

# 직업 맞추기 게임

## □ 교과
사회.

## □ 준비
없음.

## □ 진행 방법
선생님이 여러 가지 직업에서 쓰이는 특징 있는 도구를 2개 정도
들고 아이들이 그 직업을 맞춘다.

'주사기, 청진기'(의사), '톱, 대패'(목수) 등 학년에 따라 20문제
정도를 출제한다.

## □ 응용
도구를 들어 직업을 맞추는 것을 반대로 직업을 들고 특징 있는
도구를 2개 들도록 하는 방법도 좋다. 또 그룹(반)마다 2~3문제씩
만들어 순서대로 출제해 가장 빨리 맞춘 그룹에 득점을 주는 방법도
재미있을 것이다.

# 아무리 버리려고 해도

"어떻게 해서든지 우리집에서 기르고 있는 고양이를 버리려고 하는데요, 그것이 마음대로 되지 않아 고민하고 있어요."

"그렇다면 누굴 주면 되잖아요?"
"그 따위 고양이를 누가 가져가나요? 그래서 어디다가 버리려고 퍽 멀리까지 갔었는데 그만……"
"고양이가 다시 돌아왔나요?"
"아니예요, 너무 멀리 가다보니 그만 제가 길을 잃어버렸지 뭐예요. 그래서 다시 고양이의 뒤를 따라 왔지요."

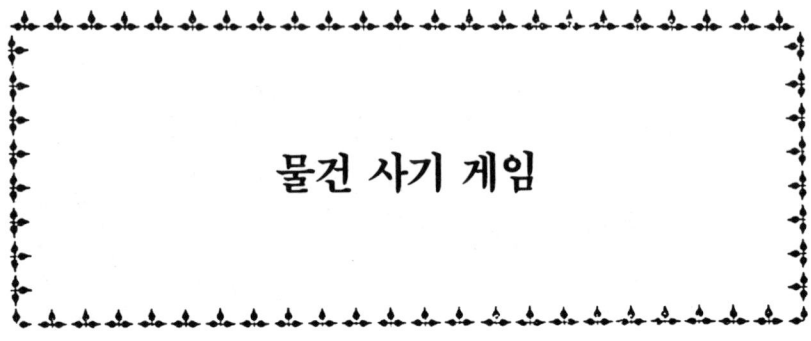

**□ 교과**

사회.

**□ 준비**

도화지, 펜.

**□ 진행 방법**

몇 명씩 그룹을 만든다. 그런 다음 각 그룹에서 탑 베터가 1명씩 일어난다. 선생님은 도화지에 크게 「ㄱ」이라고 써서 보이며,

　"빵집에서 사 오세요."

라고 한다. ㄱ으로 시작하는 물품을 대답한 그룹에 득점을 준다. 다음에 선수를 교체하여 두번째 종이에 「ㄴ」이라고 써,

　"생선 가게에서 사 오세요."

라고 계속한다.

　"낙지"

등으로 대답한 그룹에게 점수를 주고 마지막에는 득점을 많이 한 그룹이 우승하게 된다.

# 암수의 구별

신부님이 가재를 잡고 있었다. 그때 어린 조카딸이 곁에서 그것을 물끄러미 바라보고 있다가 질문하였다.

"아저씨, 암컷과 수컷은 어떻게 달라?"

"암컷과 수컷이라……? 그렇지, 꽁지 밑에 알이 있는게 암컷이지."

"아니야, 거짓말!"

"정말이야, 닭을 보렴!"

"그렇지만 아저씨도 꽁지 밑에 알이 두 개 있지만 암컷은 아니잖아?"

# 이상한 인사

□ **교과**

국어.

□ **준비**

인사문 1통.

□ **진행 방법**

선생님은 미리 형용사를 빼고 만든 인사문을 준비해 둔다.

우선 아이들에게 인사문에 빠진 형용사 수 만큼의 형용사를 대게 하고 그것을 칠판에 쓴다. 수가 모아지면 이것을 순서대로 인사문에 넣어 읽는다. 재미있는 인사문이 되어 저절로 웃음이 날 것이다.

□ **응용**

형용사 대신 명사나 동사를 빼고 인사문을 만들어도 재미있다.

오늘은 생일(슬픈)날을 맞아(괴로운)
선물까지 받아 행복합니다.
(무서운) 친구들이 있어
좋습니다.

# 충분한 이유

　수녀원학교의 한 수녀 선생님의 얼굴은 너무나 못생겼다.
그녀는 거울을 보고,
　"아이구 쌍통두. 어쩌면 이다지도 못생겼을까?"
하고 저도 모르게 울음을 터뜨렸다. 어린 여학생이 그것을 보더
니 울음을 터뜨렸다. 수녀선생님은 그만 깜작 놀라서,
　"어머, 춘자야, 너 왜 우니?"
　"선생님, 울지않고 배기겠어요? 선생님께서는 선생님 얼굴을
　잠깐 거울로 보고서도 울 지경인데, 나는 날마다 아침부터
　저녁까지 선생님 얼굴을 보고 있어야 하잖아요."

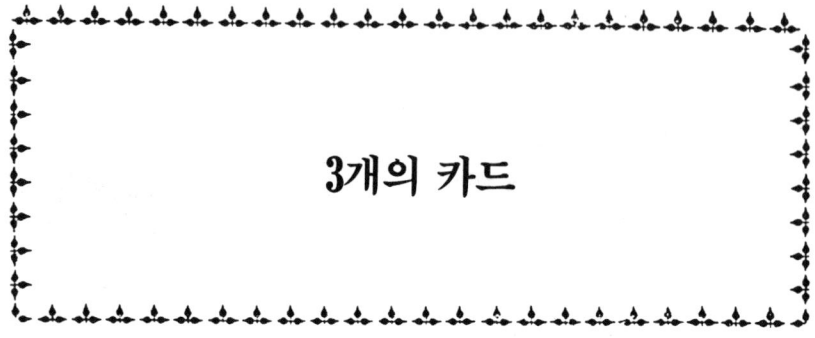

# 3개의 카드

## □ 교과
국어.

## □ 준비
카드 각자 5~10장.

## □ 진행 방법
선생님은 아이들에게 카드를 나누어 준다. 전원에게 다 나누어 주었으면 교과서나 동화책에 나오는 인물을 3개씩 쓰도록 한다. 그것을 힌트로 이야기 제목을 맞추는 것이다.

이야기의 제목을 안 사람은 자신의 카드에 그것을 써 나간다. 예를 들어 '구두, 왕자, 소녀'면 신데렐라, '착한 여동생, 계모, 욕심장이 언니'면 콩쥐 팥쥐라는 식이다.

학년에 따라 5~10분 정도 문제를 준비해 둔다.

## □ 응용
그룹마다 문제를 만들어 순서대로 출제하는 것도 좋을 것이다.

이 경우는 그룹 대항 게임이 된다.

나쁜 언니
착한 동생 계모

**□ 교과**

국어.

**□ 준비**

카드(색종이 자른 것) 약 50장, 연필.

**□ 진행 방법**

5~6명의 그룹(반)을 만든다.

우선 색종이를 잘라 적당한 크기의 카드 50장 정도를 만든다. 이 카드를 2장 1조로 해서 '밝다'——'어둡다', '가다'——'오다', '크다'——'작다' 등 반대말을 각각 쓴다. 카드를 만들었으면 그것을 잘 섞어 배분한다. 그 카드를 조사하여 반대말이 모아지면 책상 위에 내놓는다. 그리고 남은 카드를 손에 들고 차례대로 옆사람의 카드를 하나씩 뽑아 반대말을 맞춘다. 빨리 카드를 손에서 다 빼낸 사람이 승리하게 된다.

# 어떤 배역

　나이 어린 꼬마인 삼영이가 집으로 뛰어들어오더니 엄마를 향해 손을 흔들며 신명나게 외쳤다.

　"엄마, 나 오늘 배역받았다!"

　"응, 그래? 거참 잘되었구나! 그래 무슨 역이니?"

　"머슴 역이야. 편지를 가지고 도어를 노크하는 건데 주인이 '들어오면 안돼'라고 하거든."

　"그 다음엔?"

　"응, 그것 뿐이야."

# 말 전달

## □ 교과
국어.

## □ 준비
전보문을 쓴 종이 한장.

## □ 진행 방법
전보문을 정확하게 전달해 가는 게임이다. 아이들은 몇 사람씩 그룹으로 나누어 각각 일렬로 서게 한다.  선생님은,

"내일 날씨가 좋으면 산으로 놀러 갈테니 기대해 주세요."

라는 전보문을 미리 종이에 써 준비해 둔다.

각 열 선두 아이는 앞으로 나와 1분동안 그 전보를 본다. 열로 돌아온 아이는 다른 열 아이들이 들을 수 없도록 작은 소리로 귓속말을 하여 전문을 뒤로 릴레이 해 간다. 그렇게 하여 열 맨 끝 아이가 전달받은 전보를 칠판에 쓴다. 원문대로 쓰면 좋겠지만 이상하게도 그대로 전달되지 않는다.

가장 원본에 가까운 그룹이 승리이다.

□ **응용**

전보를 말로 전하는 대신 짧게 만들어 등에 손가락으로 써서 전달하는 방법도 있다. 또 연상 전달로 진행해도 재미있을 것이다.

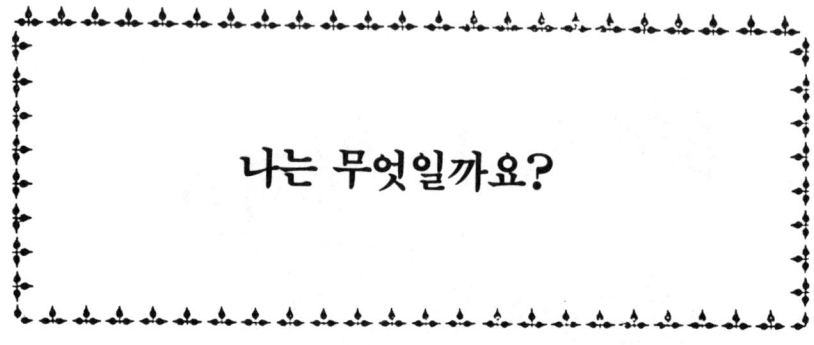

# 나는 무엇일까요?

□ **교과**

국어.

□ **준비**

카드(색종이 자른 것) 몇 장.

□ **진행 방법**

선생님은 1장에 1개씩 인물이나 품명을 쓴 카드를 준비해 둔다.

한 명 또는 몇 명의 아이들이 앞으로 나온다. 그 아이들은 카드를 보고 다른 아이들의 질문에 대답을 하는 것이다. 그렇게 문답을 반복하면서 카드에 쓰여져 있는 인물이나 동물의 이름을 맞춘다. 대답하는 방식은,

"네, 그렇습니다. 아니오, 그렇지 않습니다."

라고 말해 아이들의 질문을 이끌어 낸 다음 정답을 맞추게 하면 좋을 것이다.

〈예〉

문 : "그것은 하늘을 납니까?"

답 : "아니요, 그렇지 않습니다."

문 : "네 발로 걷습니까?"

답 : "네, 그렇습니다."

문 : "웁니까?"

답 : "네, 그렇습니다."

문 : "집에서 기릅니까?"

답 : "네, 기르는 가정도 있습니다."

문 : "그것은 개입니까?"

답 : "아니요, 그렇지 않습니다."

문 : "그럼, 고양이입니까?"

답 : "네, 그렇습니다."

# 제2장

# 학급 분위기를
# 좋게 하는 레크레이션

# 도 움 말

수업이 일단락 된 때,

"자, 그럼 게임을 할까요?"

라고 하면 그 순간,

"와!"

하는 환성이 일어난다. 아이들은 선생님과 함께 놀고 싶어하는 것이다.

게임을 잘 하는 선생님은 어디에서나 인기가 있다. 그러므로 아이들이 좋아하는 게임을 많이 알고 있으면 학급 담임으로써 큰 장점이 된다. 즐기면서 다른 친구와의 우정을 돈독히 하고 사회성도 길러주는 게임을 활용하면 생기 있는 학급을 만들 수 있다.

이 장에서는 선생님이 교실에서 쉽게 할 수 있는 게임을 다루어 보았다. 수업이 일단락 되었을 때 기분전환 삼아 또 매일 일과로 되어 있는 아침 조회나 종례 때 학습 활동으로써 또 '오락 시간'이나 '생일 파티'의 학급행사 때 이런 게임을 활용할 수 있을 것이라고 생각한다.

학급 분위기 만들기를 자주적으로 기르려는 생각으로 처음부터 어린이 리더에게 책을 넘겨 줘 버리는 방식이 아니라 담임 선생님이 리더가 되어 게임을 지도해 보기 바란다. 그리고 학급의 화기애애한 분위기를 만들어 내는 것에 의해 어린이 리더가 길러 지는 것이다.

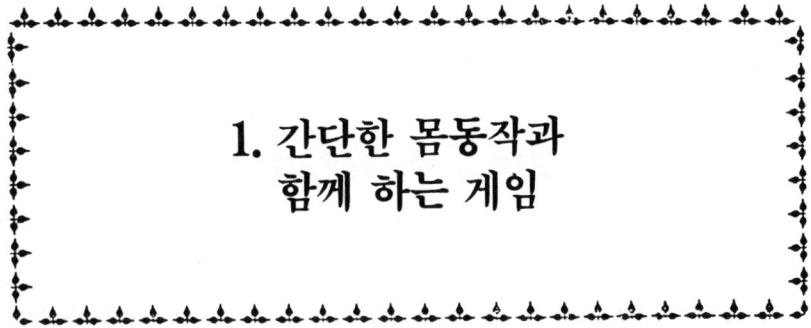

# 1. 간단한 몸동작과
# 함께 하는 게임

갈수록 학교 교육이 주입식 교육이 되어가고, 삭막한 분위기 속에서 공부하는 경우가 많아지게 됨으로 분위기 전환을 위한 레크레이션이 더욱 필요하다.

학습 능률을 향상시키기 위한 가벼운 게임으로 학급 분위기를 살려보자. 가만히 앉아서 선생님 말씀을 듣기만 하던 것에서 부터 벗어나 몸을 자유롭게 움직일 수 있는 게임을 소개한다.

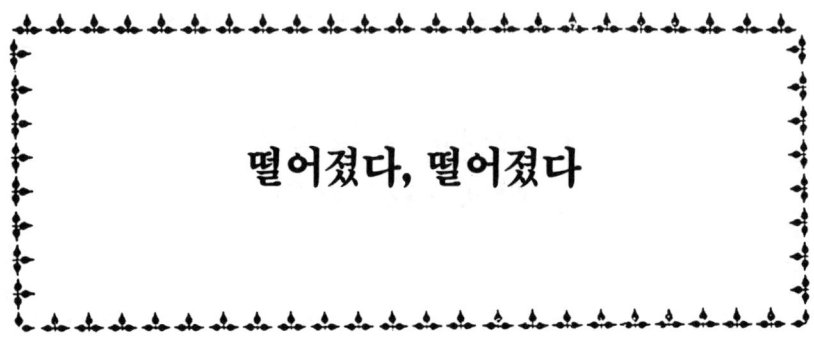

# 떨어졌다, 떨어졌다

□ **준비**

없음.

□ **진행 방법**

선생님이 우선,

"떨어졌다, 떨어졌다."

라고 말한다. 그에 대해 어린이들은,

"뭐가 떨어졌니?"

라고 말한다. 몇 번 연습하여 리듬감 있게 할 수 있도록 한다.

다음에 선생님이,

"사과가 떨어졌다."

라고 한다. 그러면 아이들은 두손을 머리 위로 올리고 사과를 받는
동작을 취한다. 마찬가지로,

"번개가 떨어졌다."

라고 하면 배꼽을 가리는 동작을……

"돈이 떨어졌다."

라고 하면 줍는 동작을 취한다. 이 동작이 익숙해 지면,

"떨어졌다, 떨어졌다." 게임을 개시한다. 때때로 선생님이,

　"번개가 떨어졌다."

라고 말하며 사과를 받는 동작을 취하면 아이들이 그만 그것을 따라

하게 되고 웃음바다가 된다.

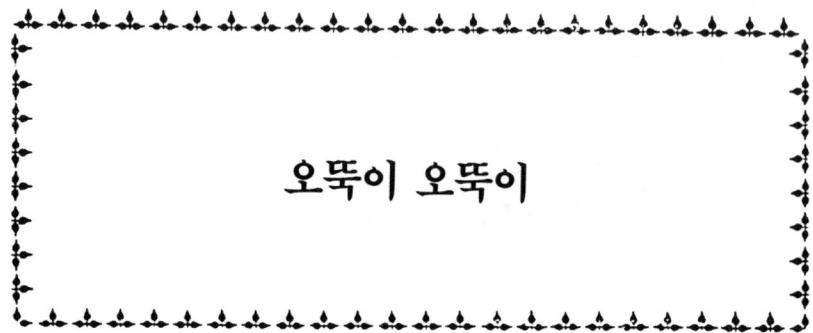

오뚝이 오뚝이

## □ 준비
없음.

## □ 진행 방법
아이들 앞에서 선생님이 동작을 붙이면서 설명한다.

"선생님이 이제부터 '오뚝이 오뚝이 손을 들어주세요.'라는 식으로 '오뚝이 오뚝이'라는 말 뒤에 그 어떤 동작을 지시하는 말을 할 것입니다. 그러면 그대로 동작을 하는 거예요. '오뚝이 오뚝이'라는 말이 없으면 그 어떤 동작이든 지시를 따라서는 안 돼요. 알았지요? 네, 그럼 손을 들어 보세요."

이렇게 말하면 아이들은 손을 번쩍 든다.

"지금 '오뚝이 오뚝이'라는 말이 앞에 붙었었나요?"

아이들은 까르르 웃는다.

"이번에는 틀리지 않도록 해요, 오뚝이 오뚝이 손을 들어 보세요. 네 좋아요. 손을 내리고."

그래도 또 손을 내리는 아이들이 있다.

이렇게 해서 아이들은 점점 덜 걸리게 되는데,

"그럼 그만할까요?"

라고 하거나,

"한번도 걸리지 않았던 사람 손들어 봐요."

라고 하면 그만 또 걸리는 아이들이 있어 다시 웃음이 넘치게 된다.

# 큰 종

## □ 준비
없음.

## □ 진행 방법
선생님의 말에 현혹되지 않으면서 선생님과 같은 동작을 해가는 게임이다.

선생님이 앞에 서서,

"큰 종!"

이라고 말하며, 두 팔을 옆으로 벌린다. 다음에,

"작은 종!"

이라고 하며 두팔을 반대로 가슴앞으로 오무린다. 이어서,

"긴 종!"

이라고 말하며 두 팔을 상하로 벌린다. 끝으로,

"짧은 종!"

이라고 말하며 두 팔을 상하로 작게 내밀어 보인다.

몇번인가 이 동작을 반복하여 아이들이 익숙해 지게 한다.

그 다음,

"큰 종!"
이라고 말하면서 긴 종의 동작을 하거나,

"짧은 종!"
이라고 말하면서 큰 종 동작을 하거나,

"짧은 종!"
이라고 하면서 큰 종 동작을 하거나 하면 아이들은 그만 따라 하게
되고 웃음이 터져 나온다.

□ **응용**

① 빨리 말했다, 천천히 말했다 하여 리듬에 변화를 준다.

② 언제나 반대 동작을 하게 한다. '큰 종'이라고 하면 작은종 동작
을 '작은 종'하면 큰 종 동작을 하게 하는 것이다.

## □ 준비

각자 자유노트 또는 종이, 연필.

## □ 진행 방법

각각 자유 노트(또는 종이)에 25개의 칸(5×5)을 그린다. 이 칸이 빙고칸이 된다.

다음에 그 칸에 1부터 25까지의 수를 써 넣는데 각 숫자를 가능한 떨어트려 쓴다. 전원이 다 썼으면 1명씩 자신이 좋아하는 숫자(1~25)를 하나 말한다. 다른 사람은 자신의 노트에 있는 숫자를 보고 말한 것에 ○표를 해 간다. ○표가 가로 세로 대각선으로 일렬로 연결된 사람부터 자리에서 일어난다.

## □ 응용

미리 선생님이 숫자의 순서를 만들어 놓고 그것을 발표하는 방법도 있다.

## 불필요한 존재

"이봐, 글쎄"
나이 지긋한 신사가 친구에게 말하였다.
"나는 어젯밤에 이상한 꿈을 꾸었네 그려. 어떤 무인도에
내가 소피아 로렌과 브리짓드 바르도와 지나 로로브리지다와
넷이서 함께 있는 거야. 모두 발가벗은 채로 말이야. 그리고
우리들 외에는 강아지 한 마리도 눈에 띄지 않더군."
"자넨 참 운도 좋군."
"그런데 말이야, 답답한 건……아 글쎄, 꿈 속의 나는 마릴린
몬로잖아?"

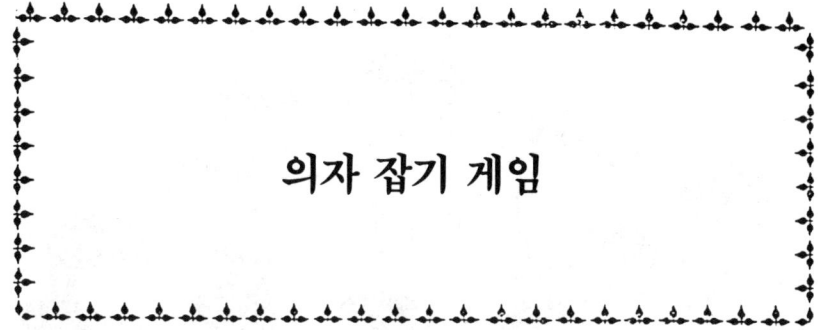

# 의자 잡기 게임

## □ 준비

전 인원 반의 의자, 악기(올겐 등).

## □ 진행 방법

교실에 공간을 만들어 의자를 인원의 반 수 만큼 준비하여 원을 만들어 놓는다.

우선 선생님의 올겐 반주에 맞추어 어린이들은 의자 주위를 행진한다. 곡이 멈추면 의자에 앉아야 한다. 그것을 3회 반복했으면 이번에는 의자를 뺀다. 이런 식으로 점점 의자를 줄여 나가며 끝까지 남은 어린이가 승리하게 된다.

## □ 응용

올겐 대신 레코드와 호루라기를 사용하기도 하고 손뼉에 맞추어 노래를 부르면서 돌아도 좋을 것이다.

# 반대로 하려면

이름난 정신과 의사를 찾아간 환자에게 의사가 말하였다.
"여자가 히스테리를 일으켰을 때는 꼭 껴안고 오랫동안 키스를 해주면 좋아집니다."
그러자 사나이는 정색을 하면서 물었다.
"의사 선생님, 그럼 여자를 히스테릭하게 하려면 어떻게 하면 되나요?"

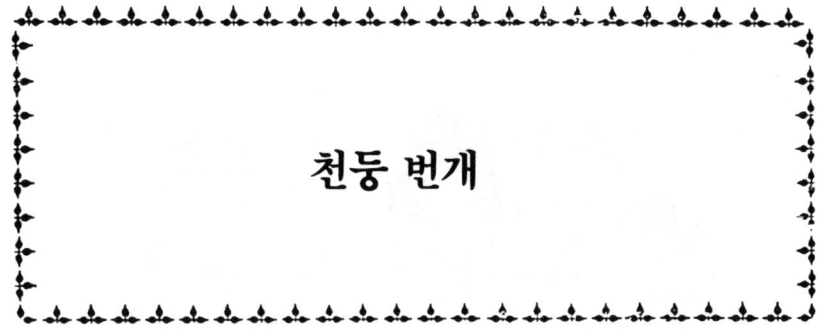

## □ 준비
인원만큼의 의자, 볼 1개.

## □ 진행 방법
전원 의자에 앉아 원을 만든다. 선생님은 볼을 들고 원 속에 들어가 한 사람에게 볼을 건네준다. 그리고,

"우르르룽!"

하고 천둥 소리를 낸다. 그 동안 계속해서 오른쪽으로 볼을 돌려 간다. 다음에,

"번쩍 번쩍!"

으로 말을 바꾼다. 그 동안에는 왼쪽으로 볼을 돌려 간다. 마지막에,

"쾅!"

하고 소리를 내는데 그때 볼을 갖고 있는 어린이는 아웃이 된다. 그 다음 이번에는 아웃이 된 어린이가 천둥이 되어,

"우르르룽 번쩍 번쩍 쾅!"

을 빨리 했다, 천천히 했다 하여 변화를 주면 재미있다.

## 나도 할 말은 있다

삼철 씨의 아내는 가슴이 납작하면서도 브레지어는 아주 큰
것으로 사려고 했다. 삼철 씨는 아내의 행동에 어이가 없어서,
　"당신, 무엇 때문에 그렇게 큰 것을 사려고 하오? 그 속에
채울 것도 없으면서……"
그러자 아내는 눈꼬리를 치켜올리면서 툭 쏘았다.
　"그럼 당신은 아주 짧은 바지를 입어야 겠네요?"

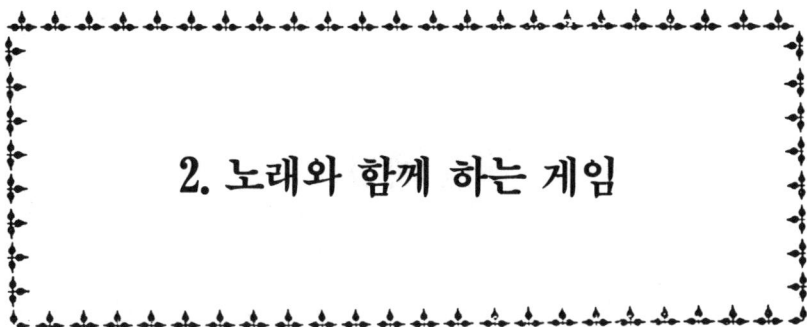

# 2. 노래와 함께 하는 게임

　게임에도 리듬과 강약이 있다. 분위기에 따라 흥겹게 고조되었다가 가라앉았다 하는 경우가 있으므로 이런 리듬을 살려 게임을 해 보는 것도 재미있다. 특히, 노래 부르면서 즐기는 게임은 쉽게 적응되고 가사 등이 금방 익혀지므로 교육적 측면에서도 효과가 크다.

# 계란 계란

## □ 준비
악기(올겐 등) 또는 레코드.

## □ 진행 방법
가사에 다음과 같은 동작을 붙여 노래한다.

"큰 계란, 작은 계란"이라고 변화를 주어도 재미있어 진다.

① 큰 계란 작은 계란……가슴 앞에 두손을 모아 계란 모양을 만든다.

② 탁 하고 깨져……1번 짝 손뼉을 치고 두손을 위로 들어 옆으로 내린다.

③ 귀여운 병아리가……두 손 엄지를 뺨에 대면서 목을 좌우로 흔든다.

④ 삐약 삐약 삐약……오른손 팔목을 구부려 세우고 손목을 앞으로 구부려 병아리 목처럼 만들어 3번 우는 동작을 한다. 왼손은 오른팔 팔꿈치에 댄다.

⑤ 아아 귀여워……두팔을 구부려 얼굴 안에 주먹을 만들어 흔든다.

⑥ 삐약 삐약 삐약……④와 같은 동작을 취한다.

큰 계란 작은 계란 탁 하고 깨져 귀여운 병아리가

삐약 삐약 삐약 아아 귀여워          삐약 삐약 삐약

## 순돌이네 아기

□ **준비**

악기(올겐 또는 레코드).

□ **진행 방법**

'순돌이네 아기'에 아래와 같은 동작을 붙인다.

① 순돌이네……두 손으로 머리띠를 만든다.

② 아기가……가슴 앞에 아기를 안는 동작을 한다.

③ 감기에 걸렸네……두 손을 입에 대고 기침을 2번 하는 흉내를 낸다.

④ 그래서 재빨리……가슴 앞에서 손뼉을 4번 친다.

⑤ 찜질을 했다……가슴에 오른손 왼손을 번갈아 댄다.

첫번째는 그냥 노래하고 두번째는 ①의 동작 만을 세번째는 ①②를 동작만 이런 식으로 점점 말을 빼 간다.

□ **응용**

점점 템포를 빨리 하거나 노래에 '어영차' 하는 동작을 넣어도 재미있다.

# 호키 포키

## □ 준비
악기(올겐 또는 레코드).

## □ 진행 방법
우선 1번 동작을 붙이지 말고 노래를 해 본다. 다음에 아래와 같은 동작을 붙여 노래한다.

① 오른발 앞으로……오른발을 앞으로 내밀어 발끝으로 바닥을 톡톡 4번 두드린다.

② 오른발 뒤로……오른발을 뒤로 당겨(몸도 뒤로 튼다) ①과 같이 발끝으로 바닥을 두드린다.

③ 오른발 앞으로……다시 한번 오른발을 앞으로 내 발끝으로 바닥을 톡톡 4번 두드린다.

④ 빙글빙글……발을 빙글빙글 돌린다.

⑤ 모두 즐겁게……두 손을 위로 올리고 허리를 흔든다.

⑥ 호키포키……허리를 흔들면서 제자리에서 오른쪽으로 돈다.

⑦ 함께 걸어요……옆 친구와 손을 잡고 앞으로 4보 전진 뒤로 4보 전진한다.

두번째부터는 선생님이 적당히 가사를 만든다. 왼발, 왼손, 오른
손, 오른쪽 팔꿈치, 왼쪽 팔꿈치, 머리, 배, 등, 입 등.

오른발 앞으로    오른발 뒤로

오른발 앞으로    빙글빙글    모두 즐겁게

호키포키    함께    걸어요.

# 근무 시간에도

사장이 외부에서 회사로 전화를 하였다.

"삼영 군, 도대체 자네는 어디에 갔었나? 한 시간 전부터 자네한테 두 번씩이나 전화를 걸었었네. 도대체 자네는 근무 시간에 어디를 다니나?"

"이발소에 갔었습니다."

"이발소? 하지만 근무 시간 중이 아닌가?"

삼영 군도 할 말은 있었다.

"그렇지만 사장님, 제 머리털은 근무 시간 중에도 마구 자라거든요."

## □ 준비
악기(올겐 또는 레코드).

## □ 진행 방법
아이들은 각자 자리에서 일어난다.

선생님은,

"선생님과 같은 동작을 해보세요."

라고 말하며 가사를 설명하면서(노래를 부르지 말고) 아래의 동작을 해 보인다.

① 여보세요, 거북씨……왼발을 왼쪽 옆으로 내밀고 오른발을 붙이고 다시 같은 동작을 한다.

② 거북이씨……엉덩이를 4회 리드미컬하게 흔든다.

③ 이 세상에서 당신만큼……①~②의 동작을 오른발부터 한다.

④ 느림보는 없어요……옆 아이와 마주보고 짝짝 박수를 2번치고 한바퀴 빙글 돈다.

⑤ 왜 그렇게도……앞을 보고 왼쪽, 오른쪽, 왼쪽, 오른쪽 발을 구른다.

⑥ 느림본가요……짝짝 박수를 3번 친다.

2~3번 연습한 다음 노래를 부르면서 동작을 붙인다.

여보세요, 거북씨
거북이씨 이 세상에서
당신만큼 느림보는
없어요.

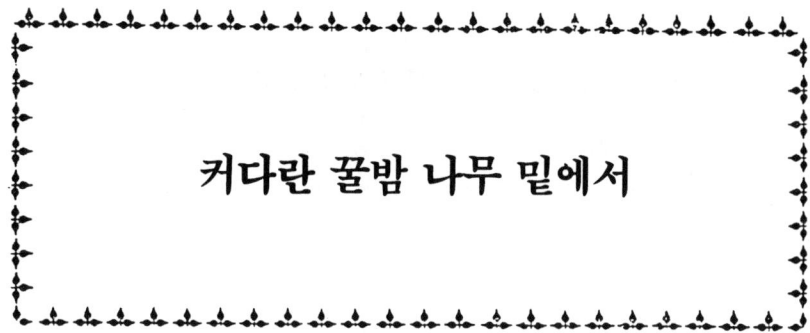

# 커다란 꿀밤 나무 밑에서

□ **준비**

악기(올겐 또는 레코드).

□ **진행 방법**

두사람씩 마주 보고 '커다란 꿀밤 나무 밑에서'를 다음과 같은 동작을 붙여 노래한다.

① 커다란……몸 앞에 두 팔을 모아 원을 만든다.

② 꿀밤……두 손을 머리 위로 올려 '나무'를 만든다.

③ 나무……두 손을 머리에 댄다.

④ 밑……두 손을 어깨에 댄다.

⑤ 에서……두 손을 아래로 내린다.

⑥ 당신하고……오른손으로 상대를 가리킨다.

⑦ 나하고……마찬가지로 자신을 가리킨다.

⑧ 즐겁게……오른손 왼손을 가슴 앞에서 깍지 낀다.

⑨ 놀아 봅시다……상반신을 좌·우로 흔든다.

⑩ 커다란 꿀밤 나무 밑에서……①~⑤를 반복한다.

## □ 응용

동작을 하면서 글자를 몇 개 빼고 노래를 한다.

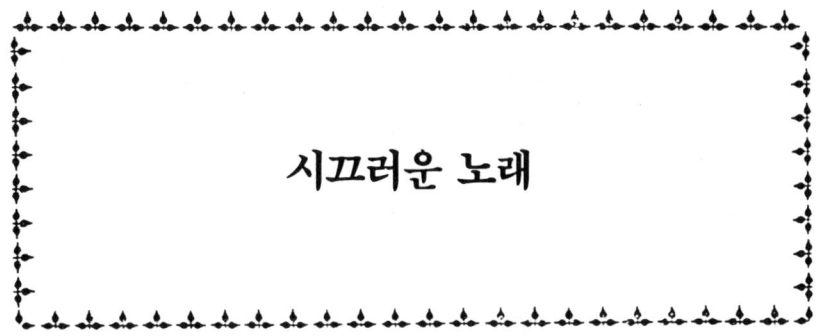

# 시끄러운 노래

## □ 준비
악기(올겐 또는 레코드).

## □ 진행 방법
선생님이 노래를 먼저 부르면 아이들은 그것을 따라 하면서 다음의 동작을 붙인다.

① 시끄러운……두 손을 앞에서 들었다가 좌우로 내린다.

② 노래소리……두 손을 귀로 가져간다.

③ 저 산너머……오른손으로 먼 곳을 가리킨다.

④ 먼 곳에서……두 손을 모아 오른쪽에서 왼쪽으로 크게 돌린다.

⑤ 들려 온다……두 손을 좌우의 귀에 대고 듣는 동작을 취한다.

⑥ 들려 온다……그대로 좌·우로 상반신을 흔든다.

⑦ 시끄러운 노래소리……전원 함께 ①~②의 동작을 반복한다.

## □ 응용
'시끄럽다', '조용하다'를 살려 노래를 바꾸고 동작도 그에 따라 작게 한다. 목소리도 작게 한다.

　조용한 노래소리 저쪽 풀밭에서

　들려온다 노래소리 조용한 노래소리

# 송사리 학교

## □ 준비
악기(올겐 또는 레코드).

## □ 진행 방법
'송사리 학교'에 다음과 같은 동작을 붙여 노래한다.

① 송사리의……두 손을 눈에 갖다대고 원을 만들어 그대로 머리 위로 올린다.

② 학교는 강물 속……두 손의 인지로 지붕, 벽의 학교 그림을 그린다.

③ 살며시 들여다……두 손을 한쪽 눈으로 가져가고 다른쪽 눈을 감는다.

④ 들여다 볼까……누군가 친구를 가리킨다.

⑤ 살며시 들여다……③과 같은 동작을 취한다.

⑥ 들여다 볼까……다른 누군가를 가리킨다.

⑦ 모두 함께 헤엄을……오른손 왼손을 가슴 앞에 낀다.

⑧ 치고 있구나……상반신을 오른쪽 왼쪽으로 흔든다.

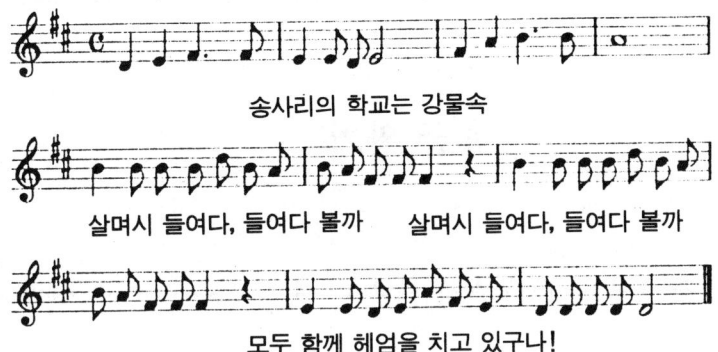

송사리의 학교는 강물속

살며시 들여다, 들여다 볼까    살며시 들여다, 들여다 볼까

모두 함께 헤엄을 치고 있구나!

## □ 응용

2인조를 짜 서로 마주 보고 다음과 같은 동작을 한다.

③ 살며시 들여다……팔장을 끼고 생각하는 동작을 취한다.

④ 들여다 볼까……'가위 바위 보'를 한번 한다.

⑤⑥ 살며시 들여다 볼까……③④를 반복한다.

⑦⑧ 모두 함께 헤엄을 치고 있구나……두번 가위 바위 보를 한다. 승부가 난 조는 이긴 아이가 손뼉을 치고 진 아이가, 스킵으로 한바퀴 돈다. 무승부일 때는 서로 오른손 왼손 악수를 하고 손을 크게 흔든다.

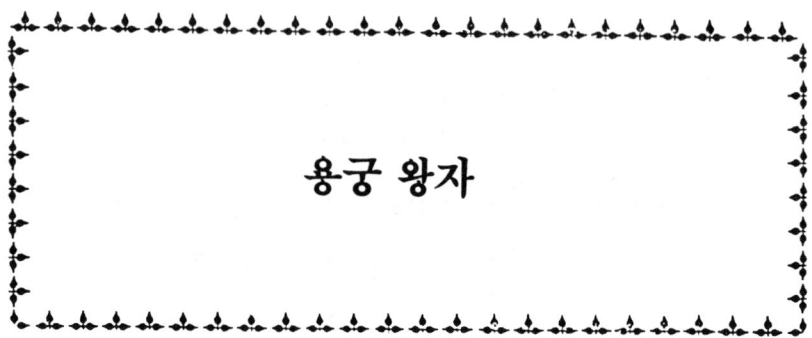

## □ 준비

악기(올겐 또는 레코드).

## □ 진행 방법

'용궁 왕자'를 다음과 같은 동작에 맞추어 부른다.

① 옛날에 옛날에 용궁에서는……왼손으로 주먹을 쥐고 오른손 손바닥을 그 위에 얹는다. 다음에 아래에서부터 오른손 손바닥에 댄다. 이상의 동작을 손을 바꾸면서 4회 계속한다.

② 호위하는 거북이 등에 업혀서……가슴 앞에서 짝 손뼉치고 오른손을 왼쪽 어깨에 대고 다음에 손뼉을 치고 왼손을 어깨에 댄다. 이상의 동작을 4회 한다.

③ 바닷가 모래 사장에 가면……가슴 앞에서 짝 박수를 치고 오른손으로 코를 잡으면서 왼손으로 오른쪽 귀를 잡는다. 다음에 손뼉을 치고 왼손으로 코를 집으면서 오른손으로 왼쪽 귀를 잡는다. 이상의 동작을 4회 반복한다.

④ 더할 나위 없이 즐거운 기분……왼손으로 주먹을 쥐고 오른손 손바닥을 그 위에 대고 다음에는 밑에 댄다. 이어서 손뼉을 치고 왼손

을 오른쪽 어깨에 댄다. 또 박수를 치고 오른손으로 코를 잡으면서 왼손으로 오른쪽 귀를 잡는다. 끝으로 손뼉을 치고 두 손을 위로 든다.

## □ 응용

④의 동작을 반복해도 재미있다. 익숙해 지면 점점 속도를 빨리 해 간다. 노래를 바꾸어서 해도 된다.

옛날에　옛날에　용궁에서는

호위하는　거북이　등에 업혀서

바닷가　모래　사장에 가면

더할 나위 없이 즐거운 기분

# 뽕 게임

## □ 준비

없음.

## □ 진행 방법

10~15명의 그룹을 만들어 둥글게 앉는다. 이 그룹내에 번호를 붙여 간다.

그 전에 선생님은 미리 3이나 5나 7이나, 말해서는 안될 수를 정해 놓고 아이들에게 예를 들면,

"3의 배수는 말을 해서는 안 됩니다. 그 대신 '뽕'이라고 하세요." 라는 식으로 설명을 잘 해 둔다.

다음에 한 아이를 지명한다. 그 아이부터 순서대로 오른쪽 방향으로 번호를 대는 것이다. 이 경우 세번째 아이는 3이라고 하는 대신 "뽕"이라고 해야 한다. 또 말해서는 안 될 수를 '5'로 정했으면 다섯번째 아이는 '5' 대신 '뽕'이라고 해야 한다. '1, 2, 3, 4, 뽕, 6, ……' 이 되는 것이다. 15, 25, 35, 45에서도 '뽕'이 된다. 50부터 59까지는 모두 '뽕'이다. 깜박 실수로 수를 대면 틀리는 것이 된다.

## □ 응용

익숙해지면 말해서는 안 될 숫자를 3과 5, 2와 4라는 식으로 늘려
보아도 재미있다.

# 제3부

# 중·고등학교
# 청소년을 위한
# 레크레이션

# 제1장

## 서로 친숙해지는 레크레이션

# 도 움 말

옛날부터 레크레이션의 장에서는, '꾸어다 놓은 보리자루가 되지 말라', 게임의 장에서는 '학력이나 교양은 일체 잊고 동심으로 돌아가서 합시다'라고 하는 말이 일컬어져 왔다.

중고생은 어른이 되고 있는 아이라고 하는 말처럼 신체적으로나 정신적으로 변화가 심한 시기에 있다. 그런 까닭에 체험하고 싶은 경험이나 지식은 산더미와 같다. 그러나 요즘 아이들은 텔레비젼이나 만화에 중독되어 있든가, 인내력이 없고 제멋대로 동정심이 없는 아이가 많다고 한다. 게임의 장에서도 '흥을 깨는 아이'가 나오거나, '이런 시시한 것을'이라고 하는 태도나 '친구가 하지 않으면 자신도 하지 않는다. 고 하는 경우가 많아서 게임에 한몫 끼지 않는 경향이 강하다. 따라서 중고생을 대상으로 하는 게임 지도는 가장 어렵다고 생각된다.

나는 중고생에 대한 게임 지도의 제1 포인트는 분위기 만들기에 있다고 생각한다. 이 때(게임)는 이런 목적을 가지고 하는 것이며, 여러분의 협력이 있어야만 즐거운 시간이 되고 유익한 시간이 된다고 하는 것 같은 도입을 중요시 하고 싶은 것이다.

중고생이 학교나 사회교육활동 중에서 단체 활동이나 모임에서 실시할 수 있는 게임을 참고로 정리해 보았다. 여러분의 '게임 참조'에 조금이라도 도움이 된다면 다행이겠다.

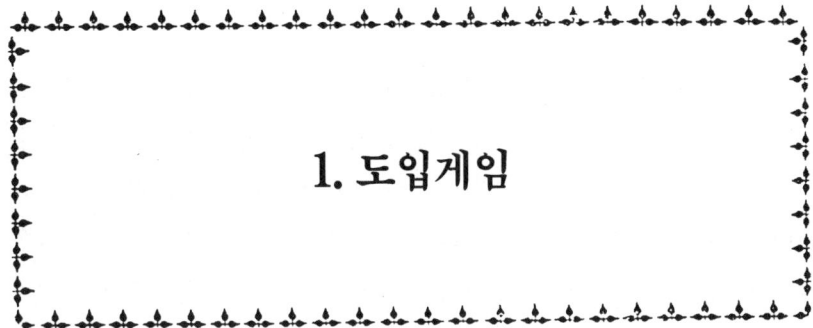

# 1. 도입게임

'처음이 좋으면 끝도 좋다'라고 하는데 게임 지도의 전개에서도 처음을 어떻게 할까, 도입을 어떻게 할까라고 하는 것은 매우 중요하다는 사실을 잊어서는 안된다.

처음에는 어쩐지 분위기가 거북하고 딱딱한 법이고 그런 경우는 리더가 아무리 힘주어 소리를 지르더라도 오히려 공허하게 냉기만이 두드러져서 흥이 깨어져 버리지만 이런 공기를 뿌리치고 분위기를 부드럽게 만들기 위해서 어떤 손을 쓰느냐가 승부의 열쇠가 된다.

따라서 그때에 이루어지는 게임은 중요한 사명을 띤 것이므로 무엇이나 좋다고 할 수는 없다.

대체로 게임은 어린애 같다고 하는 선입관이 강하고 그런 이유로 저항이 있는 것이기 때문에 재빨리 그것을 없애고 예전의 동심을 되찾게 하는 것은 쉬운 일이 아니다.

출발이 만족한 것이라면 다음 단계로 비교적 쉽게 나아갈 수 있지만 반대의 경우가 되면 그야말로 큰일! 궤도 수정에 식은 땀을 흘리고 7전 8기의 쓴맛을 지겹다고 할 만큼 맛보게 된다.

도입이란, 즉 분위기 만들기로 그 이후의 전개에 대한 계기가 되는 것이기 때문에 여기에서의 성패가 전체의 흐름이나 움직임을 결정해

버린다고 해도 과언이 아니다.

거기에는 리더로서 약간의 레퍼토리를 준비해두고 한번 시험해
봐서 아무래도 좋지 못하다고 헤아리면 곧 다음의 것을 시도해본다.
그래도 효과가 없다고 하면 다시 한번 시도해 본다, 라고 하는 식으로
차례차례로 가지고 있는 소재를 계속 투입하고 있으면 그럭 저럭
이쪽의 의도에 가까와진다. 그쯤되면 타이밍 맞추는 법이 열쇠이지만
이것이다라고 해서 절대 정형화하거나 획일적,상투적이어서는 안된
다. 항상 유동적, 탄력적으로 비교적 기술을 요하지 않고 함께 할
수 있다고 하는 것과 가능한 한 유머를 수반하는 것으로 더욱 단시간
내에 일단의 정리가 되는 것이면 효과적이다.

# 손가락 넘기기 놀이

## □보기 1

양쪽의 엄지와 검지를 교대로 맞춰가는 동작을 반복한다. 우선 왼손은 엄지가 위, 검지가 밑에 오른손은 반대로 엄지가 밑, 검지가 위가 되도록 맞춘다. 다음에 왼손의 엄지와 오른손의 검지를 붙인 채 밑 쪽의 왼손 검지와 오른손 엄지는 떼면서 반대로 왼손 검지, 오른손 검지를 위에서 맞춘다.

이 동작을 연속해서 위로 위로 반복해간다. 적당히 계속하면 다음은 역동작으로 밑 쪽으로 내려간다(그림 ).

## □보기 2

우선 양손의 손가락을 펴고 오른손 엄지만을 구부려 둔다.

1, 2, 3, 4의 장단으로 맞춰서 왼손은 엄지부터 오른손은 검지부터 구부려가서 10일 때에는 처음과 같이 되돌아간다. 이 동작은 항상 오른손 손가락이 하나씩 빨리 구부러지지 않으면 안되지만 도중에서 좌우가 똑같아지기 쉽다.

일단 완성되면 다음은 오른손은 엄지 외에 검지도 구부려 두고 시작하며 그것도 완성되면 다시 1개씩 더해 주도록 하면 재미있다.

## □보기 3

처음에 왼손은 손바닥을 펴고 오른손은 엄지를 속에 넣고 쥐어둔다. 동작은 왼손의 엄지부터 구부리고 오른손은 새끼 손가락부터 펴간다. 왼손이 다 쥐어지고 오른손이 다 펴지면 다음은 거꾸로 왼손은 펴고 오른손은 쥐어간다. 1, 2, 3하고 장단을 붙여 주면 하기 쉽다.

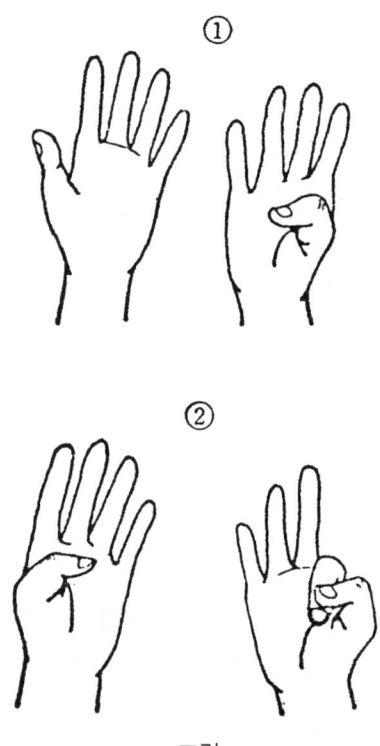

그림

# 손가락 일으키기

## □보기 1

오른손을 가볍게 쥐고 주먹을 만들어 전방에 내민다. 1, 2, 3의 호칭에 맞춰서 엄지부터 일으켜 가서 5까지 가면 다음은 왼손으로 옮긴다. 거의 대부분의 사람은 4와 9의 손가락 즉 약지가 생각 대로 일어나지 않을 것이다.

우선, 한번 끝나면 차츰 템포를 빠르게 해서 연습해 본다. 다음에는 리더가 마음대로 1부터 10까지의 수를 불러서 그 수에 해당하는 손가락을 일으키게 해 보자.

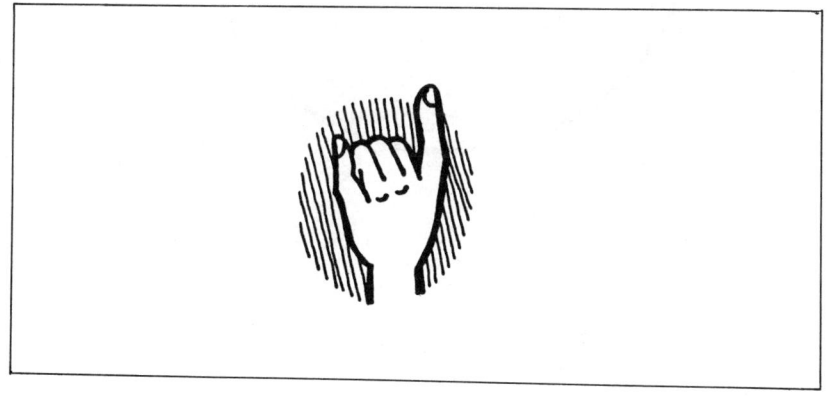

## □보기 2

양손의 손바닥을 펴고 몸 앞으로 내민다. 리더의 구령에 맞춰서 우선 '1'에는 오른손 엄지를 구부리고 '2'에는 왼손 엄지를 구부리게 하고 '3'에는 오른손 검지를, '4'에 왼손 검지를… 하는 요령으로 좌우, 우좌 교대로 손가락을 구부려서 10까지 끝나면 다음의 '1'에는 왼손 새끼 손가락을 일으키고 '2'에는 오른손 새끼 손가락 '3'에 왼손 약지 '4'에 오른손 약지라고 하는 식으로 순서대로 일으켜간다.

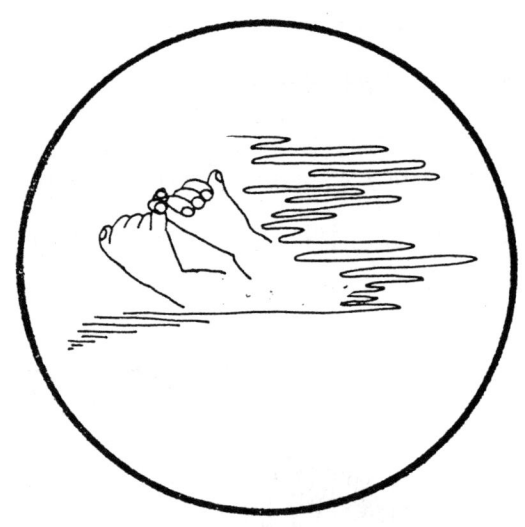

# 자벌레 놀이

자벌레가 기어 다니는 움직임과 비슷하기 때문에 이 이름을 붙였다.

우선 왼손의 엄지와 오른손의 검지를 맞추고 엄지와 검지 이외의 나머지 손가락은 구부려 둔다. 처음에 왼손의 손가락은 그대로 놔두고 오른손 엄지를 마찬가지로  왼손  검지에 붙이고 그 오른손 검지를 펴서 왼손 검지에 붙여서 양쪽의 엄지와 검지로 삼각을 만들고 다시 오른손 엄지를 오른손 검지에 붙이고 오른손 검지를 떼어 위로 올린다. 같은 요령으로 왼손 엄지부터 올려간다.

잠시 동안 반복하면 다음에는 거꾸로 아래쪽으로 내려 가도록 하면 재미있다.

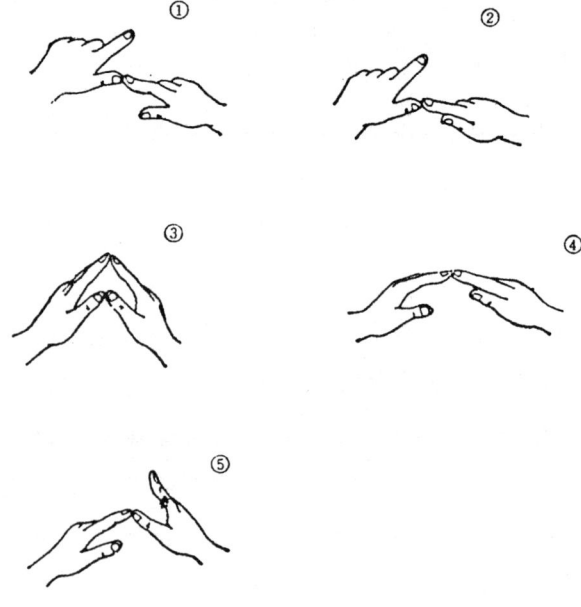

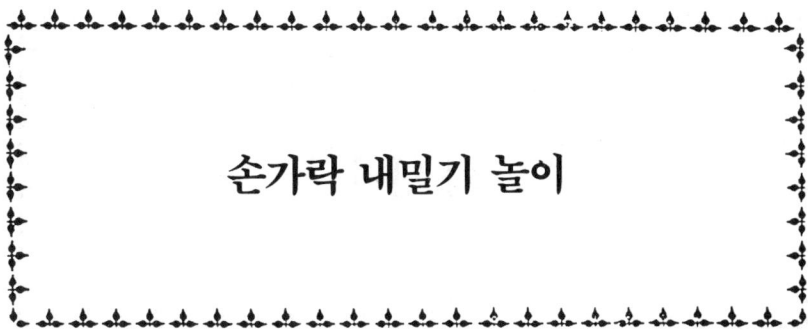

# 손가락 내밀기 놀이

리더가 말하는 수 만큼의 손가락을 내는 게임이다.

양손 10개의 손가락 범위내에서 리더가 차례차례로 제시하는 수의 손가락을 내는 것인데 거기에는 그 수를 직접 제시하는 경우와 덧셈, 뺄셈 등의 계산을 넣어서 예를 들면 '5+5' '8−3' '3+3+2'라고 하는 식으로 여러가지 연구해서 하면 더욱 재미있다.

더욱이 리더가 일제히 하는 것뿐만 아니라 2인 1조가 둘이서 서로 해도 좋다.

# 차 단지

## □보기 1

차 차 차 단지

차 단지에 뚜껑이 없다.

바닥 손잡이 뚜껑으로 하자.

라고 하는 노래에 맞춰서 동작을 하는 게임.

우선 왼손으로 주먹을 만들어 차 단지로 하고 오른손의 손바닥을 펴서 왼손 주먹(차 단지) 위를 가볍게 누르고(뚜껑을 했다) 다음에 밑을 누르고(바닥), 손을 바꿔서 오른손 주먹을 왼손 손바닥으로 같은 요령으로 상하를 누른다.

이하는 같은 식으로 동작을 반복하고 마지막의 '뚜껑으로 하자'에서는 왼손주먹 위에 오른손 손바닥이 자리잡게 되면 멋지게 완성이라고 하는 것이 된다.

## □보기 2

'차 차 단지'의 변형으로 다음의 말이 된다.

차 단지 차 단지

소중한 차 단지

사람이 오지 않는 사이에

살짝 뚜껑하자

왼손으로 주먹을 만들어 오른손 손바닥으로 뚜껑을 만드는 것은 '차 단지'와 같지만 새롭게 입과 팔꿈치가 가해진다.

'차 단지'에서 오른손 손바닥을 펴서 처음에 입을 누르고 왼손 주먹 위 아래와 왼쪽 팔꿈치에 대고 '차 단지'의 순서를 거꾸로 더듬어서 주먹 밑, 위, 입으로 되돌아와서 이하 1박자씩의 동작으로 반복하고 '살짝 뚜껑 하자'에서는 팔꿈치→주먹 밑→위→입으로 마지막에 뚜껑이 생기면 된다.

완성되면 점점 템포를 빠르게 해보면 좋다.

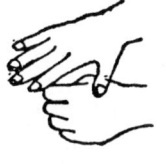   

오른손 위          오른손 밑          왼손 위          왼손 밑

그림

148

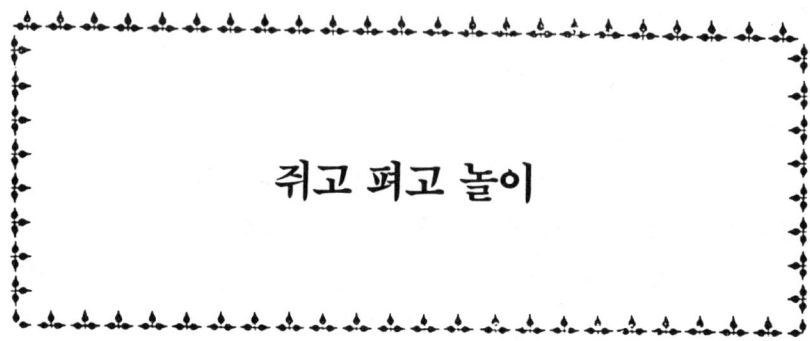

# 쥐고 펴고 놀이

쥐고 펴고

손뼉을 치고 쥐고

라고 하는 노래에 맞춰서 양손을 펴거나 쥐거나 하는 놀이는 누구나 잘 알고 있는 것이지만 여기에서는 조금 변형시켜서 노래와 동작을 한 번 엇갈려서 하는 점이 재미있다.

쥐고

────── 그대로 있는다.

펴고

────── 양손을 쥐어서 주먹을 만든다.

손뼉을 치고

────── 주먹을 편다.

쥐고

────── 양손으로 박수를 4번 친다.

또 펴고

────── 양 주먹을 만든다.

손뼉을 치고

────── 주먹을 편다.

그 손을 위로

─── 양손 박수

쥐고

─── 양손을 위로 올린다.

2, 3회 반복하고 점점 더 빨리 해가면 좋다.

# 술과 장수?

금주주의자가 구십 삼세의 장수를 누리다가 이내 죽었다. 금주주의자 동맹연합회 회장이 장례식에 참석하여, 고인이 이처럼 장수를 누릴 수 있었던 것은 술을 마시지 않고 오직 물만을 마셨기 때문이라고 역설하였다. 돌아오는 길에 회장은 고인의 가족이 하나도 보이지 않는다는 사실을 발견하고는, 친구를 향하여,

"정말 이렇게 장수하면 가족같은 것도 다 없겠군."

그러자 친구 왈,

"뭐, 그것도 아니야. 구십 팔세가 되는 친형이 한 분 계시는데 모시고 나올 수가 있어야지. 온종일 술에 억수로 취해 정신을 못차리고 있으니까."

# 코와 귀 붙잡기 놀이

좌우의 손으로 동시에 코와 귀를 붙잡는 게임인데 의외로 어렵다. 우선 1에 오른손으로 왼쪽 귀를 붙잡는다. 2에 그 오른손을 무릎 위에 놓고 3에 왼손으로 오른쪽 귀를 붙잡고 4에 무릎 위에 놓고 다시 이것을 반복한다. 다음에 이와 같은 요령으로 오른손으로 코를 누르고 무릎으로 되돌아 와서 왼손으로 이와 같은 동작을 반복한다.

그리고 그 다음은 양손으로 동시에 코와 귀를 붙잡는 것인데 이것이 좀체로 생각대로 되지 않는다. 요령은 우선 오른손으로 코를 누르고 조금 늦게 왼손을 크게 오른손을 누르듯이 해서 오른쪽 귀를 붙잡는다. 다음에 일단 양손을 떼어 무릎 위에 올려놓고 다시 앞과 반대로 왼손은 코, 오른손은 왼쪽 귀로.

간단한 노래(예를 들면 산토끼)에 맞춰서 리드미컬하게 하면 된다.

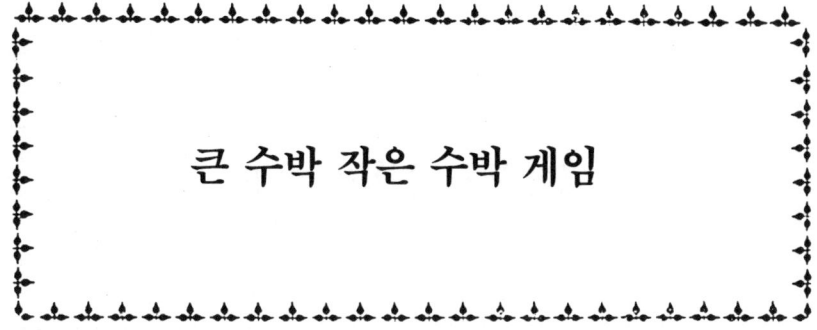

# 큰 수박 작은 수박 게임

리더가 외치는 말과 반대의 동작을 하는 게임으로서 직관적인 판단력의 훈련이 될 것이다.

'큰 수박'에서는 양손을 오므려서 작게 만들고 '작은 수박'에서는 반대로 양손을 편다. 이것을 리더는 큰 수박은 크게 작은 수작은 작게 하기 때문에 넘어가 버리지 않도록 주의하지 않으면 안된다.

리더는 같은 것을 몇 번이나 계속해서 가능한 한 전원이 갈팡질팡 하도록 하는 편이 재미있다.

또한 긴 치마, 짧은 치마, 둥근 사탕, 사각 사탕 등과 같이 형태의 변화를 주어서 하는 편이 좋다.

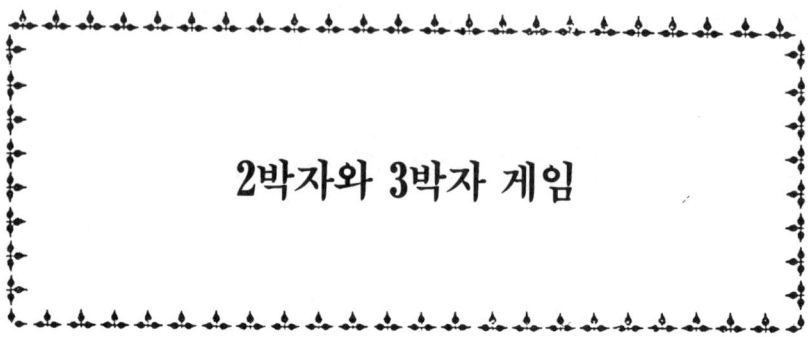

# 2박자와 3박자 게임

한쪽 손으로 2박자, 다른 손으로 3박자를 동시에 흔드는 게임이다.

처음에 전원이 3박자의 노래(예: 무궁화 , 코끼리 아저씨……)를 불러본다.

다음에 거기에 장단을 맞춰서 오른손으로 3박자를 위해 삼각형으로 흔든다. 잘 할 수 있게 되면 왼손으로 바꿔서 이번에는 2박자로 상하로 흔든다.

한손씩 연습하면 드디어 좌우 양손을 동시에 흔들어 본다. 양손 모두 3박자가 되거나 2박자가 되지 않도록 하지 않으면 안된다.

# 추격 가위바위보 게임

우선 양손으로 이와 같이 가위바위보, 즉 바위, 가위, 보를 연습해 본다. 이것이라면 누구나 할 수 있지만 다음에는 좌, 우 따로 따로 바위, 가위, 보를 해본다. 대강의 요령을 이해했으면 오른손은 그대로 바위, 가위, 보의 순으로, 왼손은 한박자 늦게 보, 바위, 가위로 하면서 오른손의 바위, 가위, 보를 왼손이 추격하는 것인데 좀체로 생각대로 되지 않고 좌우 양손이 같아지기 쉽다.

대강 연습을 끝냈으면 다음에는,

바위, 가위, 보

바위, 가위, 보

바위, 가위, 바위, 가위

바위, 가위, 보

라고 하는 식으로 리듬을 타면 좋다.

154

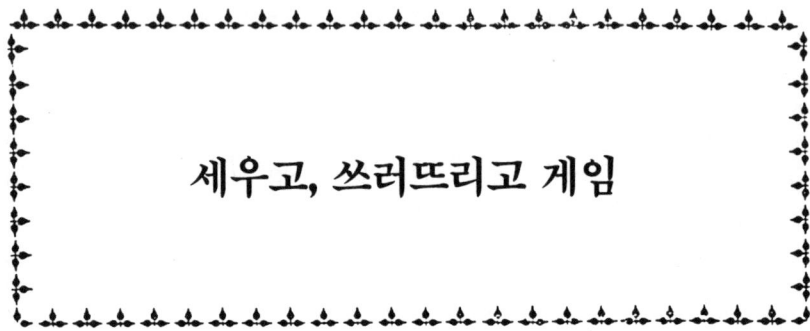

# 세우고, 쓰러뜨리고 게임

주먹을 앞으로 내밀어 두고 호령에 따라 '일으키고'에서는 그대로, '쓰러뜨리고'에서는 옆으로 한다. 마치 주먹을 세우거나 쓰러뜨리거나 하는 동작이 된다.

리더는 차츰 호령을 빠르게 하면서 거기에 '세우고' '일으키고' '세우지 말고' '쓰러뜨리지 말고'라고 변화를 줘서 해보면 재미있다.

더욱이 다음에는 주먹을 어깨에 대는 것을 '세우고'라고 하고 주먹을 밑으로 내리는 것을 '쓰러뜨리고'라고 하는 식으로 해도 좋다.

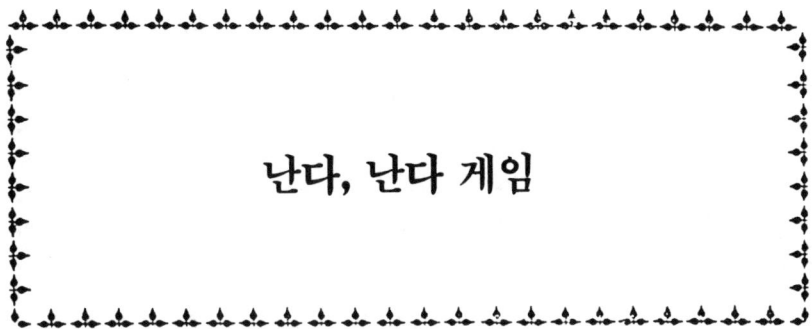

# 난다, 난다 게임

리더가 '난다, 난다, 새가 난다'고 하면서 날 수 있는 조류 등의 이름을 말했을 경우는 전원이 양손을 올린다.

'난다, 난다. 책상이 난다'라고 날 수 없는 것의 이름을 말했을 경우는 양손을 무릎 위에 올려 놓은 채 가만히 있는다.

리더는 차츰 빠르게 '난다, 난다, ○○개가 난다'를 반복하지만 날 수 있는 것, 날 수 없는 것을 잘 교체해 보는 것이 흥미를 복돋우는 포인트가 될 것이다.

'난다, 난다'라고 하는 것뿐만 아니라 '떨어진다, 떨어진다' '운다, 운다' '낚인다, 낚인다' '크다, 크다' '길다, 길다' '희다, 희다' 등과 같이 변화를 줘서 전개시켜 보면 즐거워질 것이다.

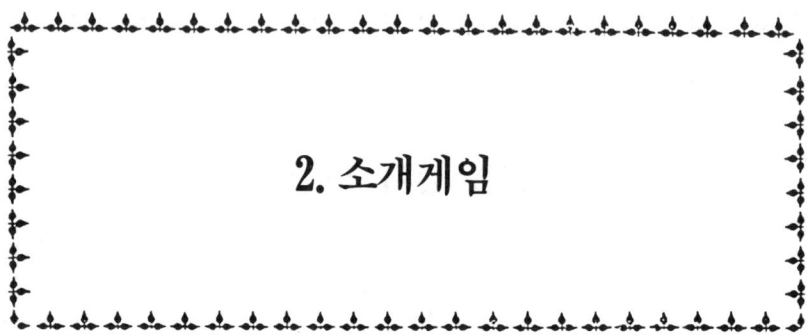

# 2. 소개게임

사람이 많은 모임에서는 그 회의 성격에 따라서도 다르지만 우선 서로를 아는 것이 중요하고 그러기 위해서 인사나 간단한 소개로 이름을 기억하는 것을 게임화해 주면 보다 즐겁고 보다 부드럽게 진행을 전개해 간다고 말할 수 있으리라.

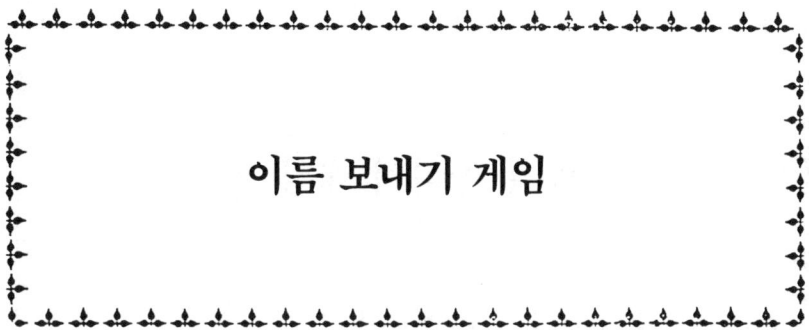

# 이름 보내기 게임

20~30명 정도의 모임 일 때 전원이 원을 만들어서 지명된 사람이
'나는 홍길동입니다.'
라고 자기 소개를 한다. 그 옆사람은 '나는 홍길동씨의 옆 임꺽정입니다.'
라고 하고 세 번째의 사람은,
'나는 홍길동씨의 옆 임꺽정씨의 옆 심학규입니다'라고 하는 식으로 처음부터의 이름을 순서대로 반복한 후 자신의 이름을 말하고 다음에 계속해간다.
사람수가 많을 경우는 몇 조로 나누지만 10명 정도로 그치고 또 새롭게 조를 짜도 좋다.

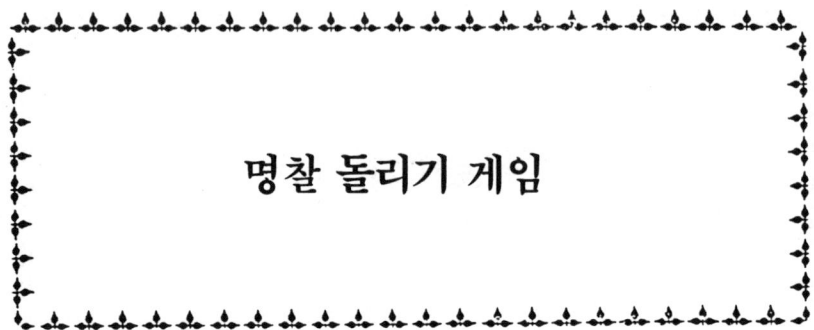

# 명찰 돌리기 게임

우선 둥글게 앉아서 전원에게 종이와 연필을 나눠 주고 거기에
자신의 이름을 기입하게 해둔다.

신호와 함께 노래 등에 맞춰서 그 명찰을 차례차례로 돌려 가서
'스톱'이 걸리면 정확하게 자신에게 돌아온 명찰을 가진다. 그리고
처음부터 그 명찰에 쓰여 있는 이름을 소리내어  읽고 그 본인은
자리에 서서 그것을 듣는다.

자신의 이름을 기입할 때 달리 연령, 직업, 취미, 장래의 희망 등을
첨가시켜 봐도 재미있다.

# 인사 게임

전원이 마주 보도록 해서 자리에 앉는다. 처음의 마주 본 짝이 가위바위보를 해서 이긴 사람부터,

　'누구십니까'

하고 질문한다. 질문받은 사람은,

　'김영수입니다.'

라고 자기 소개하면 상대는 즉시

　'아아 김영수입니까?'

라고 계속한다. 다음은 반대로

　'당신은 누구십니까?'

라고 질문해서 앞과 마찬가지로 자기 소개를 하면 그 이름에 관련된 것을  덧붙인다.

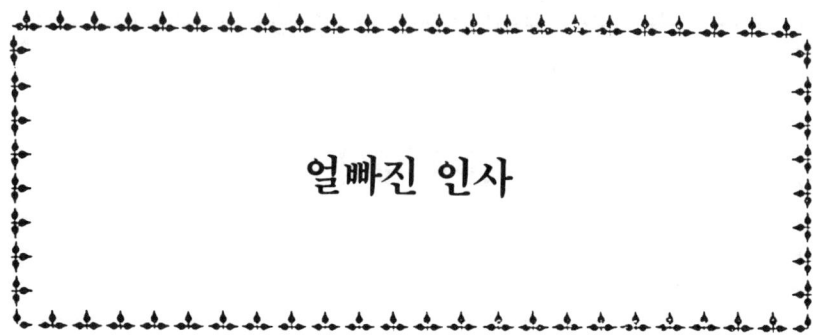

# 얼빠진 인사

우선 두 사람씩 마주본다.

그래서 인사를 교환하지만 서로가 얼이 빠져서 예를 들면 상대가 날씨 얘기를 하면 이쪽은 친구 얘기를 해서 일부러 이야기를 비켜서 상대의 페이스에 말려들지 않도록 한다.

어느쪽인가가 먼저 웃거나 말이 막히거나 하면 지게 된다.

# 꼬리 잡기 인사

전원을 같은 수의 두조로 나눠서 마주보고 각 조에서 대표를 뽑아 가위바위보로 선공을 정한다. 우선 가위바위보에 이긴 조의 나머지 사람부터 인사를 한다. 인사를 적당한 부분에서 끊고 상대조와 교대한다.

상대 측의 나머지 사람은 반드시 앞 사람의 말 어미를 자신의 말 시작에 붙이지 않으면 안된다.

이와 같이 해서 차례차례로 반복해서 인사를 계속해 가는 데 막힌 쪽이 지게 되는 것은 말할 필요도 없다.

[예]

'안녕하세요?'→'요즘은 덥습니다.'

→'다음은 누구 차례'→'예절을 지킵시다'…….

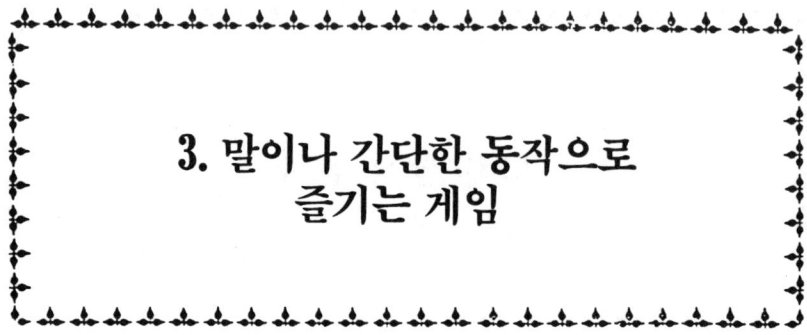

# 3. 말이나 간단한 동작으로 즐기는 게임

　때에 따라서는 말의 주고 받음만으로 어떻게 해서 분위기를 북돋우는지 살펴보자.
　즉, 움직임 속에서 상호의 커뮤니케이션의 소통을 도모하는 것이 우선 중요하며 거기에는 스킨쉽에 의한 것이 매우 효과적이라고 생각한다

# 정글 탐험 놀이

리더가 정글 탐험의 이야기를 하면서 동작을 흉내내는 게임이다.

우선 '○○씨가 정글로 들어갔다'라고 하는 전제로부터

① 넓은 초원을 나아간다.

——제자리 걸음의 동작「종종」

② 강을 뗏목으로 건넌다.

——배를 젓는 동작「삐걱삐걱」

③ 정글 지대로 들어간다.

——수목을 양손으로 헤치고 나아가는 동작「제치고 제치고」

④ 큰 나무에 기어 오른다.

——나무 오르기 동작「쭈르르」

⑤ 주위를 둘러본다.

——작은 손을 받쳐서 멀리 보는 동작.

그런데 그것을 백수의 왕 사자에게 들켜 버렸기 때문에 급히 서둘러서 달아나지 않으면 안된다. 달아날 때는 지금까지의 동작을 거꾸로 해서

쭈르르→제치고 제치고→삐걱삐걱→종종.

라고 빠른 템포로 동작을 한다.

정글 탐험에서는 이 밖에 상황이나 거기에 수반되는 동작을 변화시켜도 좋고 또 하이킹, 사이클링, 등산 등 복잡한 것으로 대치해도 재미있다.

## 거룩한 매부

아내를 여읜 남편이 어느 날 성당으로 신부님을 찾아와 초상 치를 것을 상의하고 있었다.

"이백 만원만 가져와요."

"네? 이백 만원이 어디 있나요? 전 빈털터리인데요?"

"누구 일가 친척이라도 있겠지. 사정을 이야기 하고 좀 봐 달라고 해 봐요."

"일가친척이라곤 누이 동생 하나 뿐인데, 그것도 몸을 망쳤습니다."

"그럼 이 기회에 누이 동생을 만나서 잘 설득하여 올바른 길로 들어서게 하는 것도 괜찮겠군."

"그녀는 글쎄 수녀가 되어서, 수녀원에 가도 도무지 만날 수가 없어요."

"수녀가 된 누이 동생을 보고 몸을 망쳤다고 했나? 그게 무슨 말인가? 누이는 거룩한 그리스도를 평생의 남편으로 모시는 아주 훌륭한 분일세."

"아, 그런가요? 그럼 잘됐네요. 장례식 비용은 제 매부 앞으로 달아 놓으세요."

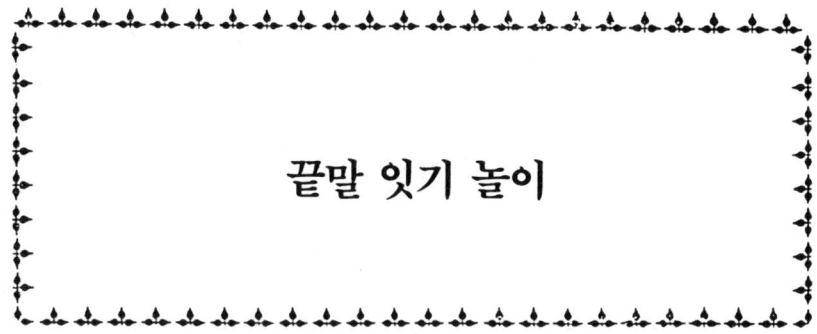

# 끝말 잇기 놀이

말꼬리 잡기를 계속해가는 게임이다.

누구나 할 수 있는 것 같지만 순간의 경우 좀체로 말이 나오지 않는 경우가 있어서 그것이 웃음을 일으킨다.

간단한 것인 만큼 규칙을 엄격하게, 예를 들면 먼저 한 번 나온 말을 말했을 때, 잘못 사용했을 때 등에는 감점으로 한다.

또한 말을 생각해내는 시간의 제약도 필요하고 그 형태도 여러가지 변화시켜 보면 그 나름대로 즐겁다.

옆으로 순서대로 돌아가는 방법도 좋지만 주의 산만해지기 쉬우므로 리더가 차례차례로 가리켜 주면 한층 더 복돋워진다.

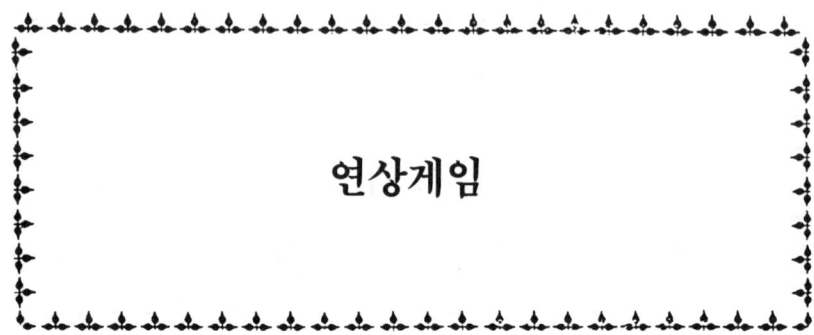

차례 차례로 관계가 있는 말을 연상해서 말을 이어 간다.

우선 누군가가 자유롭게 예를 들어 '바다'라고 말하면 다음 사람은 바다와 연관이 있는 '배'라고 잇고, 다시 다음은 '외국'이라고 말하는 것 같이 말을 이어 간다.

시간을 정하거나 앞에 나온 같은 말을 금지하거나 하는 경우가 있어도 좋다. 이 게임은 매우 간단하기 때문에 달리 여러 가지 연구해서 전개시켜 보는 것도 재미있다. 예를들면,

**a. 반대말 맞히기**

　　백→흑, 대→소

　　우→좌, 전→후

**b. 숫자 알아 맞히기**

　　4→야구선수 타자 ○○○

　　13→악마의 날

　　7→행운의 번호

**c. 월일 알아 맞히기**

　　1월 1일→설날

　　5월 5일→어린이날

7월  17일 →제헌절

d. 동화 알아 맞히기

　　개들, 떠돌이→집 없는 소년

　　계모, 콩→콩쥐 · 팥쥐

　　유리구두→신데렐라

e. 인물 알아 맞히기

　　악성→베토벤

　　사과→뉴턴

　　불가능은 없다→나폴레옹

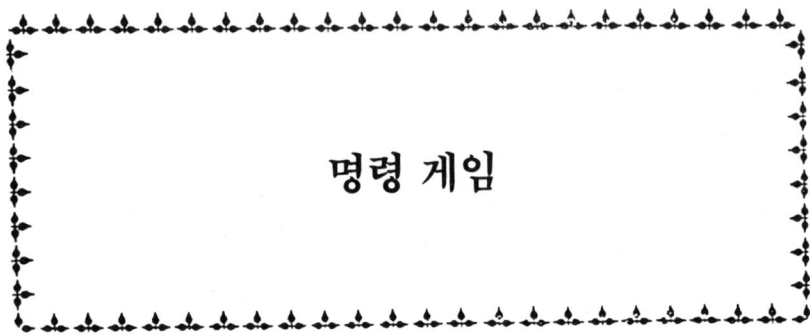

# 명령 게임

리더의 말에 따라 동작을 하지만 '명령'이라고 하는 말이 붙었을 때만 움직이면 된다. '명령'이란 말이 붙지 않은 경우에 동작을 한 사람은 소외되어 버린다.

간단한 게임 같지만 의외로 리더의 유도에 걸려 버리는 사람이 많다.

이 게임의 응용으로서 '오뚝이'가 있다. 즉, 말 앞에 '오뚝이 손을 올리고'라고 하지만 명령 게임과 마찬가지로 '오뚝이'라는 말에 따라서 동작을 하지 않으면 안된다.

물로 '오뚝이'외에 여러가지 말을 연구해서 하면 더 좋다.

# 서로 두드리기

## □보기 1

두 사람이 마주 보고 가위바위보로 A, B를 정해서 우선 A는 오른손 손등을 위로 해서 내밀고 B는 거기에 오른손을 겹쳐 나머지도 마찬가지로 각각 왼손을 겹친다. 리더의 '시작' 신호로 A는 오른손을 B의 왼손 위에 계속해서 B는 오른손을 A의 오른손 위에 겹치고 차례차례로 밑에서부터 위로 겹쳐 가지만 리더의 호루라기가 울리면 그때 가장 위에 있었던 손이 때릴 수 있다. 물론 다른 손은 피하는 것은 상관없다.

또한 이것을 거꾸로 겹친 손을 밑에서부터 위로 옮겨 가서 신호가 있으면 이번에는 가장 밑에 있었던 손에게 때리도록 해도 좋다.

## □보기 2

두 사람은 오른손으로 악수하고 왼손으로 가위바위보를 해서 이긴 사람은 재빨리 상대의 오른손 손등을 때린다. 진 사람은 손등을 맞으면 매우 아프기 때문에 서둘러서 왼손으로 자신의 오른손을 감싸서 이것을 막는다.

이것을 몇 번 반복하는 것인데 가위바위보에 졌는데도 때려 보거나 모처럼 이겼는데 막아 버리거나 규칙 위반이 속출되지만 그것이 또한 즐겁다.

### □보기 3

두 사람 중 어느쪽인가가 오리, 다른 쪽은 오소리라고 한다. 2와 같은 요령으로 악수를 하고 리더가 '오오오……'라고 전제하고 나서 오소리라든가 오리라고 하면 오리인 사람이 때리고 오소리인 사람은 이것을 피한다. 반동적으로 상대를 때리는 것이 아니라 리더의 말을 듣고 나서 재빨리 동작을 하지 않으면 안된다.

더욱이 5, 6회 계속하면 다음에는 말을 바꿔서 예를 들어 '고양이와 고래' '소와 소라' 등으로 해보면 그것만으로도 변화가 있어서 재미있다.

### □보기 4

두 사람이 마주 보고 한쪽 사람은 양손 손바닥을 위로 해서 상대 앞에 내밀고 상대는 손등을 위로 해서 거기에 겹친다. 리더의 신호로 밑에 있는 손의 사람이 재빨리 손바닥을 뒤집어서 상대의 손등을 때린다. 눈 깜짝할 사이에 보지 않는 것 같은 재빠른 솜씨로 하면 재미있다.

# 4명의 대장장이 게임

　우선 4인 1조로 서클을 만들어 1−3, 2−4와 같이 두 사람씩 마주
보고 1−3을 A, 2−4를 B라고 한다. 처음 A의 두 사람은 정지한 채
양무릎 위를 양손으로 두드리고 다음에 가슴 앞에서 박수, 그리고
둘이서 서로의 손바닥을 가볍게 마주 친다. B조도 같은 동작을 하지
만 처음의 1회만 무릎을 2번 두드리고 다음에 가슴 앞에서 박수,
손바닥을 마주 친다. 즉, B는 A보다 1동작 늦어지는 것이 된다.

　4명의 호흡이 맞지 않으면 원활하게 되지 않기 때문에 장단을 잘
맞추지 않으면 안된다.

　가만히 선 자세로 잘 할 수 있게 되면 이 동작을 반복하면서 조용
히(좌우)로 돌아 보는 것도 재미있다.

　장단을 맞추기 위해서 3박자의 노래를 불러 보는 것도 좋다.

172

그림 4명의 대장장이

# 웃기는 이야기

돈많은 과부가 재혼할 상대를 찾고 있다는 소문을 들은 삼철 군이 중매장이를 찾아갔다.

"저어, 나도 후보자 중에 좀 넣어주지 않겠소?"

"안되지. 자네는 아직 일러. 그녀는 길이 사십 센티의 물건을 찾고 있거든."

"뭐라구요, 사십 센티라구요? 그럼 전 안되겠군요. 그녀의 마음에 들기 위해서 이십 오 센티나 잘라내긴 싫으니까 말이오."

# 가위바위보 뱅그르르 게임

2인 1조가 되어 우선 가위바위보를 한다. 진 쪽은 이긴 사람의 주위를 가능한 한 빨리 빙그르르 돌아서 제자리로 돌아와 다시 다음 가위바위보를 계속한다.

이것은 별로 장소도 차지하지 않지만 상당한 운동량이 되기 때문에 추울 때 등에는 매우 효과적이다.

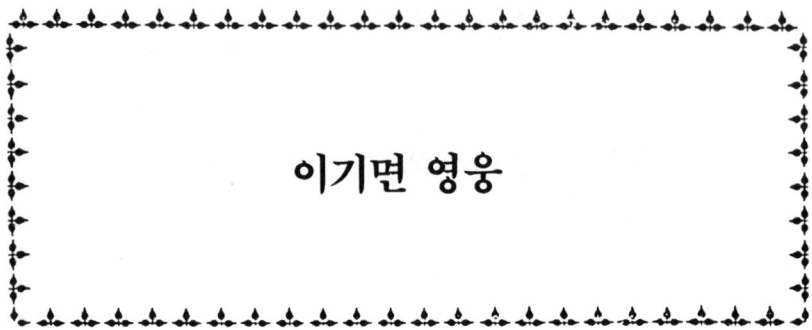

# 이기면 영웅

둘이서 마주 보고 가위바위보를 한다. 이긴 쪽은 진 쪽에게 업혀서 근처에 있는 이와 같이 업힌 승자끼리 가위바위보를 해서 이긴 조의 두 사람은 진 두 사람 어느 쪽인가에게 각각 업혀서 새로운 상대를 찾아 가위바위보를 해서 게임을 계속한다. 10분간 계속하면 상당한 운동량이 되어 흠뻑 땀이 배어나 온다.

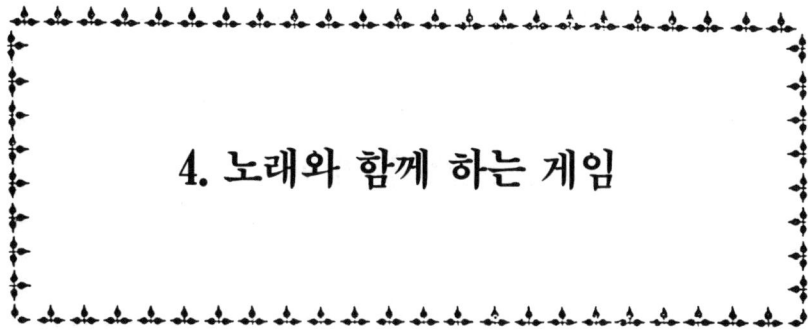

# 4. 노래와 함께 하는 게임

　본래 게임은 긴장과 이완의 상호작용에 의한 파동이 자연스럽게 교차해서 무의식중에 리드미컬한 움직임과 넘치는 흥미 속에 상쾌한 정감을 가져다 주는 것이다. 그리고 리듬을 더욱 중요한 구성 인자로 하는 음악과 결부시켜 보면 한층 더 리드미컬한 움직임이 늘어서 보다 즐겁고 보다 흥미있는 것으로 발전해갈 수 있다. 즉, 게임 속에서 음악을 유용하게 활용하고 즐거운 활동을 연구함으로써 음악의 게임화, 게임의 음악화를 이룰 수 있다고 할 수 있으리라.

　누구나가 잘 알고 있는 노래를 부름으로서 그 자리의 분위기를 한데 모아서 부드럽게 하기 위한 것이다. 이 경우는 별로 전문적 기술을 요구하지 않는 것이 좋다.

　간단한 노래에 동작을 붙이거나 동작에 노래를 붙이거나 하는 것이 많지만 가사로서 퀴즈 등을 즐기는 것도 있다.

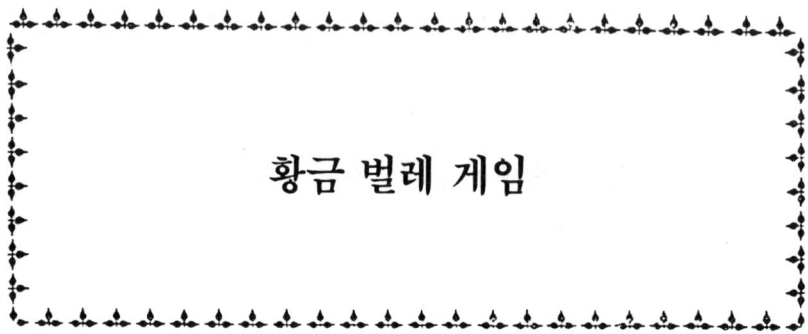

# 황금 벌레 게임

노래에 맞추어 제스처를 하는데 따로 2조를 만들어 한쪽에서는 노래를 부르고 다른 쪽에서는 제츠처를 해서 어느 쪽이 빠른지를 경쟁시켜도 재미있다.

① 황금

——신체를 오른쪽으로 돌리고 오른발을 우측으로 뻗어 발끝을 올리고 오른손을 벌리고 얼굴을 들어 엄지를 코끝에 댄다.

② 벌레는

——①의 반대 동작

③ 금

——①과 같은 동작

④ 갖다

——②와 같은 동작

⑤ 금고를 세웠다. 창고를 세웠다.

——양손으로 집 모양을 흉내내는 동작을 2번 반복한다.

⑥ 아이에게

——양손으로 끌어당기듯이 하면서 오른쪽으로 오른발, 왼발, 오른발 스텝한다.

⑦ 물엿

──④의 반대 동작

⑧ 핥게 했다.

──양손의 손바닥을 교대로 핥듯이 하고 신체를 오른쪽 방향으로 1회전한다.

# 허풍장이

재계의 거물급이 친구 회사로 초대되어 갔다. 서로 악수를 나눈 두 사람, 그러나 둘은 서로 남에게 지기 싫어하는 성격의 소유자들이었다. 서로 자기네 사업의 대단함을 과시하기 위하여 한바탕 자랑을 늘어놓고 있었다. 바로 그때, 방문객이 가만히 보자하니까 그 회사의 직원들이 계속하여 사장실로 큰 물통에 물을 가득가득 넣어서 나르고 있는 것이 아닌가?

"뭡니까? 도대체 이 물은 어디에 쓰려고 이렇게 끝없이 길어 오게 하나요?"

"아, 이것 말입니까? 이것은 모두 내 통신에 씁니다."

"네에……?"

"이 물로 우표를 붙이지요."

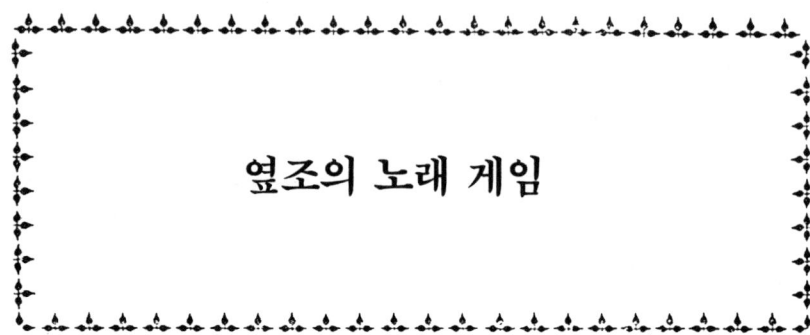

# 옆조의 노래 게임

체인징 파트너(상대를 바꾼다)를 시킬 때에 하면 좋다.

① 쿵쿵쿵 싹

——우선 2인 1조가 되어 전원이 노래하면서 오른손 주먹으로 상대의 왼쪽 어깨를 세번 두드린다.

② 옆 조

——반대의 손으로 반대 어깨를 3번 두드린다.

③ 문을 열면

——마주본 채 서로 양손을 옆으로 벌린다.

④ 낯익은

——싱긋 웃는 얼굴로 인사

⑤ 돌아 주세요, 팽이처럼

——두 사람 서로의 오른손을 맞잡고 시계 방향으로 1회전

⑥ 듣거나

——각각 양손을 귀에 대고 주의를 기울이는 동작

⑦ 알리거나

——다음에는 양손을 입에 대고 외치는 동작

——2회째 부터는 ③의 부분에서 상대를 바꿔 계속해간다.

우니쿠니차오

아프리카 콩고 민요라고 하는데 전원이 원으로 되어 있는 경우 예를 들어 캠프 파이어 때 등에 하면 재미있다.

노래하면서

① 아

——우선 양손을 자신의 무릎에 놓는다.

② 우니

——오른손으로 오른쪽 옆 사람의 왼쪽 무릎, 왼손으로 자신의 오른쪽 무릎을 친다.

③ 쿠니

——양손으로 자신의 무릎을 친다.

④ 차

——왼손으로 왼쪽 옆의 오른쪽 무릎, 오른손으로 자신의 왼쪽 무릎을 친다.

⑤ 오

——다시 양손으로 자신의 무릎을 친다.

⑥ 우

——②와 동일

⑦——①, ③과 동일

익숙해진 후에 템포를 빨리 하면 재미있다.

---

# 도레마파솔

마을 전체가 싫어하는 부랑자 삼영 군, 차비만 마련되면 서울에 가서 취직하겠다고 하므로 모두들 내심 기뻐하였다. 용덕 군이 한 꾀를 내어 동네 사람 몇 명이 함께 돈을 걷어 역의 차표 파는 사람과 미리 내통해 놓고는 삼영 군에게 말하였다.

"표를 공짜로 사는 법이 있네. 표 파는 창구에 가서 서울행 통일호 열차표 한 장, 도레미파솔이라고 하게나. 그럼 공짜 표를 구할 수가 있네."

삼영 군은 행장을 꾸려서 용덕 군이 시키는대로 표 파는 창구로 가서 도레미파솔 하니까 미리 내통해 둔대로 표가 나왔다.

서울에 올라온 삼영 군은 마땅한 일자리도 없고 하여 이리저리 떠돌다가 그것마저 싫증이 나서 더 이상 견딜 재간이 없었다. 그리하여 삼영 군은 서울역으로 나가서 거침없이 도레미파솔을 했지만, 통할 리가 없었다. 할 수 없이 그는 지니고 있는 모든 것을 다 처분하여 가까스로 시골행 열차표 한 장을 구할 수가 있었다. 삼영 군은 정말이지 어렵게 집으로 돌아올 수 있었다. 돌아온 즉시 용덕 군에게 항의하였다. 그러자 용덕 군은 천연덕스러운 얼굴로,

"서울에서 돌아올 때는 솔파미레도 하고 거꾸로 해야지."

# 코끼리 아저씨와 거미집

전원이 원을 만들고 있는 사이에 처음 1마리였던 코끼리가 점점 동료를 늘려간다.

우선 코끼리에게 지명받은 사람은 원 중앙에 서서 노래에 맞춰 양손을 허리에 대고 오른발 끝, 왼발 끝으로 각각 땅바닥에 삼각형을 그리도록 하면서 전진하고 횟수를 거듭해서 동료를 늘려 간다.

① 한

──오른발을 1보 앞으로 내딛는다.

② 사람의

──내 딛은 오른발을 비스듬히 오른쪽으로 끌어당긴다,.

③ 코끼리

──다시 그 오른발을 비스듬히 왼쪽으로 끌어당겨 왼발 뒤에 둔다.

④ 아저씨

──그 오른발을 1발 앞으로 내딛는다.

⑤ 거미집에

──왼발부터 앞과 마찬가지로 스텝을 밟으면서 나아간다.

이하 마찬가지로 동작을 계속해가서 '불렀습니다'부분에서 원 속의 누군가를 가리킨다. 지명받은 사람은 나와서 최초의 코끼리 아저씨 뒤로 가서 어깨에 양손을 얹고 '두 사람의……'라고 노래하면서 나아가 차례차례로 코끼리의 동료를 늘려간다. 적당한 때를 봐서 선두의 코끼리가 '안녕'하고 외치면 그것을 신호로 열을 풀고 원으로 되돌아간다.

# 기가 막혀

63빌딩의 라운지에서 두 사람의 보험 판매원이 서로 자기네 회사의 보험금 지급이 빠르다고 우기고 있었다.

"최근에도 우리 회사의 계약자가 하나 죽었지만, 한 시간 반 뒤에는 그의 미망인이 벌써 보험금을 받고 있었으니까."

"흥, 그렇게 늦어가지고서야 원. 우리 회사에서는 더 빨라! 요전에도 우리 회사의 계약자로서, 마침 그 빌딩의 유리창을 닦던 사람이 있었지. 그런데 눈 깜짝할 사이에 그만 발을 헛디뎌서 아래로 떨어졌지. 그런데 그 빌딩의 십 층에 우리 회사의 회계과가 있었는데, 그 친구 글쎄 떨어지면서 그 창을 지나갈 때에 거기에서 수표로 보험금을 받았지 뭐야."

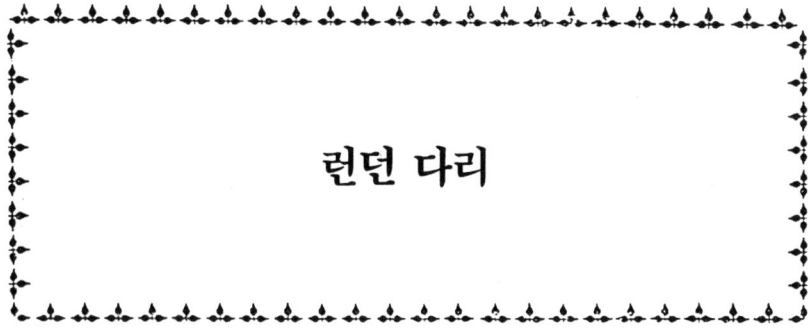

# 런던 다리

　참가자로 원을 만들어 그 중에서 2명을 뽑아 마주보게 하고 양손을 어깨 높이에서 깍지 끼게 해서 다리를 만든다.

　다음에 전원은 원 그대로 노래 부르면서 행진하여 다리 밑을 빠져 나간다.

　'자 어떻게 할까?'

라고 하는 부분에서 다리가 된 두 사람은 양손을 낀 채 내려서 마침 그곳을 지나가던 사람을 붙잡는다. 마찬가지로 해서 또 1사람을 붙잡으면 둘이서 다리를 만들게 하고 차례차례로 다리를 늘려나가면서 게임을 계속해 나간다.


　런던 다리 떨어진다 떨어진다 떨어진다.
　런던 다리 떨어진다 자 어떻게 할까?

　철막대로 걸어라 걸어라 걸어라.
　철막대로 걸어라 자 어떻게 할까?

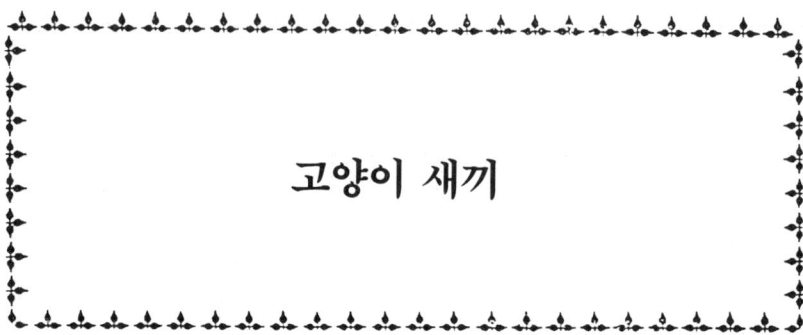

# 고양이 새끼

노래에 맞춰서 귀여운 새끼 고양이의 표현을 하는 제스처 놀이다.

① 나는

──오른손으로 자신을 가리킨다.

② 고양이 새끼

──오른손 검지를 머리 위에 세운다.

③ 고양이 새끼

──왼 손 검지를 머리 위에 세운다.

④ 고양이 새끼

──그대로 고개를 오른쪽으로 구부린다.

⑤ 고양이 새끼

──고개를 왼쪽으로 구부린다.

⑥ 눈

──오른손 엄지와 검지로 원을 만들어서 왼쪽 눈에 댄다.

⑦은

──다음은 왼손 엄지와 검지로.

⑧ 동글동글

──양손을 원을 만든 채 빙글빙글 돌린다.

⑨ 수염은 쑥

──오른손 검지로 코 밑에 수염을 쑥 그린다.

⑩ 수염은 쑥

──⑨와 동일

⑪ 수염은

──⑩과 동일

⑫ 쑥

──오른손 손가락으로 쓰다듬는다.

⑬ 쑥

──왼손으로 수염을 쓰다듬는다.

⑭ 쑥

──턱 밑에서부터 앞으로 쓸어 올린다.

## 산의 원숭이

산의 원숭이를 노래에 맞춰서 표현하는데 귀엽게 더구나 유머러스하게 할 수 있으면 상당히 재미있다.

① 산의

——오른손을 높이 올려서 하늘을 가리킨다.

② 원숭이는

——양손을 가슴 앞에서 깍지 낀다.

③ 공이

——오른손 위, 왼손 밑으로 공모양을 만든다.

④ 좋아서

——왼손 위, 오른손 밑으로 공모양을 만든다.

⑤ 쿵쿵

——오른손으로 2번 공을 친다.

⑥ 공 튀기며

——왼손으로 2번 공을 친다.

⑦ 춤추기

——오른손을 올리고 왼손은 오른쪽 팔꿈치에 대고 춤추는 동작을 한다.

⑧ 시작한다.

——앞의 반대 동작

⑨ 정말로

——오른손을 위쪽으로 뻗는다.

⑩ 원숭이는

——양손을 가슴에 교차해서 댄다.

⑪ 익살꾼

——오른손은 위에서부터 이마에, 왼손은 밑에서부터 턱에 대고 익살맞은 표현을 한다.

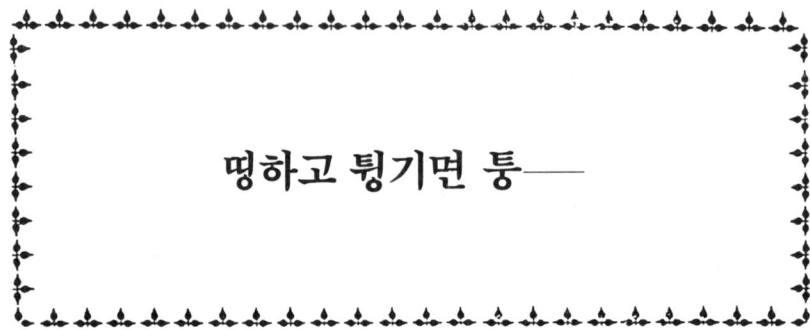

# 띵하고 튕기면 통——

고전악기, 꽹과리, 퉁소, 작은 북, 장구, 거문고의 합주를 노래와 함께 제스처로 유머러스하게 표현한다.

① 칭칭하고 때리면

——꽹과리는 왼손으로 잡고 오른손으로 신나게 친다.

② 통——

——퉁소를 부는 동작

③ 둥둥의

——작은 북을 양손으로 두드린다.

④ 덩덩

——장구를 왼손으로 들어 어깨 위에 놓고 오른손으로 치는 동작

⑤ 뚱기둥의

——왼손은 거문고 현을 누르고 오른손으로 튕겨 울린다.

⑥ 삐삐

——피리를 부는 동작

대강 완성되면 다음은 서서히 템포를 빠르게 해가면 재미있다.

# 어깨 두드리기

피곤했을 때에 어깨 두드리기는 대수롭지 않은 기분전환이 되고 피로 회복도 된다. 원이 되거나 열을 만들어서 상대를 두드려 주는 것도 좋지만 우선은 스스로 해본다. 더구나 노래에 맞춰서 하면 한층 더 즐거워진다.

어머니 어깨를 두드립시다.

──오른손으로 왼쪽 어깨를 8번

뚝딱 뚝딱 뚝딱 딱딱

──왼손으로 오른쪽 어깨를 8번

툇마루에는

──오른손으로 왼쪽 어깨를 4번

태양이 가득

──왼손으로 오른쪽 어깨를 4번

뚝딱

──오른손으로 왼쪽 어깨를 2번

뚝딱

──왼손으로 오른쪽 어깨를 2번

뚝

——오른손으로 왼쪽 어깨를 1번

딱

——마지막에 박수를 1번

# 끼워팔기의 명수

어느 길거리에서 한 부인이 새를 파는 가게 앞에서 발을 멈추었다.

"이 지저귀는 카나리아는 얼마인가요?"

"칠만 오천 원입니다."

"어머, 꽤 비싸군요?"

"하지만 아주머니, 그 값은 새장 값과 저기 안쪽에 있는 털빠진 새 값도 포함된 값입니다."

"어머, 털빠진 새같은 건 필요없어요. 나는 지저귀는 것만으로 족하니까요."

"하지만 부인, 그건 따로따로 팔 수가 없습니다. 이 털빠진 새는 작곡가이니까요."

# 백성이

참가자는 원을 만들고 그 속에 백성을 1명 뽑아서 세운다.

전체 노래 부른다.

① 백성이 백성이 시골에 혼자서 있었습니다.

——노래에 맞춰 백성은 스킵으로 원 안쪽을 돈다.

② 그 백성은 그 백성은 아름다운 아내를 맞았습니다.

——백성은 원 쪽의 누군가를 선택해서 불러 내 손을 잡고 원 안쪽을 돈다. 이하 차례차례로 사람 수를 늘려서 가사의 (8)까지 반복해간다.

③ 그 물고기는 그 물고기는 드디어 밖으로 버려졌다.

——이 노래가 다 끝남과 동시에 원 안쪽에 나와 있는 9명은 일제히 비어 있는 자리로 되돌아 가는데 1사람만 남기 때문에 그 사람이 다음의 백성이 되어 게임을 반복해간다.

# 구전동요

전체 원을 만들고 앉아서 노래 부르면서 동작을 붙인다.

① 눈이여

——양손으로 무릎을 세번 친다.

② 바위여

——가슴 앞에서 박수를 3번 친다.

③ 우리들이

——머리 위에서 박수를 3번 친다.

④ 머물고

——양 옆과 손바닥을 마주 대고 2번 친다.

⑤ 우리들이

——①과 동일

⑥ 마을에는

——②와 동일

⑦ 살 수 없는

——오른손 주먹으로 왼쪽 어깨를 3번 친다.

⑧ 이상

——왼손 주먹으로 오른쪽 어깨를 3번 친다.

⑨ 우리들이

──①과 동일

⑩ 마을에는

──②와 동일

⑪ 살 수 없는

──양손으로 스냅을 2번 한다.

⑫ 이상

──④와 동일.

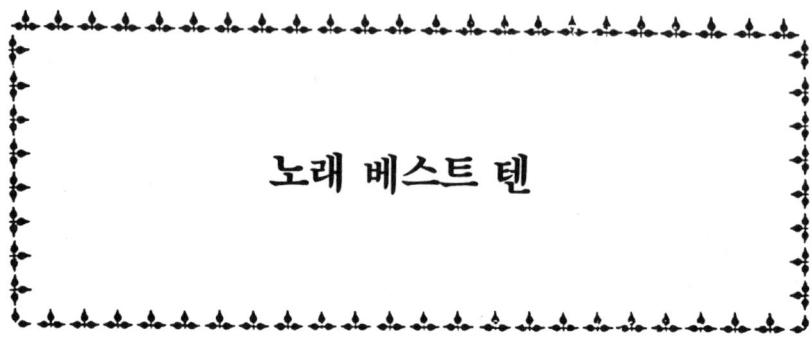

## □준비
없음.

## □진행 방법
인원이 다수일 때 실시한다. 각각 자신이 좋아하는 노래를 부르면

서 걷다가 같은 노래를 부르고 있는 동료끼리 모인다.

리더는 적당한 때를 봐서 스톱을 걸어 전원 앉도록 한다. 인원수가 많은 것 같은 그룹부터 노래의 제목을 발표한다.

가장 인원수가 많았던 그룹의 노래가 베스트 원이 된다. 그리고 노래 베스트 텐을 결정해서 각각의 그룹에게 그 노래를 부르도록 시켜도 좋을 것이다.

### □응용
그룹 내에서 자기 소개 등을 하면 좋을 것이다.

## 제 2 장

여럿이
간단한 운동으로 즐기는
레크레이션

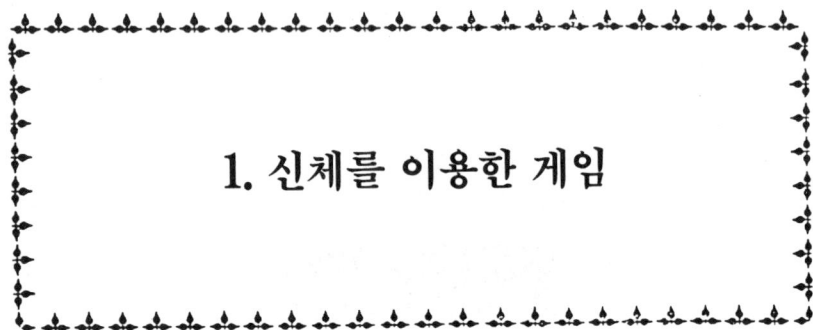

# 1. 신체를 이용한 게임

실내에서 비교적 자유롭고 활동적인 동작이 허락되는 조건하에서
도 역시 도입 단계에서는 다음 단계로의 과정을 고려해서 실시하도록
하지 않으면 안된다.

신체를 이용한 게임 중에서 체조가 신체의 발달에 좋은 효과를
올리고 있음은 말할 필요도 없지만 그것을 알면서 체조라고 하면
뭔가 딱딱하고 거북한 인상이 앞서서 친숙해질 수 없는 경우가 있
기 때문에 이것을 게임화해주면 의외로 손쉽게 이루어진다. 더구나
혼자서 하는 것보다도 두 명이나 그 이상의 사람들이 조를 짜서
하면 서로의 힘으로 무게나 저항을 줘서 효과가 있는 것이다.

# 등 쪽 방향을 만들기 게임

전원을 10명에서 20명 정도의 조로 나눠서 손을 잡고 원을 만들어 중심을 향하게 한다.

리더의 신호로 각 조는 일제히 손을 잡은 채 원 밖으로 몸을 돌리는 경쟁을 하는 것인데 그 방법은 사전에 설명하지 않고 마음대로 시켜 본다. 각 조는 제각기 다른 방법으로 하기 때문에 몸을 비틀거나 구부리거나 하지만 사실은 원의 한군데 아치를 만들어서 전원이 손을 잡은 채 그곳을 기어나가면 그대로 등 쪽 방향, 즉 전원이 원 밖을 향할 수 있다. 다음에는 그 반대를 시켜 본다.

요령을 알면 어느 조가 가장 빨리 잘 할 수 있는지 경쟁시켜 보면 재미있다.

# 빠져 나가기 게임

세 사람이 옆으로 늘어서서 손을 잡고 그것을 A, B, C의 순으로
한다. 우선 A의 왼손과 B의 오른쪽에서 아치를 만들고 C는 그 밑을
빠져 나가서 원위치로 돌아온다. B는 C가 마치 빠져 나가기에 맞춰서
1회전하고 A도 마지막에 1회전해서 팔의 뒤틀림을 풀고 다음에는
같은 요령으로 B가 빠져 나가고 A도 계속한다.

# 단체 빠져 나가기

20명~30명 정도 손을 잡고 원을 만든다. 그 속에서 지명된 사람은 잡고 있는 왼손을 놓고 오른쪽 사람과 잡고 있는 손 밑을 기어서 차례차례로 구불구불하면서 손을 놓치 않고 기어나간다. 다음에 계속되는 사람도 마찬가지로 기면서 따라가지만 잡고 있는 손을 놓치지 않기 위해서는 어떻게 잘 신체를 비틀어서 가느냐가 어렵다.

선두의 사람은 뒤를 주의해서 너무 빠르지 않게 하지 않으면 안된다. 전원이 끝나면 다음은 잡은 손 위를 넘어가는 것도 재미있다. 어느쪽이나 서로가 협조해서 해야지 자신만 멋대로 해서는 안된다.

# 지혜의 고리 게임

　우선 참가자를 10명에서 20명 정도의 조로 나눠서 그 중에서 1명씩 뽑아 보이지 않는 장소로 나오도록 한다.

　각 조의 남은 사람은 일단 손을 잡고 원을 만들어서 각각의 손을 절대로 놓치 말고 서로의 팔 밑을 기어 나가거나 넘어가거나 해서 마치 실이 엉키듯이 되어 인간 지혜의 고리를 만든다. 완성된 조는 자신의 조에서 뽑은 사람을 다시 불러서 그 엉킴을 풀게 하는데 고리의 사람은 일절 말을 안하고 시키는 대로만 움직여야 한다. 빨리 그 엉킴을 푼 조가 우승이 된다.

상대 찾기

　우선 전체가 2중원을 만들어서 안쪽, 바깥쪽 마주본 사람 끼리는 잘 얼굴을 기억해두지 않으면 안된다.

　신호로 음악에 맞춰서 바깥쪽, 안쪽은 각각 반대 방향으로 걷기 시작한다. 리더는 적당한 때를 봐서 음악을 멈추든가 신호를 걸면 최초의 상대를 찾아 손을 잡고 그 자리에 웅크리고 앉는다.

　정해진 시간 동안에 상대를 찾을 수 없었던 사람은 게임에서 제외 된다.

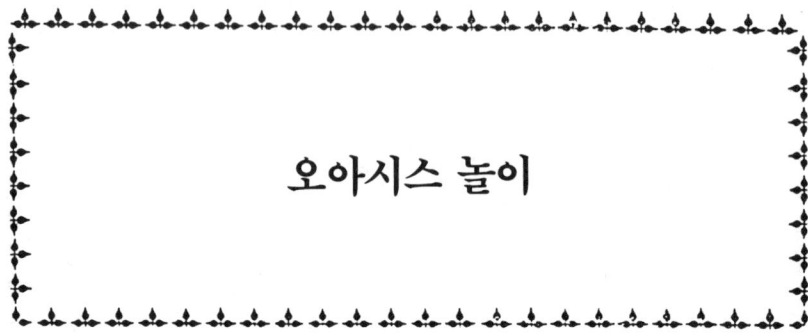

# 오아시스 놀이

　장내의 중앙에 직경 약 2미터의 원을 그리고 이것을 오아시스라고 하고 바깥을 사막이라고 한다.

　참가자 중에서 1명을 뽑아 사자라 하고 다른 사람은 적당히 흩어진다. 게임이 시작되면 사자는 다른 사람을 붙잡으려고 뒤쫓지만 잡힐 것 같으면 오아시스로 달아날 수 있다. 이 안으로 들어오면 안전하지만 오아시스에는 1사람밖에 들어갈 수 없기 때문에 누군가가 들어오면 먼저 있었던 사람은 나오지 않으면 안된다.

　오아시스 이외에서 붙잡히면 사자가 되어 게임을 계속해 간다.

# 태풍 놀이

전체 중에서 1명을 뽑아 어부라고 하고 다른 사람은 각각 자유스런 장소에 작은 원을 그리고 그 안에 들어가서 각자 고기 이름을 골라 자신의 이름으로 외쳐댄다.

어부가 그 이름들을 부르면서 걸어가면 자신이 붙인 물고기의 이름이 불릴 때 원을 나와 어부 뒤에 따라간다.

전부의 이름을 다 부르면 혹은 적당한 때에 어부는 큰 소리로 '태풍'이라고 외치고 근처의 비어 있는 원 안으로 뛰어들어가고 다른 사람도 비어 있는 원으로 뛰어들어간다. 늦어서 원에 들어갈 수 없었던 사람은 다음에는 어부가 되어 게임을 반복해간다.

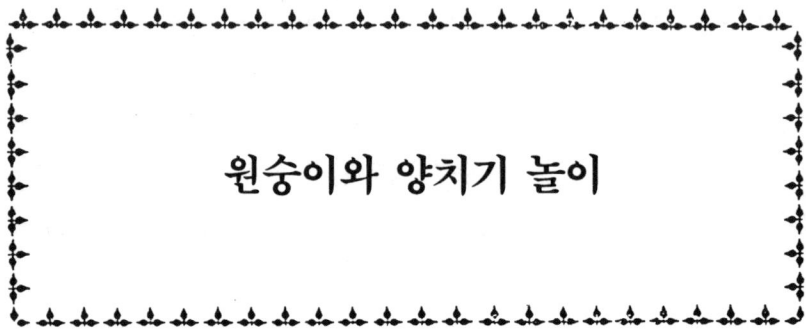

# 원숭이와 양치기 놀이

1변이 약 30미터인 사각형을 그려서 한쪽 선의 후방에 양이 늘어서고 중앙에 원숭이와 양치기가 있다.

시작 신호가 있으면 양은 원숭이에게 붙잡히지 않고 맞은편 변에 이르려고 하고 양치기는 양손을 벌려서 이것을 도와 원숭이를 방해한다. 이 때 원숭이 몸에 닿아서는 안된다. 양이 원숭이에게 붙잡히면 양치기가 되고 양치기는 원숭이가 되고 원숭이는 양이 되어 게임은 계속된다.

# 앞사람 추월하기 게임

　전원은 원을 하나 만들어서 4조로 나눈다. 우선 첫째 사람은 1보 밖으로 나와서 오른쪽을 향한다. 신호가 있으면 첫째 사람은 원 주위를 따라 달려 각각 앞사람을 추월해서 잡으려고 한다. 붙잡힌 사람은 자신의 위치로 되돌아 오고 마지막 한 사람이 남을 때까지 앞사람을 쫓는다.

　리더는 적당한 때를 봐서 신호를 걸고 도중에서 역회전을 시켜도 재미있다.

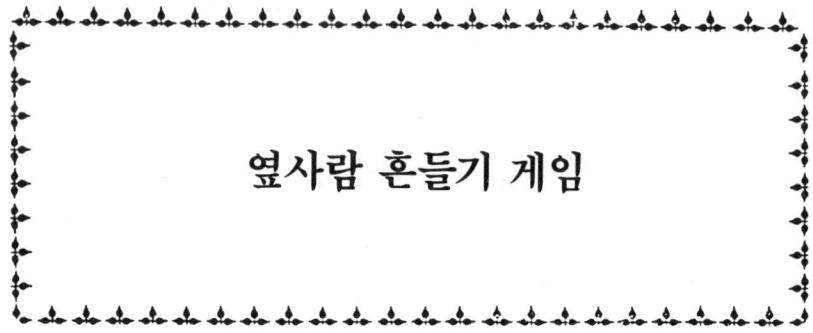

# 옆사람 흔들기 게임

## □보기 1

우선 2인 1조가 되어 한 사람이 직립 자세로 서고 그 등뒤에 다른 한 사람이 선다. 그 사람은 한쪽 발을 앞으로 뻗고 양손을 상대의 어깨뼈 주위에 댄다. 그리고 양손을 구부렸다 폈다 하면 상대의 몸이 뒤로 쓰러지거나 제자리로 되돌아가거나 하게 한다. 이것을 지장 쓰러뜨리기라고도 하지만 처음부터 큰 동작을 하지 말고 서서히 각도를 크게 할 것.

익숙해지면 상당히 크게 흔들어도 태연해진다.

## □보기 2

이것도 앞 것과 같은 것이지만 1과 달리 옆으로 쓰러뜨리기를 한다.

3인 1조가 되어 옆으로 일렬로 늘어선다. 단, 양쪽의 사람은 가운데 사람을 향해서 어깨에 양손을 얹는다. 양쪽 중 아무 쪽에서부터 1과 같은 요령으로 손의 구부렸다 펴기를 시작하면 가운데 사람은 좌우로 흔들리기 시작하고 점점 크게 휘청거린다.

차차 익숙해짐에 따라 너무 심하게 흔들어 위험을 느끼게 해서는 안된다.

땅에 쓰러뜨리기(보기 1)

지장 쓰러뜨리기(보기 2)

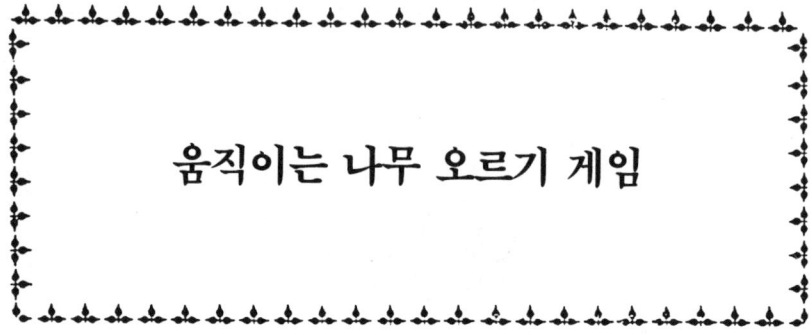

# 움직이는 나무 오르기 게임

2인 1조가 되어 가위바위보로 업는 사람과 업히는 사람을 정한다. 업힌 사람은 상대의 옆구리와 배를 타고 한바퀴 돌아서 원래의 등으로 되돌아온다.

이때 업은 사람은 손을 빌려 주어 응원해도 좋다. 또한 다른 방법으로 업힌 사람은 스스로 이와 같이 한바퀴 돌아서 되돌아오는 것인데 모든 경우에 양자의 협력이 필요하며 땅바닥에 떨어져서 부상을 입지 않도록 하지 않으면 안된다.

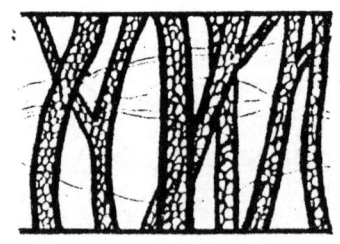

# 가위 뛰기 게임

2인 1조가 되어 가위바위보로 A, B를 정하고 A가 땅바닥에 앉아서 양손을 몸 뒤로 뻗쳐 땅바닥에 짚고 다리를 벌린다. B는 우선 그 다리 사이에 서서 신호와 함께 A가 다리를 닫고 벌리도록 하면 B는 거기에 맞춰서 가위 뛰기를 계속한다.

간단한 것 같지만 두 사람의 타이밍이 맞기가 상당히 어렵고 다리를 밟지 않도록 주의해야 한다. 서로 교대해서 하면 좋다.

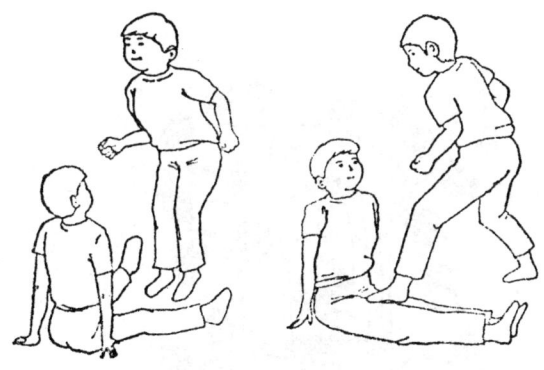

그림11 가위 뛰기

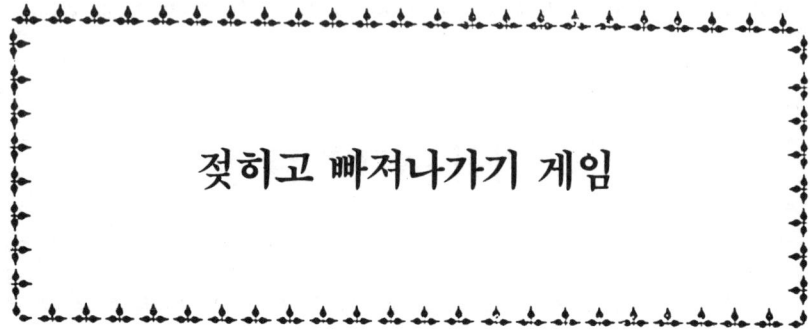

# 젖히고 빠져나가기 게임

2인 1조가 되어 한 사람이 팔을 전방으로 수평으로 뻗고 그 팔 밑을 다른 한 사람이 몸을 젖히고 빠져 나가는 것인데 팔의 높이를 점점 낮춰서 하면 좋다. 잘 아시는 빙보우댄스를 사람의 손을 빌려서 한다고 생각하면 된다.

# 손수레

두 사람 중 한 사람이 땅바닥에 팔을 세우고 엎드려서 양다리를 벌리고 다른 한 사람이 그 양다리 사이에 들어가서 상대의 발목을 들어 올려 그 주변을 걷게 한다. 그 다음 다리를 높이 들어 올려 어깨에 짊어지고 물구나무서게 해서 뒤로 조용히 앞으로 회전을 시키도록 권유해도 재미있다.

그림12   손수레

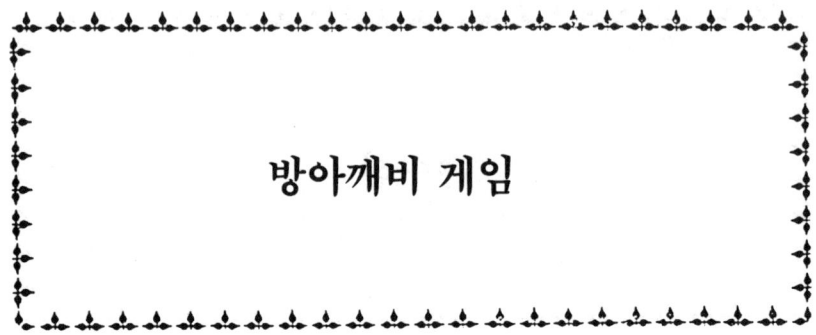

# 방아깨비 게임

## □보기 1

2인 1조로 한 사람은 엎드려서 다리를 올린다. 다른 한 사람은 상대의 발바닥에 양손을 대고 거기에 전신을 기대어 체중을 싣는다. 그리고 상대가 다리를 조용히 굽혔다 펴는 데 맞춰서 다리의 운동을 계속한다.

## □보기 2

두 사람 중 한 사람은 엎드려서 양손을 전방으로 쑥 내밀고 상대가 팔을 세워 엎드리도록 신체를 앞으로 쓰러뜨리고 그 양손을 단단히 마주 쥐어 적당한 때를 봐서 조용히 팔의 굽히고 펴기를 하고 거기에 맞춰서 상대도 팔의 운동을 한다.

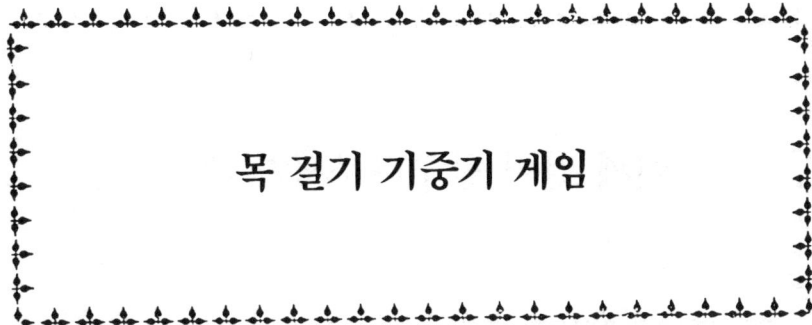

# 목 걸기 기중기 게임

2인 1조를 결정해서 그 한 사람은 길게 앉아 상대를 자신의 머리 쪽에 웅크리도록 한다. 상대의 목에 양손을 걸친다. 상대는 목에 손을 걸친 채 자세를 일으키도록 해서 축 늘어뜨리고 다시 제자리로 되돌아가 이것을 수차례 계속한 후 조용히 몸을 일으켜 세워주면 된다.

# 어깨 걸이 물구나무서기 게임

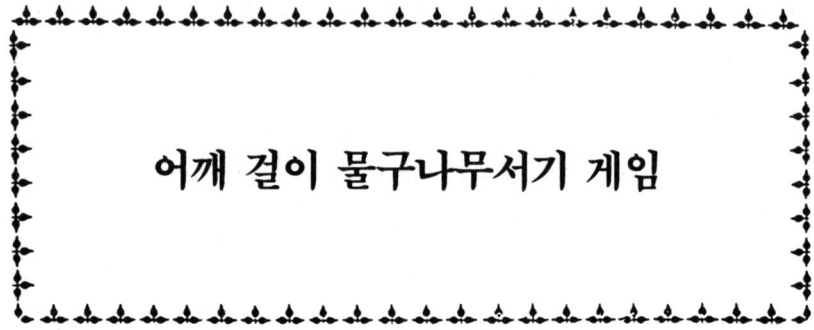

두 사람이 같은 방향으로 전후로 늘어선다. 후방에 선 한 사람은 양발꿈치 옆에 각각 양손을 짚고 물구나무서기를 한다. 상대는 일단 그 양다리를 짊어지고 다시 몸을 깊게 구부려서 짊어져 올려 전방으로 내려준다.

# 다리 걸고 몸 일으키기 게임

두 사람을 A, B라고 한다. 우선 A는 엎드리고 B는 그 다리 쪽에 선다. B는 A의 다리를 자신의 몸에 휘감기게 해서 양다리로 몸쪽에서 이것을 누른다. B는 무릎을 구부려서 체중을 뒤에 싣고 A의 몸을 뜨도록 한다. A는 양손을 머리 뒤에서 엇걸고 상체를 일으켜서 가슴을 자신의 넓적다리에 끌어 당긴다. 이 동작을 계속하지만 B는 A의 굽히는 동작에 균형을 잘 잡아 준다.

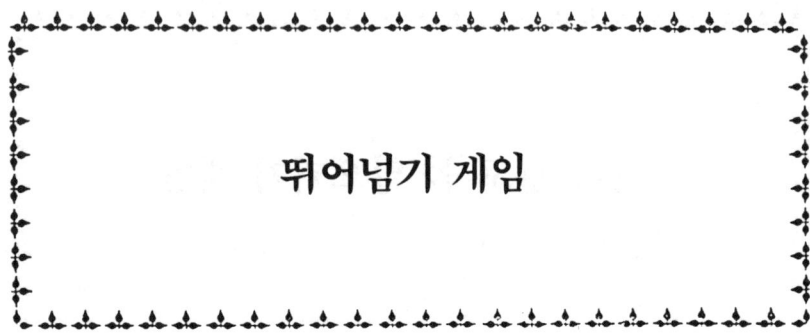

# 뛰어넘기 게임

세 사람이 손을 잡고 A, B, C라고 한다. 우선 A가 양손을 양쪽의 B, C에게 단단히 지탱해 받고 B와 C의 잡은 손 위를 양다리로 점프해서 뛰어넘는다. B와 C는 팔로 A의 도약에 맞춰서 높이 들어 올리도록 해주면 된다. A가 요령을 익히면 팔의 위치를 높이거나 가능하면 후방으로 뛰어 보는 것도 해보면 좋다.

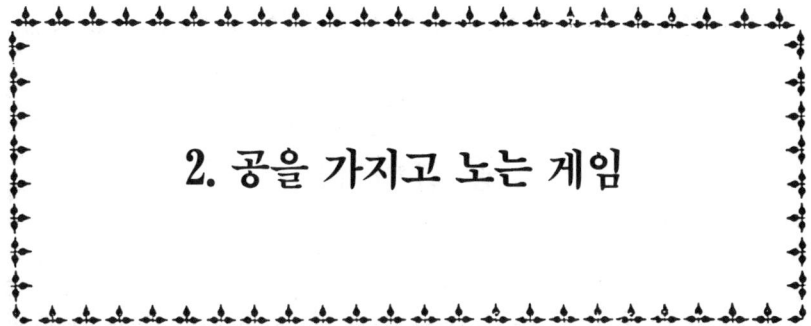

# 2. 공을 가지고 노는 게임

여럿이 함께 즐길 때 공을 가지고 하는 게임은 필수적이다. 공놀이는 어떤 특별한 기술이 없이 누구나 할 수 있으며 흥미와 만족도 역시 크다. 축구·농구 등 정확한 규칙이 있는 경기도 있지만 공놀이는 그저 공을 쫓아 마음껏 뛰어다닐 수 있고, 따라서 운동량도 많아서 건강에도 도움을 준다.

특별한 장소와 공간이 필요치 않은 공놀이를 소개한다. 누구와도 친하게 즐길 수 있는 공놀이를 해보기 바란다.

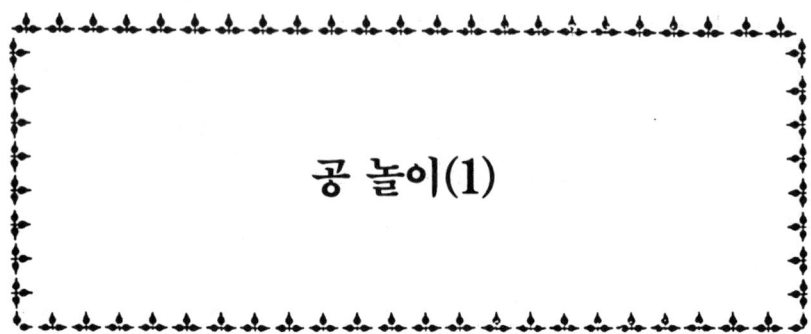

# 공 놀이(1)

8명∼10명 정도의 인원으로 하나의 원주상에 같은 간격으로 그려져 있는 직경 약 1미터의 작은 원 안에 들어가고 지명받은 술래는 원주 중심에 선다.

게임 개시로 작은 원 안의 사람은 그 장소에서 볼을 서로 패스하지만 도중에 술래에게 채여 떨어뜨리거나 **빼앗**기면 술래와 교대하지 않으면 안된다. 술래는 원 안을 마음대로 뛰어 다닐 수 있다.

참가자의 수가 많아지면 술래의 수나 볼을 늘려도 좋다.

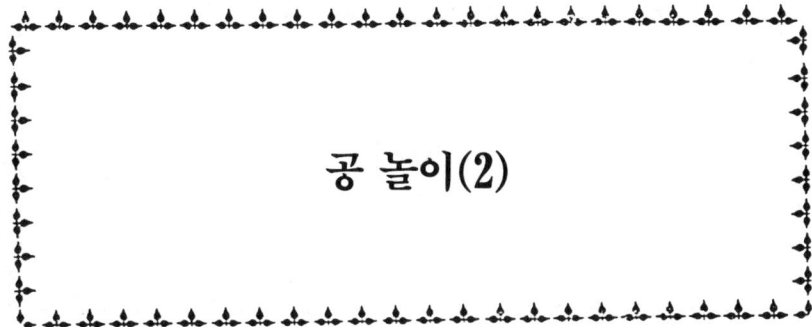

# 공 놀이(2)

참가자 전원을 A, B 두 조로 나눠서 각각의 조의 사람이 교대로 늘어서든가 A, B가 따로 따로 반원을 만들든가 해서 원을 하나 만든다. 교대로 늘어서 있을 경우는 신호와 함께 볼을 한 사람 걸러 늘어서 있는 아군에게 던져 빨리 돈 쪽을 승리로 하고 A, B 각각의 경우는 순서대로 돌아가서 빨리 종료한 쪽을 우승으로 한다.

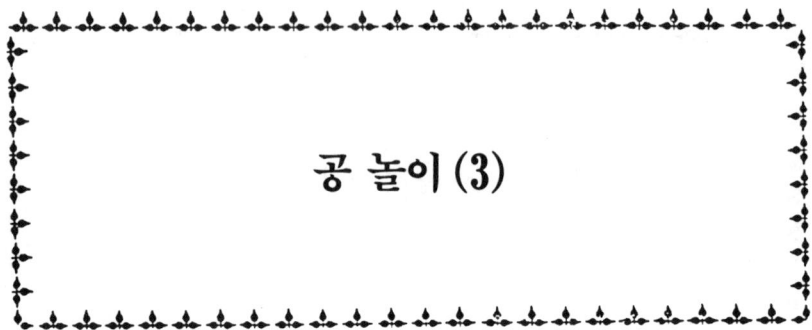

# 공 놀이 (3)

참가자를 같은 수의 두 조로 나눠서 각 조마다 원을 만들어 각각 번호를 붙인다.

각 조는 각각 술래 한 사람을 뽑아서 원의 중심부에 작은 원을 그리고 그 속에 볼을 가지고 서게 한다.

신호가 있으면 술래는 원을 이루고 있는 사람들 중 1번 사람에게 볼을 던지고 되던져 온 볼을 다음은 2번에게 던져 마찬가지로 되던져 받는다.

이와 같이 해서 게임을 계속하여 빨리 전원이 종료한 쪽을 우승으로 한다.

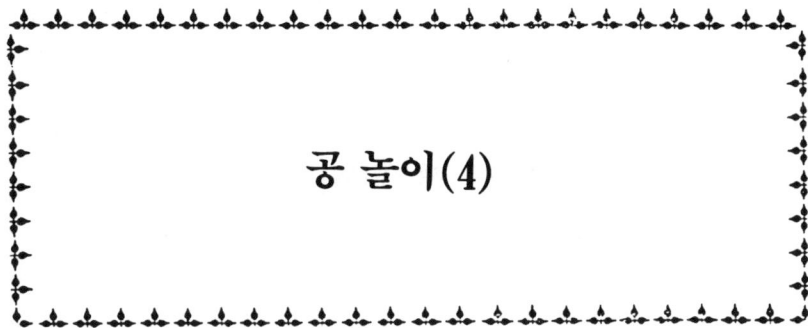

# 공 놀이(4)

전원이 원을 하나 만들어서 번호를 붙이고 원 중심에 술래를 세워 볼을 갖게 해둔다.

술래는 볼을 공중 높이 던지면서 큰 소리로 번호를 부른다. 그 번호에 해당하는 사람은 볼이 땅바닥에 떨어지기 전에 잘 받지 않으면 안된다.

잘 받은 사람은 술래와 교대한다. 또한 서로 잘 아는 경우에는 번호 대신에 이름을 부르도록 해도 좋다.

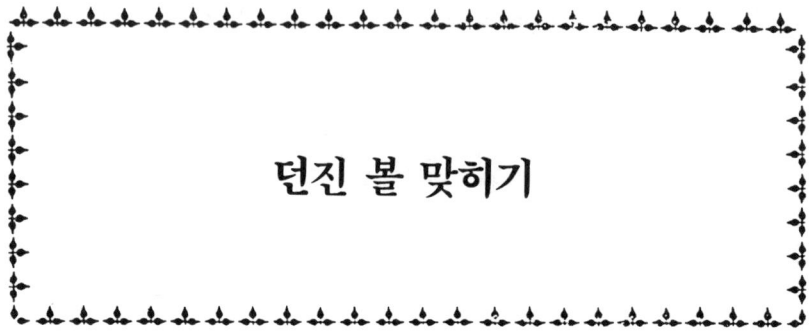

# 던진 볼 맞히기

참가자는 원 주위에 늘어서고 술래는 볼을 들고 원 중심에 선다.
술래는 원주상의 누군가의 이름(혹은 번호)을 부르고 볼을 땅바닥
에 떨어뜨린다. 원주 위의 사람은 이것을 신호로 사방으로 흩어지지
만 불려진 사람은 땅바닥 위의 볼을 주워 '스톱'을 건다. 사방으로
흩어진 사람들은 즉시 그 자리에 정지하지 않으면 안된다. 그래서
술래는 볼을 누군가에게 던져 맞힌다. 던져 맞은 사람은 술래와 교대
해서 게임을 계속해 간다.

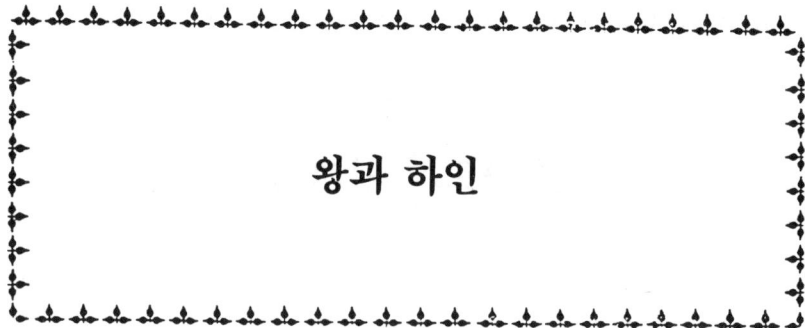

# 왕과 하인

전체에서 2명을 뽑아 한 명을 왕으로서 땅바닥에 그린 직경 약 1미터의 작은 원 안에 세우고 다른 1명을 하인으로서 그 작은 원 바깥쪽에 세운다.

나머지 사람은 작은 원보다 큰 동심원 위에 서서 준비된 볼을 그 장소에서 왕에게 맞히도록 던진다. 하인은 절대 공을 잡지 못하고 쳐 떨어뜨려서 왕을 보호해 막는다.

만일 왕에게 볼이 맞으면 왕은 원 밖으로 사라지고 하인이 왕이 되고 맞힌 사람이 하인이 되어 게임을 계속한다.

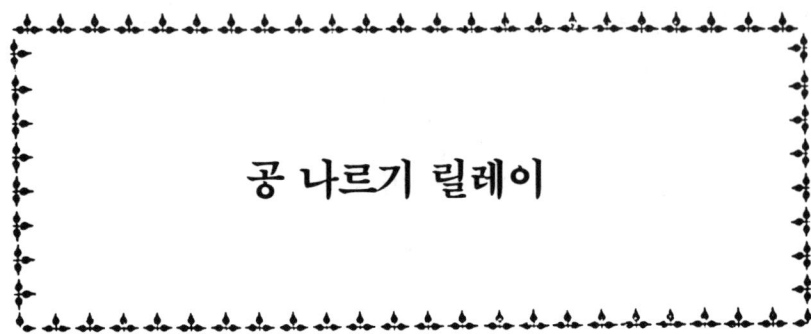

# 공 나르기 릴레이

참가자를 두 조로 나누고 각 조는 일렬 횡대로 늘어서서 오른쪽 끝으로부터 떨어진 지점에 작은 원을 그려둔다.

각 조에 가능한 한 많은 볼(혹은 공기나 모래 주머니)을 갖게 해서 오른쪽 끝의 사람 앞에 둔다.

'시작'의 신호와 함께 왼쪽 끝에서부터 차례로 오른쪽 끝을 향하여 손으로 볼을 보내고 오른쪽 끝의 사람은 하나씩 그것을 작은 원으로 옮겨 볼을 전부 빨리 운반해 끝마친 조가 우승이 된다.

모래 주머니는 해안 주변에서 하는 경우에 이용하면 좋다.

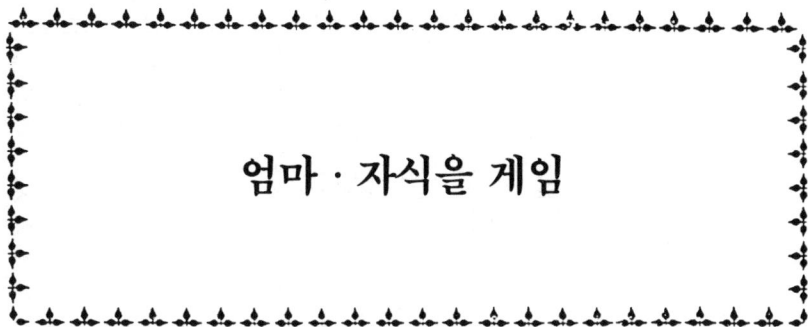

# 엄마 · 자식을 게임

우선 전원은 큰 원 위에 늘어서고 그 속에서 한 사람 엄마를 뽑는다.

엄마는 원의 중심에 만든 작은 원에 서서 원주위의 자식과 볼의 패스를 끝에서부터 차례차례로 하지만 엄마가 실패하면 그 볼을 던진 자식이 새로운 엄마가 된다. 자식이 실패하면 그 장소에서 끝으로 옮기지 않으면 안된다.

던지는 볼은 무릎부터 어깨까지의 높이에서 던지는 것을 철저히 지키고 던지는 거리를 대상에 따라 고려하는 점에 주의한다.

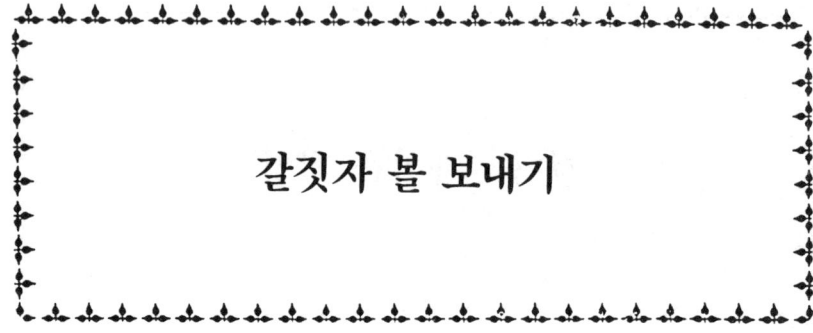

# 갈짓자 볼 보내기

　전체를 똑같이 두 조로 나누고 각 조는 다시 A, B로 나눠 각각 일렬 횡대가 되어 마주본다.

　'시작'의 신호로 A열의 1번은 맞은편 1번에게 볼을 던지고 이것을 받아 B열의 1번은 다음은 A열의 2번에게 던지고 이것을 B열의 2번에게 던진다고 하는 식으로 갈짓자 모양으로 계속 던져서 빨리 마지막에 도착한 쪽을 우승으로 한다.

　손에 익숙해지면 왕복해서 우승을 결정하도록 해도 재미있다.

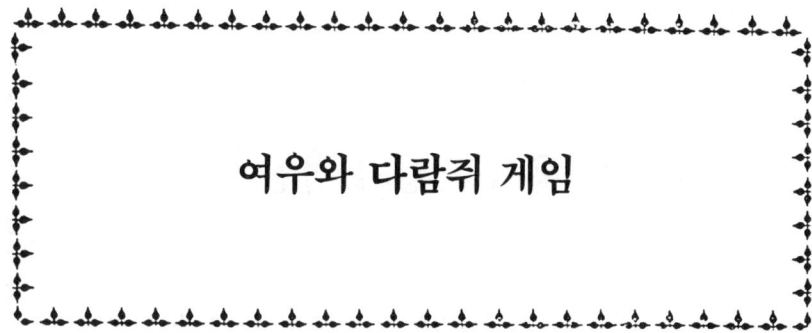

# 여우와 다람쥐 게임

여우와 다람쥐의 추격을 공과 콩자루의 패스로 한다.

우선 전원을 마주보게 두 조로 나눠서 한쪽 열의 선두는 콩자루를 쥐고 다른 열의 선두는 공을 쥔다.

'시작'을 신호로 콩자루를 쥔 쪽은 다른 열의 선두에게 던진다. 그것을 받은 선두는 즉시 상대측 2번째에게 던지고 계속해서 볼을 던진다. 받은 사람은 이와 같이 해서 맞은편의 2번째에게 던지고 이것을 계속해서 추격하게 하도록 서로 던진다.

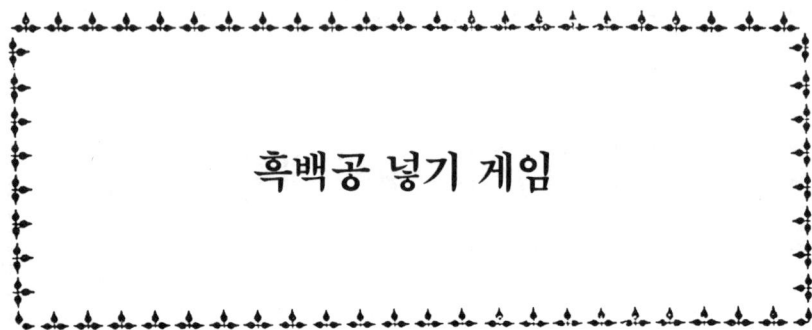

# 흑백공 넣기 게임

   운동회에서는 반드시라고 해도 좋을 만큼 흔히 볼 수 있는 게임으로 여기에 우선 막대기, 바구니를 각 2개와 흑백의 공을 다수 준비한다.

   흑백 두 조가 각각의 바구니 속에 일정한 시간안에 얼마나 많은 공을 던져 넣느냐를 경쟁하는 게임이다. 막대기에 다는 바구니의 높이나, 던지는 장소를 자유롭게 하느냐 범위를 규정하느냐는 참가하는 대상의 조건에 맞춰서 바꾸면 된다. 즐겁게 하기 위해서 공은 맞아도 상처가 나지 않는 것 같은 부드러운 것으로 하면 좋다.

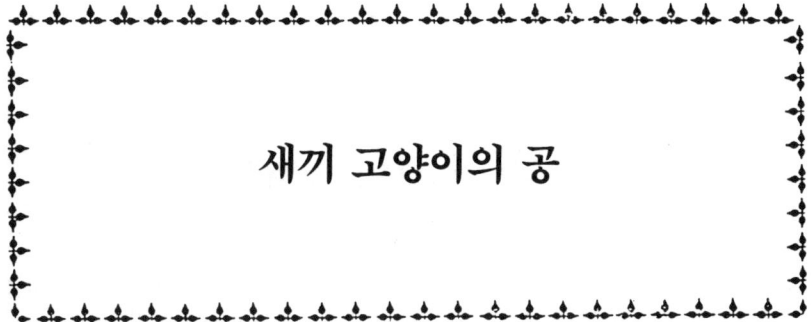

# 새끼 고양이의 공

옥외에서는 수목, 건물, 전주 등 옥내에서는 기둥, 창문, 책상의자 등을 쥐의 집이라고 가정하고 전원 중 1명을 새끼 고양이라 하고 나머지는 쥐라고 해서 그들은 집에 손이나 발을 붙이고 있다. 새끼 고양이는 고무공이나 공을 가지고 적당한 장소에 서 있다가 신호에 따라 쥐들이 서로 집을 교환하는 이동의 사이를 노려 볼을 던져 맞힌다. 맞은 쥐는 새끼 고양이와 교대하고 게임을 계속해 간다.

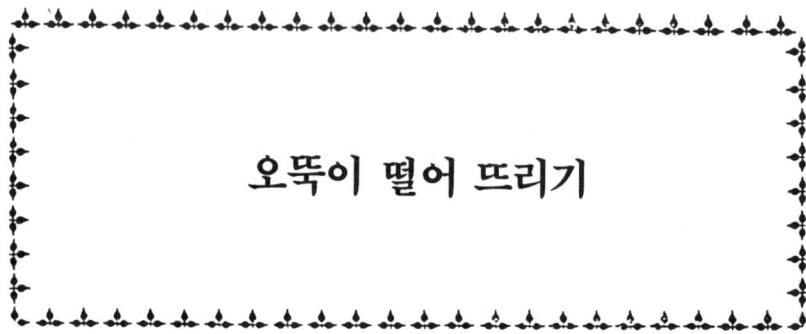

# 오뚝이 떨어 뜨리기

참가자를 A, B의 두 조로 나눠서 준비되어 있는 책상이나 조금 높게 장치한 받침대 주위에 모인다. 각 조는 정해진 장소에서 책상이나 받침대 위에 놓인 오뚝이를 겨냥해서 땅바닥에 흩어져 있는 볼을 주워 던져서 오뚝이를 떨어뜨리도록 한다. 물론 빨리 떨어뜨린 편이 우승이 되는 것은 말할 필요도 없다. 오뚝이를 준비할 수 없을 때에는 떨어져도 깨지지 않는 물건으로 대치해도 좋다.

# 3. 술래게임

술래 게임은 단지 어른들의 향수라고 할 뿐만 아니라 우리 나라 풍토에서 자연히 싹 터서 맥맥히 어려움을 극복하고 전해진 것으로 그 속에는 소박한 토양 위에 길러진 자연의 생태나 생활의 역사를 볼 수 있어 고색 창연한 것이 아니라 오히려 생생한 현대 감각에 매치되는 것이 많다.

원래 술래게임은 옥외에서 마음껏 뛰어다니면서 하는 것이 원칙이지만 여기서는 실내에서도 가능한 게임을 모았다.

술래 게임에는 지금 여전히 원형 그대로 남아 있는 것도 있고 이미 묻혀서 잊혀진 것이 있지만 우리 민족의 마음을 되살리기 위해서라도 남아 있는 것은 그대로, 묻혀 있는 것은 발굴해서 앞으로 더욱 오래오래 이어가기를 기대해 마지 않는다.

234

# 의자 뺏기 게임

참가자 수보다 1개만 적게 의자를 원에 늘어놓아 두고 참가자를 그 바깥쪽에 세운다.

신호와 함께 전원 노래 부르면서 행진을 개시하고 적당한 때를 봐서 리더가 '스톱'을 걸면 일제히 재빨리 의자에 앉지만 한개 부족하기 때문에 앉을 수 없었던 사람은 열외로 나가지 않으면 안된다.

이와 같이 반복해서 차례차례로 의자의 수를 줄여 가서 최후까지 남은 사람이 우승이 된다.

# 도망자 쫓기 게임

전원이 원을 하나 만들어서 별도로 도망자와 그것을 쫓는 술래를 정한다. 게임이 시작되면 도망자는 원의 바깥쪽을 돌고 술래는 이것을 쫓아서 추월하며 그 등을 친다. 터치당하면 술래는 교대해서 도망자가 되지 않으면 안되지만 맞기 전에 원 안의 1사람 앞에 서면 술래로부터의 추적으로부터 피할 수 있고 그 도망자 앞에 세워진 사람은 새로운 도망자가 되어 재빨리 달려 나가서 게임을 계속한다.

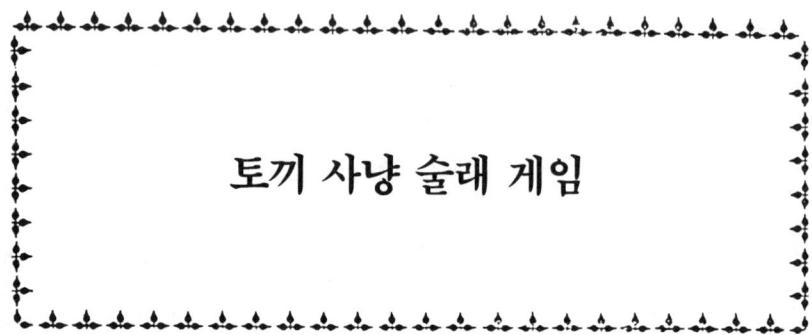

# 토끼 사냥 술래 게임

참가자 중에서 1명의 사냥개와 1명의 도망갈 토끼를 정해둔다.

다른 사람은 큰 원 위에 같은 간격으로 작은 원을 그려 그 속에 1사람씩 토끼가 되어 들어가 있는다.

리더의 신호로 도망 토기는 달려 나가고 그것을 사냥개가 뒤쫓지만 토기는 재빨리 작은 원 안으로 뛰어들면 거기에 있던 토끼는 작은 원을 나와서 대신 달아나지 않으면 안된다.

만일 도망가기 전에 개에게 터치당하면 교대해서 반대로 뒤쫓지만 이와 같이 해서 계속해간다.

이것은 겹치기 술래를 약간 변형시킨 것이다.

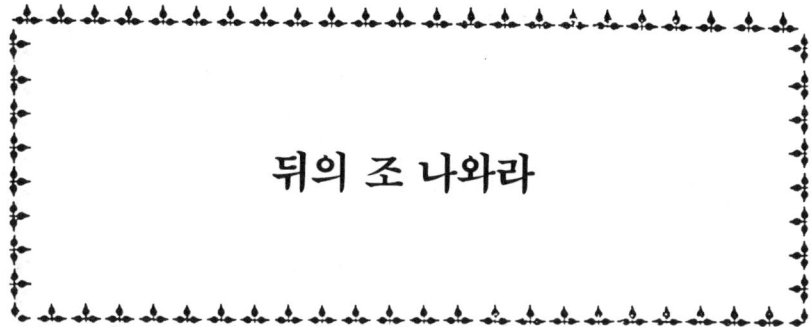

# 뒤의 조 나와라

참가자는 2열 종대로 늘어서고 달리 1명 술래를 정해서 그 3미터 정도 앞에 등을 돌려세운다. 게임은 술래의 '뒤의 조 나와라'라고 하는 소리로 시작된다. 이 소리로 양열의 맨 뒤에 있는 사람은 열의 바깥쪽에서 앞으로 나아가 술래에게 붙잡히지 않도록 해서 술래 앞에서 손을 잡는다. 술래는 그것을 잡으려고 하고 붙잡힌 사람은 새로운 술래가 되고 앞의 술래와 다른 1명은 양열의 선두에 서서 처음부터 게임을 반복해간다.

# 좁은문

우선 가위바위보로 문지기를 두 사람 결정한다. 문지기는 마주보고 양손을 올려서 서로 손바닥을 마주 잡아 문을 만든다.

다른 사람은 통행인이 되어 일렬 종대를 만들고 문 앞에 늘어선다. 그리고 다음의 노래를 부르면서 문을 빠져나간다.

통행인    여기는 어디의 좁은 길인가?

문지기    천국으로 가는 좁은문이다.

통행인    조금 지나가게 해주십시오.

문지기    볼일이 없는 사람은 지나갈 수 없다.

통행인    이 아이의 생일 축하 인사를 바치러 갑니다.

문지기    지나갈 수 없다. 지나갈 수 없다.

통행인    가는 것은 매일밤. 돌아 오는 것은 무섭다.

문지기    무섭지만 지나갈 수 없다. 지나갈 수 없다.

노래가 끝나면 통행인은 문지기의 틈을 살펴서 1사람씩 문을 빠져나가지만 두 사람의 문지기는 한쪽 손으로 빠져나가는 사람의 등을 친다 제대로 맞지 않고 지나간 사람은 다행이지만 맞은 사람이 새롭게 문지기가 되어 계속해간다.

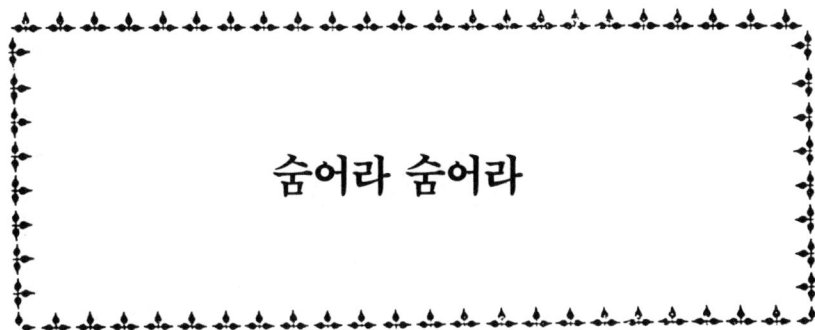

# 숨어라 숨어라

전체가 원을 만들어 손을 잡고 오른쪽 방향(시계 방향)으로 걸으면서 노래한다.

——숨어라 숨어라 바구니 속의 새야

——언제 언제 나올까 여명의 밤에

——학과 거북이가 미끄러졌다.

노래가 끝나면 미리 뽑은 서로 이웃해있는 두 사람이 그 잡고 있는 손을 올려서 문을 만듦과 동시에 그 문에 마주하고 있는 사람부터 손을 잡은 채 문을 빠져나가 전체 역방향이 된다. 다음에 역방향인 채 노래부르면서 돈다.

혹은 마지막에,

——바로 뒤는 누구

라고 노래를 붙여서 할 경우에는 미리 술래를 정해서 중앙에 눈을 감고 앉혀 두고 다른 사람은 손을 잡고 1회 그 주위를 돌고

——뒤의 정면 누구

하고 전원 웅크려 앉고 술래는 자신의 뒷 사람의 이름을 알아 맞힌다. 알아맞혀진 사람은 새로운 술래가 되지만 알아맞힐 수 없었을 경우는 처음부터 반복한다.

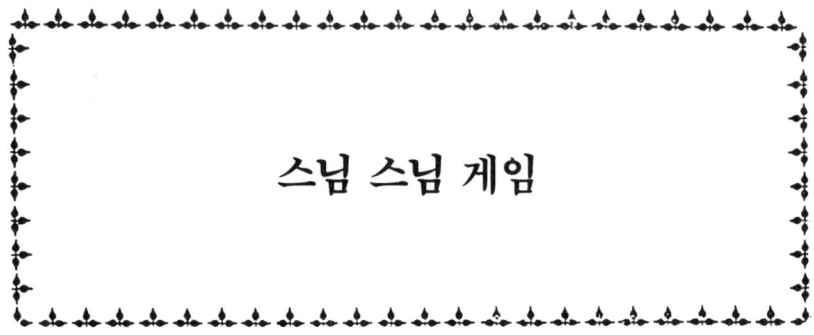

# 스님 스님 게임

전체에서 술래를 1명 정하고 다른 사람은 그것을 둘러싸고 원을 만들어 손을 잡는다. 술래는 원의 중심에서 눈을 가리고 웅크려 앉는다. 손을 잡은 사람들은 노래를 부르면서 술래의 주위를 빙글 빙글 돈다.

전원 : 스님 스님 어디 가세요.

술래 : 나는 도 닦으러 간다.

전원 : 그렇다면 나도 데리고 가요.

술래 : 네가 가면 방해가 된다.

전원 : 이 땡땡 중, 거지 같은 중,

바로 뒤는 누구?

전원은 노래를 마치면 그 자리에 웅크리고 앉고 술래는 자신의 바로 뒤에 있는 사람의 이름을 맞힌다. 알아맞힐 수 있었으면 교대해서 그 사람이 새로운 술래가 되어 계속해간다.

# 다발 게임

전체를 두 조로 나눠 10보 정도의 간격을 두고 마주선다. 대표를 정해 가위바위보로 이긴 조(홍), 진 조(백)을 정해서 우선 이긴 홍팀부터 시작한다.

홍 : 이겨서 기쁘구나. 꽃다발.

——3보 전진하고 3보 후퇴한다.

백 : 져서 분하구나. 꽃다발.

——3보 전진하고 3보 후퇴한다.

홍 : 고향 한데 모아서 꽃다발.

——3보 전진하고 3보 후퇴한다.

백 : 고향 한데 모아서 꽃다발. ——3보 전진 3보 후퇴한다.

홍 : ○○씨 찍었다. 꽃다발    ——3보 전진, 3보 후퇴

백 : 고향 한데 모아서 꽃다발. ——3보 전진, 3보 후퇴

백 : ××씨 찍었다, 3보 전진, 3보 후퇴

나온 두 사람 ○○씨와 ××씨는 양조 사이에서 나와 가위바위보를 해서 이긴 사람은 진 사람을 자신의 조로 데리고 돌아가서 이번에는 그 이긴 쪽부터 전과 마찬가지로 시작하여 몇 번인가 반복해서 많이 데리고 돌아온 조가 우승이 된다.

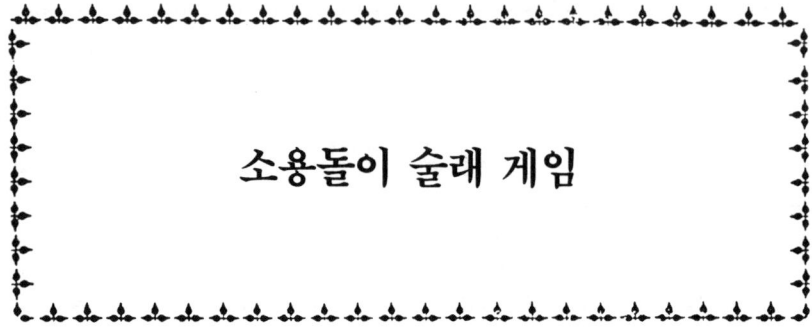

# 소용돌이 술래 게임

땅바닥 뒤에 소용돌이를 그리고 2명을 뽑아 각각 중심과 입구에 세운다. 신호로 한발을 뜀과 동시에 출발시켜 만난 지점에서 가위바위보를 해서 진 쪽은 자신의 출발점을 향해 달아나고 이긴 쪽은 그것을 뒤쫓아 다 돌아가기 전에 붙잡히면 지게 된다.

이와 같이 차례차례 반복한 합계로 승부를 정한다.

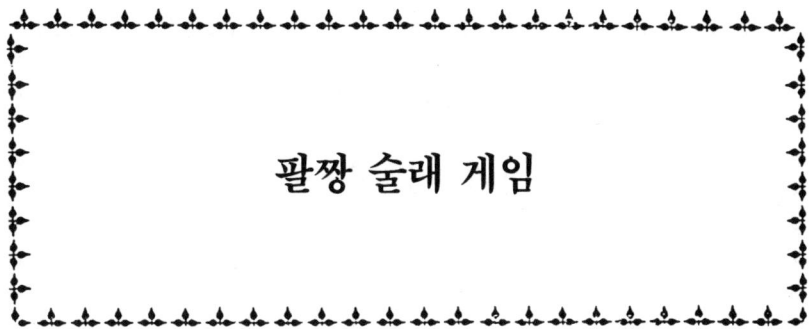

# 팔짱 술래 게임

참가자 중에서 도망자와 그것을 쫓는 술래를 정하고 다른 사람은 2명씩 팔을 끼고 흩어진다.

신호와 함께 도망자는 달려 나가서 술래에게 붙잡히기 전에 누군가의 팔에 자신의 팔을 낄 수 있으면 된다. 그러나 다음에는 그 누군가와 팔을 끼고 있던 상대는 새로운 도망자가 되어 술래에게 쫓기게 된다.

이와 같이 해서 게임을 계속하지만 만일 사람 수가 많으면 술래의 수를 늘려도 좋다.

# 비가 머무는 곳

술래를 한 사람 정하고 다른 사람은 3인 1조가 되어 그 중의 두 사람이 손을 잡고 작은 원을 만들어서 그것을 비가 머무는 장소라고 한다. 그리고 다시 그 작은 원으로 큰 원을 만들어 속에 1사람씩 들어 가도록 해서 술래를 대원 중앙에 세운다.

신호가 있으면 작은 원 안에서 비가 머무는 장소를 하고 있던 사람 은 각자 지금까지의 숙소를 뛰어나와서 다른 곳으로 뛰어들어가는데 중앙에 있던 술래도 어딘가의 숙소로 들어가기 때문에 남아 버린 사람이 새로운 술래가 되어 계속해간다.

이런 종류의 것은 달리 명칭을 바꾸고 있지만 각각에 따라서 특징 을 갖게 해주면   재미있다.

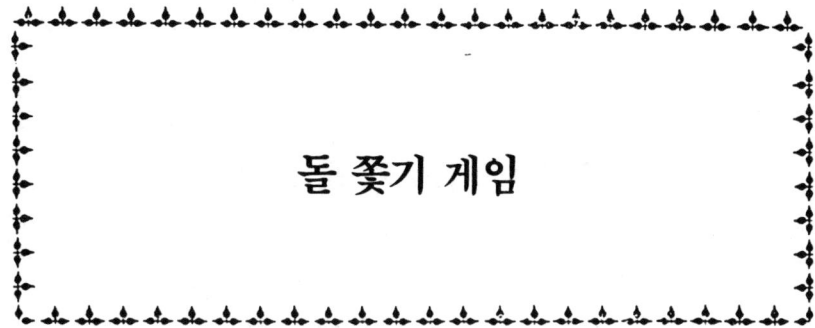

# 돌 쫓기 게임

참가자는 원을 만들어 중심을 향해 선다. 리더는 원 안을 돌아서 누군가에게 작은 돌이나 볼을 살짝 건네준다. 건네받은 사람은 재빨리 달아나고 그것을 눈치챈 다른 사람은 이것을 쫓아가서 정해진 범위내에서 잡지 않으면 안된다.

붙잡힌 사람은 원으로부터 제외되고 가능한 한 최후에 남는 사람을 우승으로 한다.

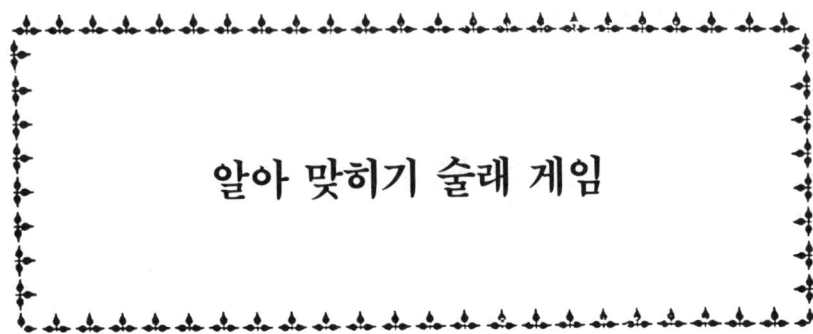

# 알아 맞히기 술래 게임

참가자는 자유롭게 흩어져있거나 뽑힌 술래를 중심으로 원을 만든다. 술래는 눈가리개를 하고 중앙에서 2~3회 빙그르르 돌고 나서 다른 사람을 잡아 그 이름을 알아맞히지 않으면 안된다.

잡혀서 이름이 맞춰진 사람은 술래와 교대해서 계속해 간다. 이것은 '눈가리개 술래'나 '유랑술래' '장님놀이'라고 불리는 것과 같은 게임이다.

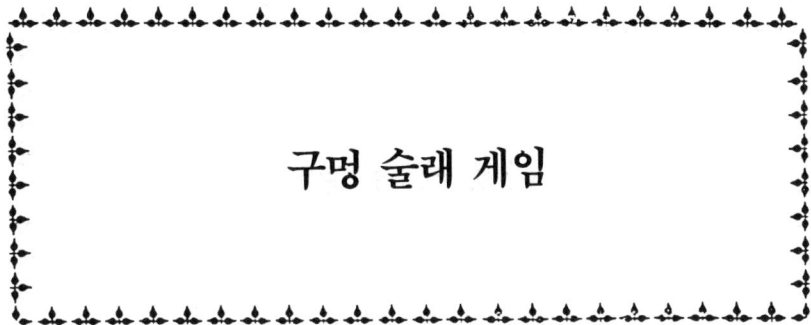

# 구멍 술래 게임

술래를 1명 정해두고 중심에 나머지 사람에게 원을 만들게 해서 모두 자신의 위치에 작은 원을 그려 그것을 구멍이라고 한다. 게임이 시작하면 원의 사람들은 노래 등에 장단을 맞춰서 원을 돌아 행진하지만 갑자기 리더가 신호를 하면 전원은 가까운 구멍으로 뛰어들어간다. 이때 술래는 뛰어나와서 어느 것인가 구멍을 막아 버리기 때문에 남겨진 사람이 새롭게 술래가 되어 게임을 계속해간다. 이것은 장소 뺏기 술래라고도 한다.

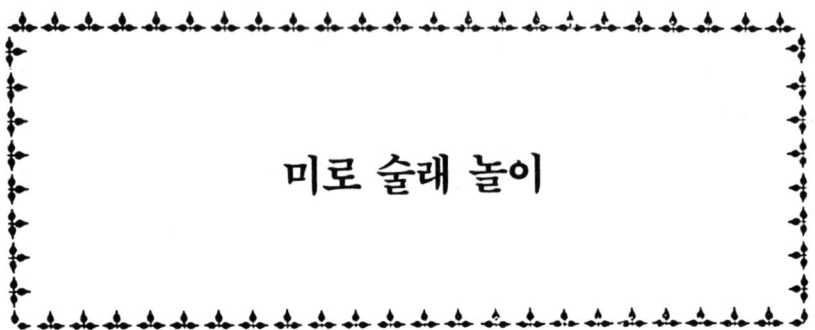

# 미로 술래 놀이

참가자를 같은 수의 조로 나누고 각 조는 일렬 횡대를 만들어 손을 잡게 한다. 그 밖에 그 중에서 2명을 뽑아 1명을 술래로 해서 다른 1명을 뒤쫓는다.

게임이 시작되면 도망자는 각 열의 사이로 달아나지만 그 경우 도망자도 술래도 잡은 손을 가로 질러서는 안된다.

도중에서 리더가 '오른쪽 방향' '왼쪽 방향'이라고 외치면 옆의 사람은 방향을 바꿔서 손을 다시 잡기 때문에 술래는 달리는 방향을 차단 당하게 된다.

도망자가 술래에게 붙잡히거나 시간이 너무 걸리면 교대시켜 보아도 좋다.

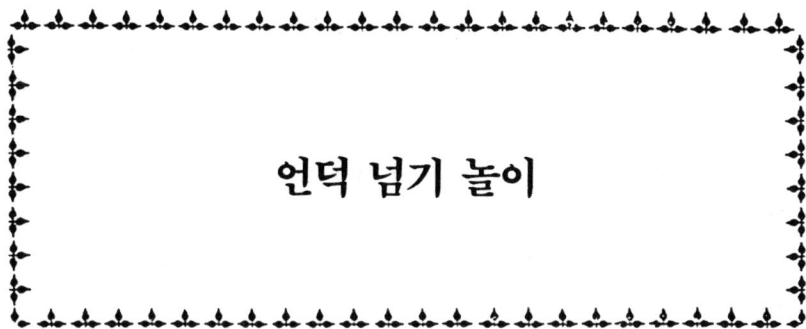

# 언덕 넘기 놀이

우선 땅바닥에 약 10미터 정도 간격의 평행선을 긋고 그 중간점에 1명의 술래를 세우고 다른 참가자를 나누어서 조를 만들어 앞의 평행선 양바깥쪽에 세운다.

리더의 '언덕을 넘어라'의 신호로 전원은 평행선 중간을 넘어서 반대쪽으로 가지 않으면 안되지만 술래는 이것을 붙잡으려고 한다. 붙잡힌 사람은 술래를 도와 다음은 붙잡는 편으로 돌아서서 차례차례로 술래의 수를 늘려간다.

양쪽의 사람은 일단 뛰어나가면 원위치로 되돌아와서는 안된다.

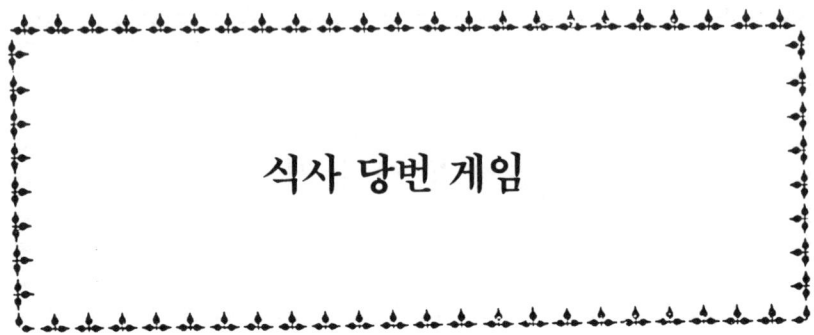

# 식사 당번 게임

　우선 전원이 원을 만들고 그 중에서 1명을 뽑아 술래로 정하고 손수건으로 눈을 가린다.

　준비가 되면 전원은 원을 따라서 2, 3바퀴 돌고 신호와 함께 정지한다. 술래는 이미 건네받은 쟁반에 밥공기를 얹고 '○○씨 식사하세요'라고 말하고 누군가의 앞에 내민다. 이때 그 이름이 맞으면 술래는 교대하고 맞지 않았으면 '미안합니다'라고 하고 게임을 계속한다.

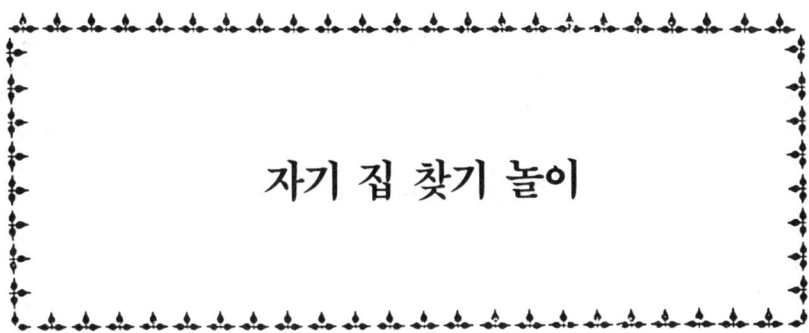

# 자기 집 찾기 놀이

3인 1조가 되어 세 사람이 들어갈 수 있는 정도의 원을 그리고 리더는 그 밖에 전원이 들어갈 수 있는 큰 원을 그려둔다.

우선 전원은 큰 원 안에 들어가 있고 신호와 함께 세 사람씩 작은 원으로 뛰어들어가고 다음 신호에서는 다시 큰 원으로 되돌아온다.

이것을 반복하면서 리더는 작은 원의 수를 줄여나간다. 그 때문에 큰 원에서 이동할 때 늦어서 들어올 수 없는 사람은 술래가 되어 다음 신호로 다른 사람이 이동할 때 가능한 한 많은 사람을 붙잡는다. 붙잡힌 사람도 술래가 되고 최후까지 남는 사람이 우승하게 되는 것이다.

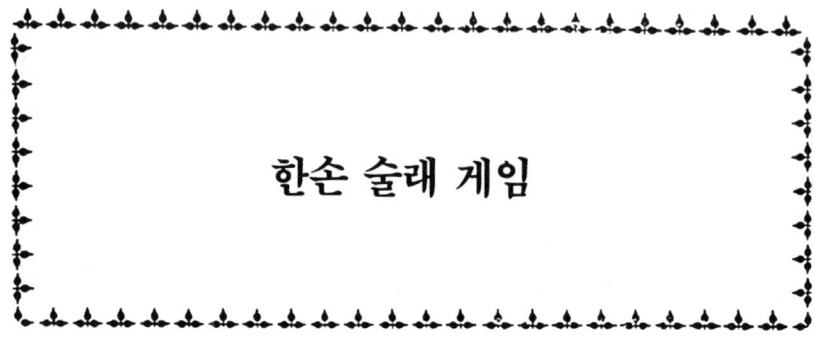

# 한손 술래 게임

전체 중에서 1명을 뽑아 그것을 술래로 하고 다른 사람은 자유롭게 흩어져 있게 한다. 시작의 신호로 술래는 누군가를 붙잡으려고 한다. 붙잡힌 사람은 술래에게 터치당한 부분을 한 손으로 누른 채 술래가 되어 다른 사람을 뒤쫓는다.

최초의 술래는 새로운 술래와 교대해도 좋고 그대로 술래가 되어 최후까지 붙잡는 쪽에 있어도 좋다.

# 신데렐라

남자는 안쪽, 여자는 바깥쪽에 늘어서서 2중원을 만들고 그 외에 1명을 뽑아 원의 중심에 세우고 그 사람을 시계라고 한다.

신호와 함께 전원은 시계 도는 방향으로 걸어 나가고 원의 중심에 있는 시계는 그것을 보면서,

'10시, 11시, 12시'

라고 외치지만 12시를 들으면 전원은 원을 풀고 여자는 미리 정해져 있는 안전지대로 달아나고 남자는 그것을 쫓아서 붙잡으려고 한다.

안전 지대로 달아나기 전에 붙잡힌 사람은 제외되고 게임은 반복되어 최후로 남는 사람을 신데렐라라고 하고 붙잡은 남자를 왕자라고 한다.

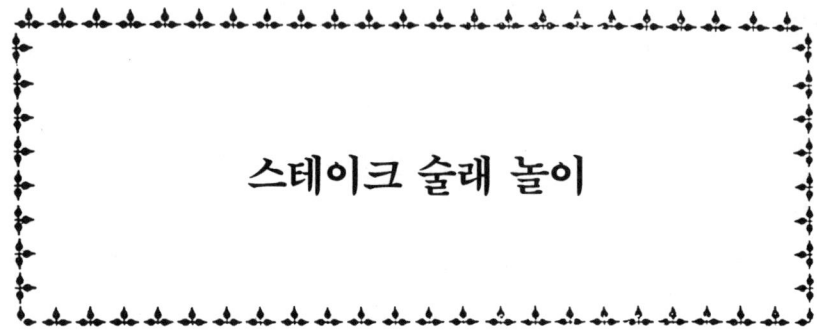

# 스테이크 술래 놀이

참가자 중에 1명을 술래로 해서 다른 사람이 만든 원 안에 들어간다. 그 주위에는 큰 고리 모양으로 만든 줄을 놓아 두고 일동은 바깥쪽에서 줄을 꽉 붙잡는다.

신호로 원 안의 사람은 줄을 쥔 채 원을 따라서 걷고 그 때 서로 줄을 당기거나 밀거나 해서 흔들지만 그 동안에 술래에게 터치당한 사람은 열외로 나가지 않으면 안된다. 게임을 계속해서 최후까지 무사히 남은 사람이 우승이다.

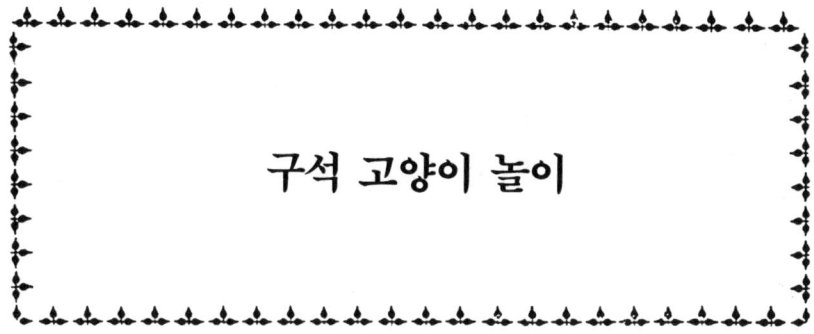

# 구석 고양이 놀이

전체에서 1명을 뽑아 고양이라고 하고 다른 사람은 고양이를 중심으로 해서 원을 만들어 각각의 서 있는 장소에 작은 원을 그린다.

고양이는 누군가의 앞에 서서

'구석은 없나요?'

라고 물으면 그 사람은,

'옆에 있습니다.'

라고 대답한다.

그 사이에 다른 사람은 서로 장소를 교환하지 않으면 안되기 때문에 재빨리 움직인다. 고양이는 이 동안에 어딘가의 원(구석)으로 들어가도록 하지만 그 결과 구석을 빼앗긴 사람이 새로운 고양이가 되어 계속해나간다.

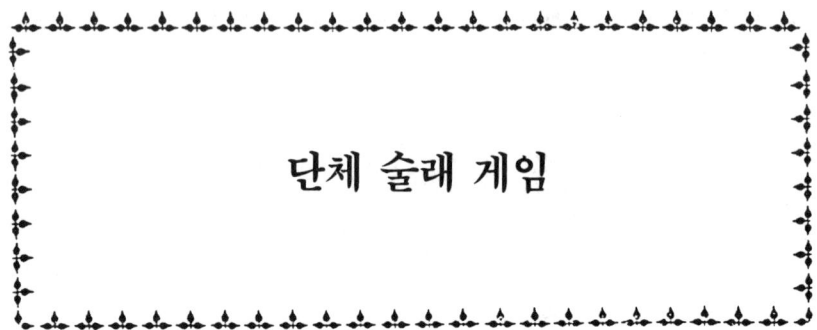

# 단체 술래 게임

전체를 두 조로 나눠서 각 조는 정해진 장소의 양쪽에 세워진 팻말 주위에 모여 있다.

신호로 시작되면 서로 뒤쫓아 상대의 몸을 터치하려고 한다. 먼저 터치당한 사람은 포로가 되어 상대의 팻말을 붙잡고 있지 않으면 안된다. 그러나 2인 이상이 되면 손을 잡고 있으면 된다.

도중에서 자기 편이 붙잡혀 있을 때는 손을 잡고 있는 끝 사람을 터치하면 자유로와질 수 있다. 이와 같이 해서 상대를 전원 포로로 하든가 일정 시간에 보다 많은 상대를 붙잡은 쪽이 우승이 된다.

## '따라와' 게임

1명을 뽑아 그 사람을 술래로 하고 그 밖의 사람은 원을 만들어 손을 잡고 중심을 향한다.

술래는 원 바깥쪽을 달리면서 누군가의 등을 치고 '따라와'라고 한다. 등을 터치당한 사람은 즉시 술래 뒤를 쫓지만 술래가 원 안의 빈 곳으로 들어가 버리면 다음은 새로운 술래가 되어 게임을 계속한다.

또한 술래는 한 사람뿐만 아니라 수명을 차례차례로 치면서 달리고 적당한 때를 봐서 '돌아가'라고 외친다. 이것에 따라 술래나 그 뒤를 쫓아서 달리고 있는 사람들은 비어 있는 장소로 뛰어들고 남아 있는 사람이 새롭게 술래가 되어 마찬가지로 반복해봐도 좋다.

258

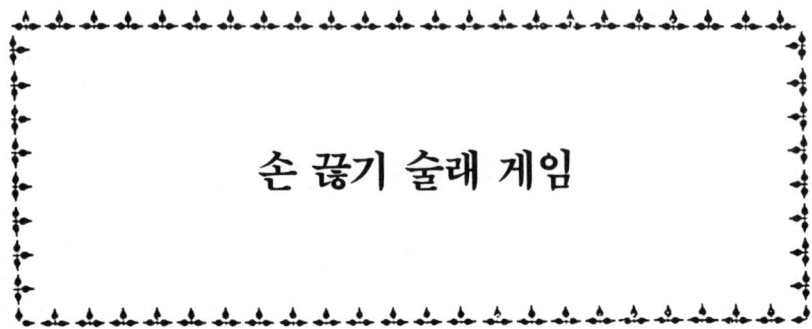

# 손 끊기 술래 게임

전체 중에 1명을 술래로 하고 다른 사람은 손을 잡고 원을 만든다. 술래는 원의 바깥을 돌면서 아무 쪽이나 잡고 있는 손을 쳐서 끊는다. 손을 잘린 두 사람은 각각 반대 방향으로 달려서 만나면 양손을 터치하고 다시 계속 달려서 원위치로 되돌아 오려고 하지만 술래는 이 사이에 하나의 자리에 들어가 버리기 때문에 남은 자리를 둘이서 다투게 되고 늦어서 자리를 잡을 수 없었던 사람은 새로운 술래가 되어 게임을 계속한다.

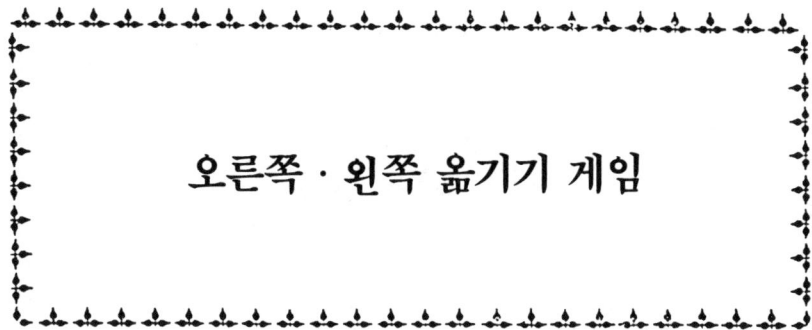

# 오른쪽 · 왼쪽 옮기기 게임

전체를 셋으로 나눠 각각 들어갈 수 있는 원(3미터의 거리)을 땅바닥에 그려둔다. 리더의 신호로 예를 들어 '오른쪽'이라고 하면 각각의 조는 오른쪽 옆의 원으로 옮기고 왼쪽이라고 하면 왼쪽으로 옮겨야 하는데 늦어서 옆 원으로 달아나기 전에 옮겨 온 조의 사람에게 붙잡힌 사람은 원 밖에 세워둔다.

이와 같이 해서 많이 남은 조가 우승이 된다.

경우에 따라서는 신호의 방법을 바꾸도록 연구해보면 재미있다.

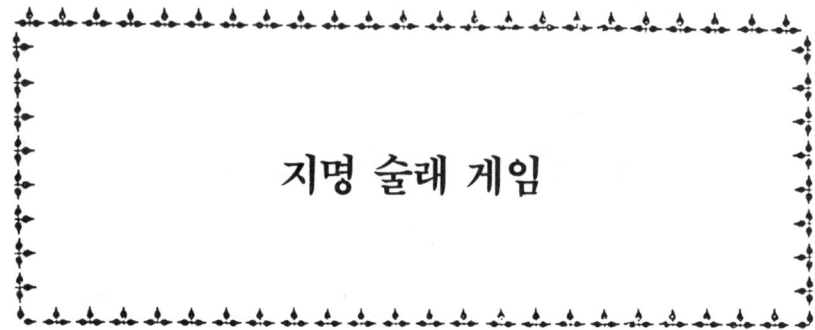

# 지명 술래 게임

전체가 원을 만들고 중심을 향하게 하고,그 중에서 술래를 1명 뽑아 원중심에 세운다.

술래는 원 속의 누군가의 이름을 부르고 불린 사람은 도망자가 되어 달려나가고 술래는 사람을 뒤쫓는다. 도망자는 붙잡히기 전에 다른 사람의 이름을 부르면 술래는 상대를 바꿔 이 사람을 뒤쫓지만 만일 붙잡히면 다음은 그 사람이 새로운 술래가 되어 마찬가지로 반복해간다.

술래는 상당히 피곤하기 때문에 반드시 붙잡지 않더라도 교대시키는 편이 좋다.

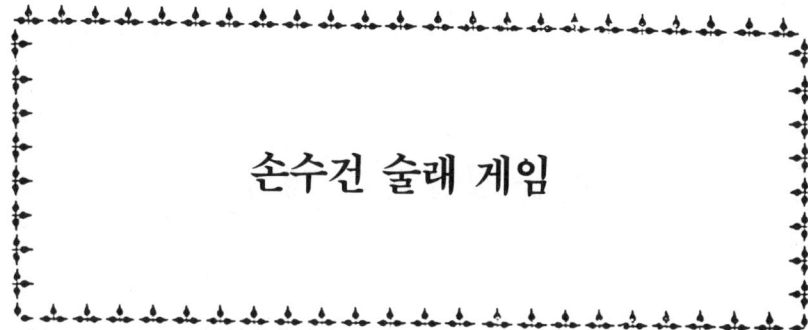

# 손수건 술래 게임

참가자 중에서 1명을 술래로 하고 다른 사람은 원을 만들어서 양손을 뒤로 깍지끼고 선다.

술래는 손수건을 들고 원의 바깥을 달려 적당히 손수건을 뒤로 깍지끼고 있는 양손에 건네준다. 건네받은 사람은 술래와 반대 방향으로 달려 자기 자리로 되돌아오려고 하지만 그 전에 술래에게 빼앗겨 버리면 다음은 그 사람이 새로운 술래가 되어 마찬가지로 손수건을 누군가에게 건네주고 게임을 계속해간다.

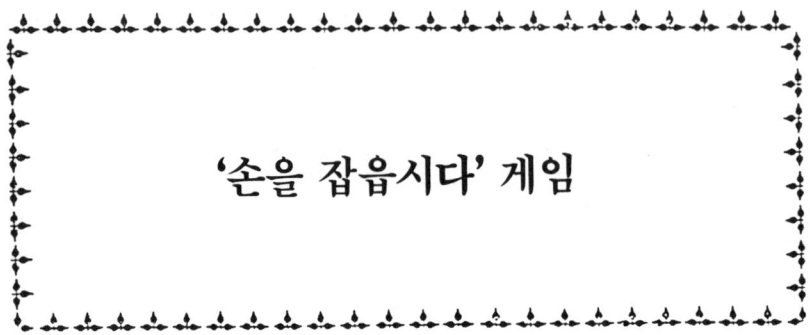

# '손을 잡읍시다' 게임

참가자는 2중원을 만들고 그 외에 1명의 술래를 정해둔다.

2중원의 바깥 원과 안의 원에 늘어 서는 사람 수는 같고 그 간격을 2~3미터 잡는다.

게임이 시작되면 양원의 사람은 각각 반대 방향으로 스킵이나 급하게 달리기로 나아가고 술래도 양원 사이를 마음대로 나아간다.

신호로 양원의 사람은 가장 가까운 사람과 손을 잡지만 술래도 재빨리 누군가와 손을 잡기 때문에 남은 사람이 생겨 다음에는 남은 사람이 새로운 술래가 되어 반복해간다.

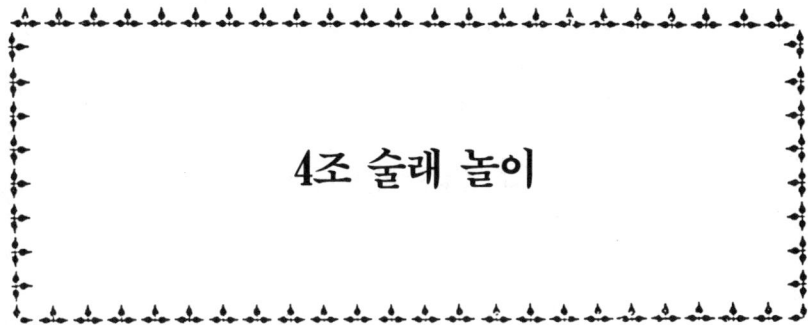

# 4조 술래 놀이

땅바닥 위에 1변이 15미터 정도인 정사각형을 그리고 각 변에는 각 조 같은 수의 사람이 횡대로 늘어선다.

각 조에서 1명씩 뽑힌 술래는 중앙으로 나와 예를 들어 리더가 '1조'라고 외치면 1조의 사람은 맞은편 선(변)까지 달린다. 중앙에 있는 1조 이외의 술래는 가능한 한 많은 사람을 붙잡고 선에까지 이르지 못하고 붙잡힌 사람은 밖으로 나가지 않으면 안된다.

이것을 반복해서 전부가 끝났을 때 남은 사람이 많은 조를 우승으로 한다.

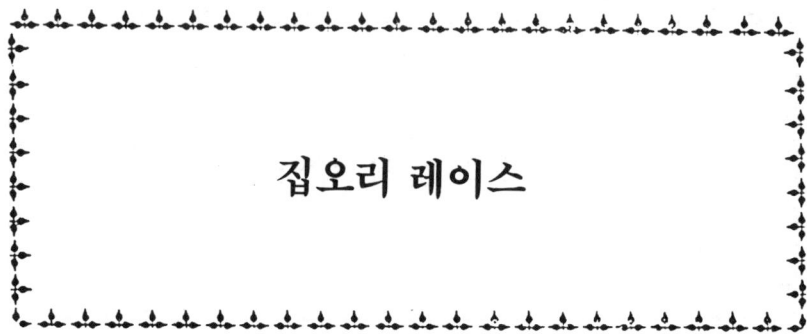

# 집오리 레이스

전체를 같은 수의 조로 나눠서 각각은 일렬 종대로 늘어서고 각 조의 전방 10미터 정도 지점에 깃발을 세운다. 신호로 각조에서 1사람씩 나와 깃발을 한바퀴 돌고 되돌아오는데 단, 앉아서 양손을 정강이 위에서 깍지끼고 그대로 양다리를 작게 깡총깡총 옮겨 걷도록 한다. 손은 어떤 일이 있어도 떼어서는 안되기 때문에 떼는 쪽은 지게 된다.

각 조의 전원이 빨리 끝나면 우승이 된다.

# 게 레이스

우선 전체를 2명씩 1조로 한다. 짝이 된 사람은 등을 마주대고 손을 뒤쪽으로 돌려서 뒷사람과 손을 마주잡는다. 준비가 되었으면 8조 정도가 출발 선상에 옆으로 늘어선다.

신호로 옆이 된 채 두 사람이 이미 정해져 있는 목적지를 향해 보조를 맞춰서 뛰어간다. 빨리 골에 들어온 조가 우승이 되지만 조금이라도 두 사람의 보조가 흐트러지면 구르거나 어긋난 방향으로 가버리므로 의외로 어렵다.

# 새 사냥꾼

　정해진 장소에 서로 마주 향하는 두 구석을 새 집과 바구니라고 한다.

　3명을 뽑아 그 중 1명을 어미새라고 해서 집 속에, 다른 2명을 새 사냥꾼으로서 집과 바구니 중간에 세운다. 다른 사람은 별도로 정해진 숲속에서 같은 수의 조로 나눠 각각 새의 이름을 붙여 둔다.

　리더가 어느쪽인가의 새 이름을 부르면 그 새의 무리들은 숲에서 집을 향해 옮기려고 하지만 새 사냥꾼이 붙잡으려고 뒤쫓는다. 붙잡힌 사람은 바구니 속에 넘어진다. 몇 번인가 반복해서 최후로 가장 많이 집에 들어간 조를 우승으로 한다.

# □□네 집으로

전체 중에서 1명을 뽑아 그것을 □□라고 하고 땅바닥을 2등분한 한쪽에 들어가고 다른 사람은 그 반대쪽에 들어간다.

□□는 자신의 장소, 즉 저택 안에 있고 반대쪽에는 들어가지 못한다.

반대쪽 사람들은

——들어 가자 들어가 □□네 집으로

——백금, 황금을 주우러 들어가자.

라고 외치면서 □□의 저택에 침입하지만 □□는 붙잡으려고 해서 뒤쫓고 만일 붙잡히면 새롭게 □□가 되어 계속해간다.

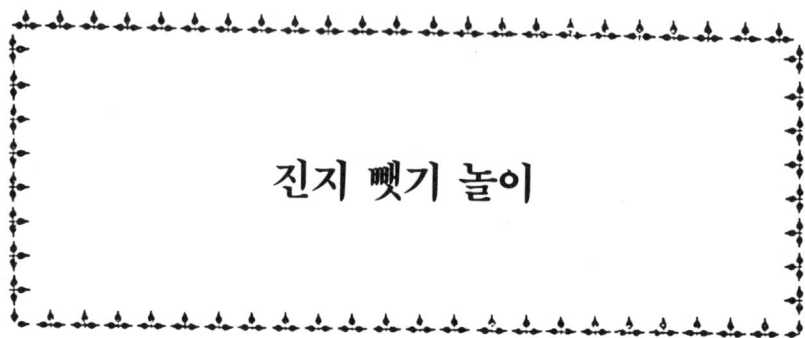

# 진지 뺏기 놀이

전체를 2등분해서 각각의 조는 실외일 때는 수목이나 전주 등을, 실내에 있어서는 기둥이나 벽의 일부를 본진으로 하고 상대한다.

시작 신호로 각자의 진지를 나와 상대의 진지로 나아가지만 그 도중에 상대조를 만나면 가위바위보를 해서 이기면 상대를 포로로 해서 자신의 진지로 데리고 올 수 있고 마지막에 포로의 수가 많은 쪽을 우승으로 한다.

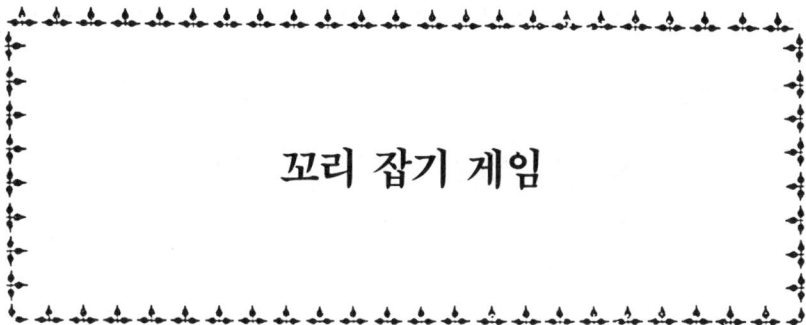

# 꼬리 잡기 게임

참가자는 1조 5명에서 7명 정도로 나누고 각각 종열을 만들어 선두가 어미, 맨끝이 새끼가 되고 그 밖에 조의 수만큼 술래를 정한다.

게임이 시작되면 술래는 열의 최후에 있는 새끼를 잡으려고 하지만 어미는 술래를 열의 뒤로 돌아가지 못하도록 양손을 벌려서 방해를 하고 여기에 매달린 다른 새끼들도 어미와 마찬가지로 돌아 다니면서 어미를 돕는다. 만일 술래가 붙잡는 데에 성공하면 지금까지의 새끼가 술래가 되고 술래였던 사람이 어미가 되어 반복해 간다.

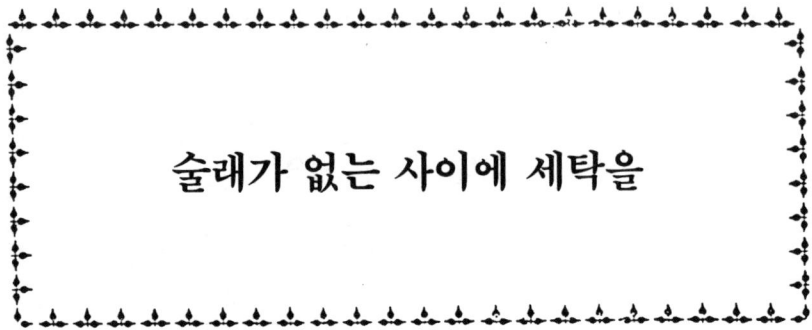

# 술래가 없는 사이에 세탁을

전체에서 1명을 술래로 하고 떨어져 선다. 다른 사람은 모두 양손으로 의복의 끝을 쥐고 '술래가 없는 사이에 세탁 점범점병'하고 세탁 동작을 흉내낸다. 술래는 '풀은 필요없습니까'라고 해서 풀을 팔려고 한다. 다른 사람은 '풀을 주십시요'라고 끝을 내밀어 풀을 받는 동작을 하면 술래는 풀 대신에 누군가의 끝을 손으로 친다. 터치당한 사람은 다음에 술래가 되어 다시 반복해간다. 이 경우 끝을 치는 대신에 붙잡아도 좋다.

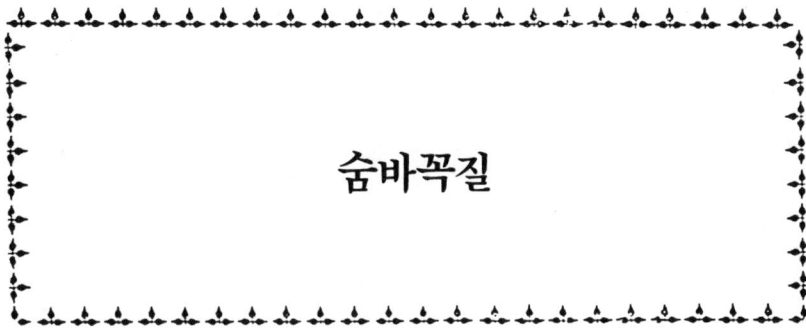

# 숨바꼭질

우선 1명 술래를 뽑아 눈을 가리고 정해진 장소에 세운다. 다른 사람은 적당한 곳에 숨고 술래의 '이제 됐니'라는 소리를 들으면 '아직'이라고 외친다. 술래는 이것이 들리면 혹은 다시 '이제 됐어'라고 하는 소리가 들리면 눈가리개를 떼고 숨어 있는 사람들을 찾으러 나간다. 누군가가 발견되면 교대해서 술래가 되고 숨어 있던 사람도 일단 나와서 처음부터 다시 시작한다.

옛날부터 비슷한 것이 많아 숨기 놀이, 숨기 허수아비 등으로 불리고 있다.

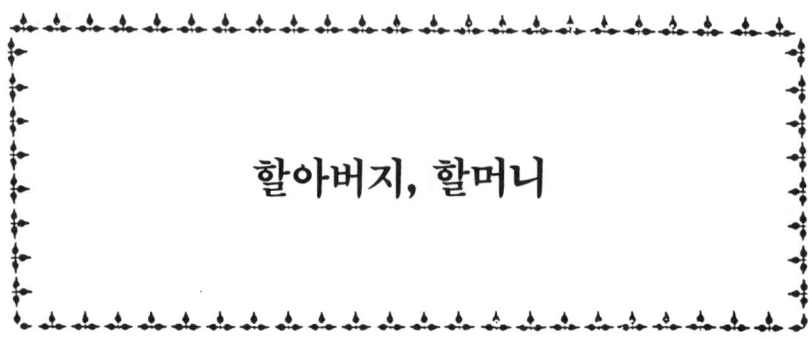

# 할아버지, 할머니

참가자는 원을 만들어 원의 중심을 향해서 앉는다. 그 중에서 2명을 뽑아 할아버지와 할머니라고 한다. 두 사람은 눈을 가리고 할아버지는 할머니를 붙잡으려고 하는 것인데 그 소재를 알기 위해서 '할머니'라고 외쳐본다.

할머니는 여기에 답해서 '할머버지'라고 소리를 내지 않으면 안된다. 그 소리를 의지 삼아 할아버지가 할머니를 붙잡을 수 있었다면 다른 사람과 교대해서 계속해간다.

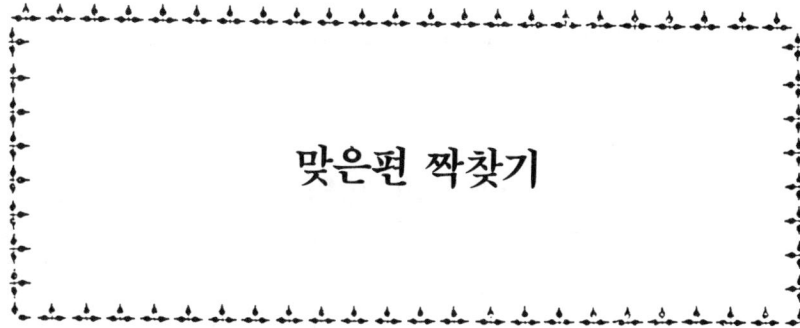

# 맞은편 짝찾기

전체는 홍팀, 백팀 2조로 나눠서 상대하고 집을 정해 술래를 1명 뽑아서 중앙에 세운다.

우선 홍팀이

──맞은편 □□씨 잠깐 와요

백팀은

──술래가 무서워서 갈 수 없다.

홍팀이

──그렇다면 내가 가죠.

노래가 끝남과 동시에 홍팀은 일제히 백팀의 집으로 달려나가지만 그 도중에 술래가 붙잡으려 하고 붙잡힌 사람은 술래가 되어 교대한다. 다음에 백팀이 마찬가지로 노래를 부르고 홍팀으로 달려들어간다.

또한 그 밖에 2조가 동시에 달려나가 장소를 교대하는 방법도 있지만 이 경우에는 최후를,

──그렇다면 나도 가죠

라고 노래 부른다.

# 애벌레 게임

우선 참가자를 홍, 백팀 2조로 나눠서 각 조의 전방에 홍과 백의 깃발을 둔다. 각 조는 일렬 종대로 늘어서 앞사람의 허리를 단단히 꽉 붙잡고 그대로 전체 웅크린 자세가 된다.

신호와 함께

——애벌레 슬금슬금 표주박 똑

——슬금슬금 슬금슬금 표주박 똑

하고 노래 부르면서 각각의 깃발 지점까지 웅크린 자세로 전진해서 빨리 깃발 지점에 도착한 쪽이 우승이 된다.

또는 깃대를 1바퀴 돌아서 원래의 자신의 위치로 가장 빨리 돌아온 팀이 승자가 된다.

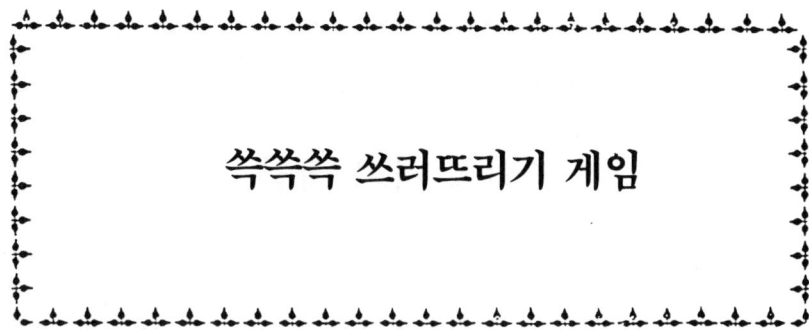

# 쓱쓱쓱 쓰러뜨리기 게임

5명~8명 정도로 작은 원을 만들어 오른손을 가볍게 쥐고 엄지를 위로 해서 내민다. 술래로 뽑힌 사람은 검지로 하나씩 쥔 손 위를 누르면서,

——쓱쓱쓱 쓰러뜨리기 참깨 된장 쓱

——차 주전자를 뒤집어 쓰고 팔팔

——달아나 어떻게 하지

——포대의 쥐가 쌀을 먹고 찍

——찍, 찍, 찍

——아버지가 불러도 어머니가 불러도

——오지 않아요.

——우물 가에서 항아리를 깬 것은 누구

라고 부르지만 정확히 마지막에 해당하는 사람이 원으로부터 빠진다. 이것을 반복해서 마지막으로 남은 사람이 다음 술래가 된다.

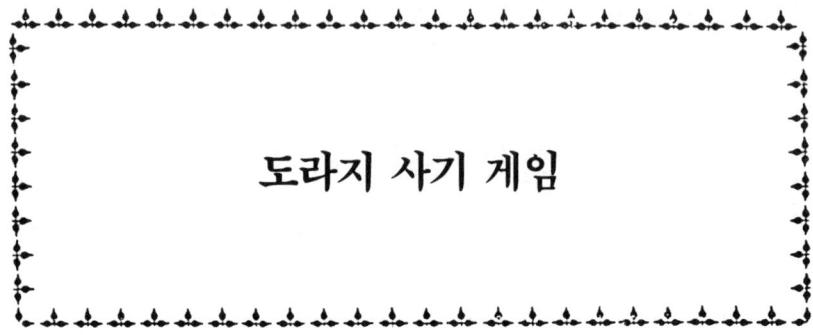

# 도라지 사기 게임

어미가 된 사람이 나무나 벽을 붙잡고 어린 도라지는 어미의 허리 부근을 단단히 꽉 잡고 매달린다. 별도로 술래를 정해둔다.

——도라지 1개 주세요

그러면 어미가

——아직 싹이 1개

술래는 일단 제자리로 돌아가고 또 찾아온다.

——도라지 1개 주세요

——아직 싹이 2개

매달려 있는 사람의 수만큼 '아직 싹 0개'라고 해서 전부 끝나면 어미는,

——예 좋습니다

라고 하면 술래는,

——그럼 받겠습니다.

라고 하고 뒤의 사람을 잡아 당기지만 도라지 전체는 떨어지지 않으려고 열심히 매달려서 만일 1사람이 떨어지면 1사람, 3사람 떨어지면 3사람이 술래에게 끌려간다.

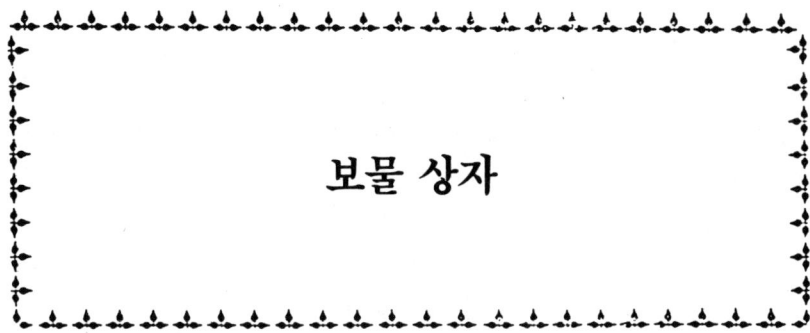

# 보물 상자

전체를 2조로 나눠 적당한 거리로 옆으로 늘어서서 손을 잡고 마주본다. 우선 한쪽 조부터

——보물상자 어느 아이가 갖고 싶으냐

하고, 4보 전진 4보 후퇴한다.

다른 조는,

——○○씨가 갖고 싶다.

하고, 2보 전진 2보 후퇴한다.

처음 조의 사람은,

——어떻게 가느냐.

하고, 2보 전진 2보 후퇴한다.

다른 조는,

——토끼로 오너라.

라고 하면서 다시 2보 전진 2보 후퇴한다.

지명받은 사람은 토끼와 같이 깡총깡총 뛰면서 자신의 조에서 다른 조로 옮겨간다.

다음에는 반대 조부터 시작해서 마찬가지로 계속해간다. ○○로 오너라는 이외 여러가지 생각해서,

──코끼리로 오너라.

──아가씨로 오너라.

등이라고 해서 그 시키는 대로의 동작이나 목소리로 모방하지 않으면 안된다.

## 딱한 사정

"왜, 또 이사하려고?"

이삿짐을 싸고 있는 삼철이를 보고 인수가 물었다.

"저 방에서는 도무지 견딜 수가 있어야지."

"방이 마음에 든다고 했잖아?"

"방이야 마음에 들지만 천장이 너무 낮아서 말이야."

"천장이 낮아서?"

"응, 그 때문에 잠을 똑바로 누워서 잘 수가 있어야지. 항상 옆으로 누워서 자야 하거든. 그렇지 않으면 새벽녘에 천정에 걸려서 그만……"

# 제4부
# 남녀노소 누구나 즐길 수 있는 레크레이션

# 도 움 말

게임은 즐거운 것이다.

그러나 게임을 즐겁게 만들기는 상당히 어렵다.

게임 그 자체에는 여러 가지 요소나 인자가 있어서 여기에 조금이라도 관계해보면 흔히 생선회 따위에 곁들이는 야채나 해초(실제는 이 야채나 해초 역시 뭐라 말할 수 없는 묘미가 있지만)적 존재일 뿐만 아니라 그 속에는 추측할 수 없는 유머와 가열된 경쟁이 있고, 온화하게 마음과 마음을 연결하는 커뮤니케이션이 있고 현대 감각을 살린 필링이 있다. 바로 즐거움 그 자체로 누구나 그 즐거움을 만끽할 수 있을테지만 그런데 자기 자신이 리더로서 서보면 생각하고 있는 것의 몇 분의 1밖에 발휘할 수 없고 의외로 어려운 것임을 깨달을 것이다.

게다가 같은 게임을 같은 조건 속에서 전개시켜 보아도 리더가 다르면, 아니 동일 인물일지라도 그 풍기는 인상이나 받는 평가는 반드시 동일하지 않다는 사실을 알아야 하며 바로 그러한 게임의 다양성, 변환성, 유통성, 탄력성 때문에 재미있기도 하고 또한 어렵기도 한 것이다.

최근 그룹 워크라든가 리더쉽에서의 실제 활동상에서도 게임의 효용이 높이 평가되고 있고 또한 경제 현상, 수학적 이론의 연구에서도 게임을 모델로 해서 인간 행동의 합리성을 추구하고 있다. '게임 이론'이나 인간 관계의 테크닉을 해명하기 위한 「인생 게임 입문」이라고 하는 저서가 세상에 나와 있는 상황이며 이런 시기야말로 레크레이션 활동의 중요한 분야로서 게임의 즐거움을 스스로도 많은 사람에게 알려 주고 싶다고 하는 자그마한 바램을 담은 것이 이 책을 엮게 된 의도이며 또한 이것은 많은 사람(先人)들의 실패의 기록이기도 하다고 말할 수 있으리라.

'실패는 부끄러워 하지 말라. 그러나 반복하지 말라'고 하는 것이 우리의 모토이지만 우리들의 실패가 새로운 리더 분들의 좋은 발판이 되어 보다 좋은 게임 지도가 이루어 진다면 실패한 경험자들이 갖는 수치도 그다지 나쁘지는 않다고 생각한다.

# 제1장

# 여럿이 함께 모여
# 화목하게 즐기는 게임

# 화목하게 즐기는 게임에 대해

레크레이션 활동에는 따뜻하고 명랑한 분위기가 필요하다. 형식적이고 딱딱한 분위기 속에서는 참가자들의 활발한 발언도 행동할 의욕도 기대할 수 없고 집회의 스무스한 운영은 어려워진다. 그러므로 우선 집회 초기에 참가자의 기분을 풀고 분위기를 부드럽게 하기 위해 집회를 리드하는 리더를 위한 게임을 소개해 보겠다.

여기에서 다루고 있는 게임은 사람수나 대형이 비교적 자유롭고 게다가 준비도 그렇게 까다로운 것이 없으므로 처음 집회를 리드하는 리더라도 가벼운 마음으로 활용할 수 있다. 집회의 분위기 만들기에 널리 활용해 보자. 화목하게 즐기는 게임은 즐거운 게임의 대표이다.

실시하는 순서로써 '연상 커플 만들기', '대원 집합' 등으로 참가자의 의욕을 불러 일으키고 다음에는 재빠른 동작을 필요로 하는 '주먹 쥐고, '4인 손뼉치기' 등을 실시하게 되면 참가자의 저항감도 적어질 것이다. 용구 준비를 필요로 하는 게임은 반드시 사전에 연습을 한 다음 실시하기 바란다. 또 리더의 좋은 리더에 의해 보다 즐거운 게임이 된다. 그러므로 리더는 내용을 충분히 검토한 뒤 자신 나름대로 연구한 방법으로 실시하도록 하자.

# 1. 서로 잘 알 수 있는 소개게임

여럿이 함께 모여 있는 자리에서는 잘 아는 사람도 있겠지만 얼굴만 알고 지내는 사이도 있을 것이다.

본격적인 게임에 들어가기에 앞서서 서로를 소개하는 게임이 필요하다. 잘 알고 있다 할 지라도 여러가지 다양한 게임을 통하여 새로운 면을 발견할 수도 있으며 인간관계 형성에 많은 도움이 될 것이다.

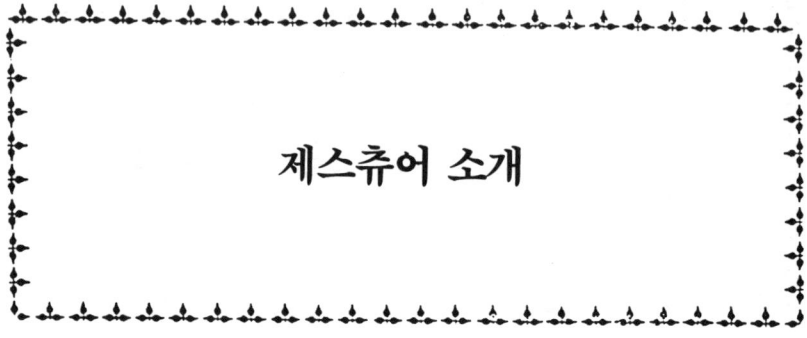

# 제스츄어 소개

## □인원

30명～50명.

## □대형

원을 만든다.

자기소개를 하거나 타인 소개를 하는 게임은 많지만 그 한 방법으로써 말이 아닌 제스츄어로 자신이나 상대의 직업, 취미, 장래 희망 등을 알리는 것도 재미있다.

이 경우 상대는 '현재의 직업은', '취미는', '장래 희망은' 등으로 질문하고 그에 대해 제스츄어로 대답한다. 물론 이 경우 말은 일체하지 않는다.

□요령
① 한자 한자를 나타내거나 손가락으로 쓰는 것은 피하는 것이 좋다. 표정이 듬뿍 담긴 소개가 좋다.

# 형용사 빼기

모임의 첫인사는 자칫 딱딱해지기 쉬운 법이지만 그것을 밝고 유머러스하게 하기 위해서 미리 형용사를 뺀 인사의 초고를 만들어 둔다.

'너무 서둘렀기 때문에 잘 생각이 나지 않는데 떠오른 형용사를 가르쳐 주십시요.'

라고 하는 의미의 서론을 얘기하고 순서대로 나온 형용사를 삽입해서 완성되면 그것을 소리내어 읽어 진기한 인사를 한다.

# 자기 PR

'나는 어떤 인간인가'를 알리기 위해서 자기 소개가 있다. 새롭게 막 만들어진 그룹에서는 서로가 잘 모르기 때문에 불안감이 생긴다. 동료 사귀기에 꼭 필요한 것이 자기 소개다.

장소에 맞는 자기 소개 방법을 몇 가지 소개하겠다.

## 회화에 의한 소개

### □준비
그림 도구.

### □진행 방법
자신의 특기, 희망, 취미, 성격 등을 상징하는 그림을 그린다. 자신을 모습을 그리는 것이 아니다. 표현법은 자유다.

## 성냥개비 1개 자기 소개

### □준비

성냥.

## □진행방법

캠프 파이어 때 등에(혹은 회장을 어둡게 하고), 차례대로 성냥 상자를 돌려서 건네 받은 순서대로 1개의 성냥개비가 다 탈 동안에 자기를 소개 해 간다.

## 제스츄어 소개

### □준비
없음.

### □진행 방법

각자 3분 동안에 자신의 취미나 삶의 보람 등을 테마로 해서 제스츄어로 표현한다.

## 칼라 소개

### □준비
없음.

### □진행 방법

각자 현재의 심경을 색으로 표현하면 어떤 색일까를 생각한다. 그 색을 각각 발표하면서 현재의 심경, 성격 등을 소개해 간다.

## 존경하는 인간 소개

### □준비
없음.

### □진행 방법
각자, 가장 존경하는 사람을 차례대로 발표하면서  왜 존경하고 있는지 간단한 이유를 덧붙여 간다.

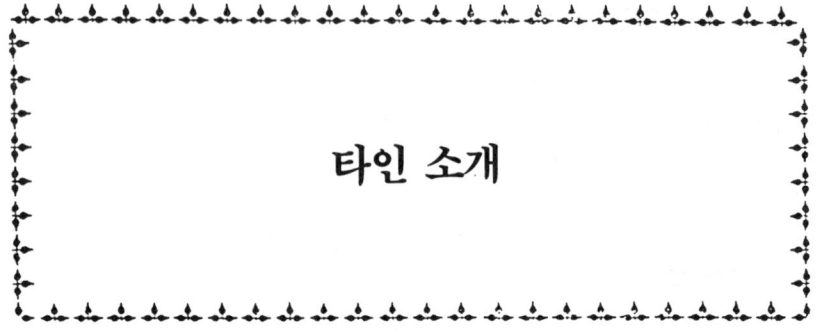

# 타인 소개

## □인원
30명～50명.

## □준비
종이와 연필.

## □대형
하나의 원을 만들어 앉는다.

각자 종이에 이름, 나이, 주소, 소속, 닉네임, 취미, 이상적인 배우자 그 외의 항목에 대해 간단하게 기입하고 리더의 구령에 의해 간단한 노래(예 산토끼, 학교종 등)를 부르면서 옆으로 그 종이를 넘겨주다가 리더의 스톱으로 멈춘다.

각자 손에 쥔 종이에 기재된 사항에 대해 마치 자신의 일인양 읽어내려간다. 이때 단순히 읽는 것이 아니고 다소의 허식을 첨부하여 재미있게 소개한다. 단 상대에게 상처를 입힐 만한 실례를 범해서는 안된다. 그 종이의 주인은 소개되고 있는 동안에 잠자코 자리에 서

있는다.

□**요령**

① 소개하는 사람을 인상에 남게 만드는 것이 중요하므로 만일 아는 사람이라면 실례가 되지 않을 정도에서 기재되어 있는 것 이외의 말도 하는 것이 좋다.

② 읽을 때는 "나는……"이라든가 "저는……"이라는 일인칭으로 할 것.

〈문의 예〉

나는 인천항에서 선박의 빈번한 출입을 보며 자라 국제적 감각을 몸에 익히고 있는 홍길동입니다. 목하 배우자를 공모하고 있으므로 적당한 분이 있으면 잘 부탁드립니다. 독신이고 자동차도 집도 없는 처지입니다. 취미는 저축과 독서.

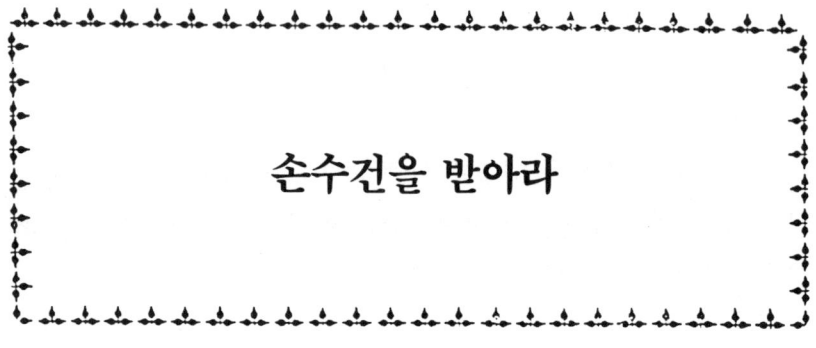

# 손수건을 받아라

## □인원
30명~50명.

## □준비
손수건(또는 작은 볼).

리더는 손수건 작게 뭉친 것(또는 작은 볼)을 누군가를 향해 던진다.

받은 사람은 그것을 높이 들고 그 자리에서 큰 목소리로 자신의 소속이나 이름을 말한다. 이름을 댄 뒤에는 재빨리 다른 사람을 향해 던진다. 이렇게 계속 해서 던져 되도록 많은 사람에게 자신 소개를 시킨다. 동시에 한사람이라도 많은 이름을 기억시킨다. 이미 이름을 댄 사람도 손수건을 받으면 몇번이고 이야기한다.

□**요령**

① 손수건은 되도록 크게 호를 그려 던지도록 한다.

② 자기 소개 방법은 남에게 인상을 남길 수 있도록 연구한다. 그를 위해서는 목소리 뿐만이 아니고 유모어 있는 포즈도 바람직하다.

③ 자기 소개를 잘하면 박수를 잊지 말도록

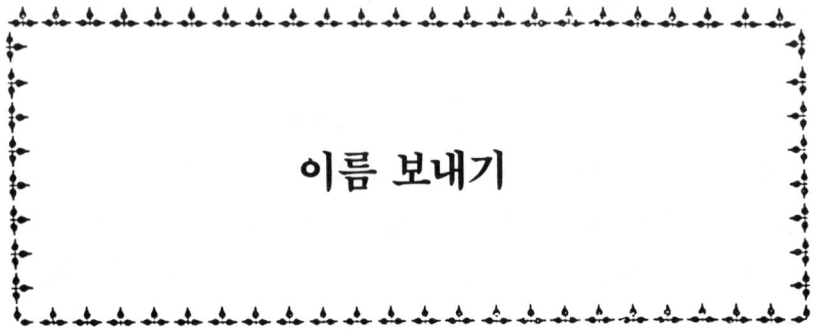

# 이름 보내기

□ **인원**

5명~10명.

□ **대형**

원을 만든다.

전원이 원을 만들고 리더는 그 중 누군가를 '당신의 이름은 뭐지요?'라고 하면서 지명한다. 지명당한 사람은 '저는 ○○○라고 합니다'라고 큰소리로 자신의 이름을 댄다. 그 이웃에 있는 사람은 그 뒤를 이어 '저는 ○○○씨 옆에 있는 △△△입니다'라고 덧붙여 말하고 또 그 옆 3번째에 해당되는 사람은 '나는 ○○○씨 옆 △△△씨 옆 ×××라고 합니다'라는 식으로 앞 사람이름을 반복한 뒤 자기 소개를 하고 다음으로 넘어간다.

□ **요령**

게임을 하고 있는 사람도, 그것을 보고 있는 사람도 가능한 이름을 많이 외우는 것이 중요하다.

② 뒤로 갈수록 이름수가 많아지므로 그럴 경우에는 사람의 수를 나누는 것이 좋다.

③ 대상에 따라서는 이름만이라도 상관없다. 친한 모임이라면 닉네임이라도 좋다.

④ 리더는 이름을 대고 있는 사람 뒤에 서서 응원해 주는 것도 좋다.

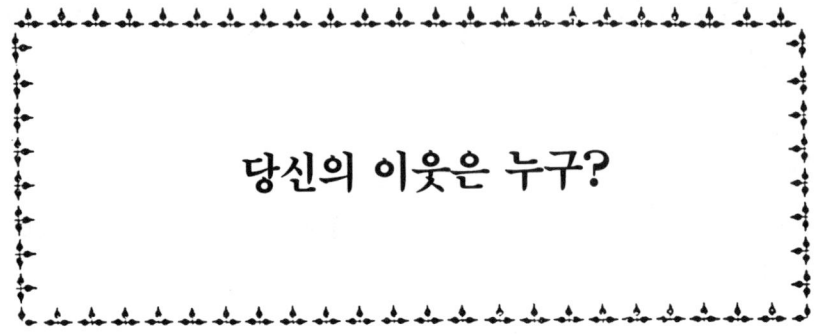

# 당신의 이웃은 누구?

## □인원
30명 정도.

## □대형
원이나 ㅁ자형으로 선다.

게임을 시작하기 전에 각각 옆 사람의 이름을 익혀둔다.

리더는 중앙에 서서 누군가를 가리키며 '당신의 이웃은 누구? 오른쪽 (왼쪽) 1, 2, 3……10'이라고 센다. 지적 받은 사람은 10을 세기 전에 자신의 옆 사람 이름을 대야 한다. 만일 하지 못했을 경우에는 그 어떤 벌을 주거나 옆에서 떠나게 하거나 또는 중앙에 서서 타인을 지칭하도록 하는 게임을 계속한다.

## □요령
① 리더는 수를 셀 때 너무 큰 소리로 세면 상대는 더욱 주눅이 들어 생각을 잘 떠올릴 수 없으므로 주의한다.

② 처음에는 오른쪽이나 왼쪽 어느 한쪽 칸을 지칭하지만 익숙해

지면 양쪽 이름을 다 대게하는 편이 좋다.

③ 지적하는 대신 작은 볼이나 손수건을 뭉쳐 던지는 것도 좋다. 그 외에 게임의 템포를 빠르게 하기 위한 연구를 할 것.

④ 이런 종류의 게임은 변형된 것이 많으므로 그 자리에 적당한 것을 해 보는 것이 좋다.

## 연상 소개

□**인원**

30～50명.

□**대형**

2조가 마주본다.

2조의 대표가 중앙으로 나가 가위 바위 보를 한다. 가위 바위 보에서 이긴 쪽의 오른쪽에서 부터 '당신은 누구십니까?'라고 맞은편에서 묻는다. 물음을 받은 사람이 '김 신주입니다. 잘 부탁합니다.'라고 말하면 상대방은 그 말을 받아 '아, 소주씨예요'라고 한다. 즉 이름을 대면 그로 받은 인상을 기반으로 연상하여 말하는 것이다. 이어서 가위 바위 보에서 진쪽이 마찬가지로 반복한다. 연상이 되지 않아 말이 막히면 지게 된다.

□**요령**

① 연상의 말을 할 경우 유머러스한 표현이 바람직하고 상대방에 상처를 주지 않도록 주의할 것.

② 리더는 두사람의 대화를 잘 듣고 승부를 정하고 때로는 무승부를 내도 좋다.

③ 방법 설명에서는 술을 예로 들었으나 이 경우 뿐만이 아니고 여러 가지 경우를 생각할 수 있다.

# 말꼬리 이은 인사

## □인원
20명 이상.

## □대형
전원을 같은 수 두 조로 나누어 마주 보게 한다.

　두 조에서 대표를 세워 가위 바위 보로 선공을 정한다.

　우선 이긴조의 맨끝 사람부터 인사를 한다. 적당한 곳에서 끊고 다음은 상대방 조에서 받는다. 상대조의 맨끝 사람은 그말을 이어 인사를 하는데 반드시 앞 사람의 말끝을 받아 이어야 한다. 이하 같은 식으로 반복하여 계속해서 인사를 해 나가고 막힌 조가 지게 되는 것이다.

□**요령**

　① 말은 도중에 끊어도 상관없다.

　② 심술궂은 것 같지만 상대방이 잇기 어려운 말을 생각해 보는 것이 재미있다.

# 연상 커플 만들기

## □인원
20~80명.

## □대형
자유.

(유명한 이야기의 주인공이라는 점) (공통점 바위, 돌 이라는 점)

## □방법

　참가자는 전원 이름을 쓴 명찰을 가슴에 달고 리더의 신호로 남녀 커플을 만든다. 커플이 되기 위해서는 각각 그 이름으로 어떤 관계를 연상할 수 있어야 한다. 예를 들면 '김복돌'과 '이복순'은 공통적으로 복자가 들어 있어 복스러운 느낌 또는 복을 준다라는 상황을 연상할 수가 있다. 이런 식으로 어느 정도 시간을 갖고 생각하면 재미있는 관계가 맺어질 것이다. 리더는 그 각각의 관계를 들어보고 걸작이라고 생각되는 커플에게는 박수를 보내도록 한다. 도저히 이름으로 관련을 짓기 어려운 사람은 출신지와 취미를 생각해 보는 것이 어떨까?

　집회 초에 어울리는 게임이지만 국민학생, 중학생에게는 조금 무리일 것이라고 생각한다.

# 대원 집합

## □인원

제한 없음.

## □대형

자유.

## □방법

그룹 만들기나 팀 나누기를 할 때 실시한다.

우선 참가자는 아무하고나 가위 바위 보를 한다. 가위 바위 보에서 이긴 사람은 진 사람을 자신 뒤에 세워 대원으로 삼는다. 한조의 대원은 몇 명이 되어도 상관없다. 리더는 미리 '대원 5명이 1그룹을 만드세요'라는 식으로 지시해 둔다. 그리고 정해진 수의 대원이 모였으면 지정된 장소에(조금 떨어진 장소가 좋을 것이다) 빨리 완성된 조부터 서도록 한다.

국민학생에서부터 사회인까지 연령이나 성별과 관계없이 활용할 수 있는 즐거운 게임이다.

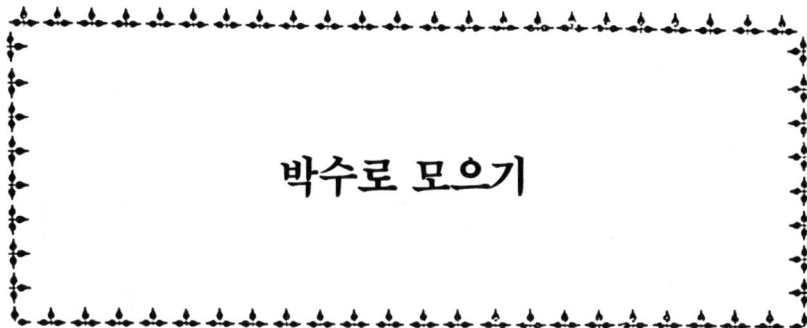

# 박수로 모으기

박수를 이용하여 많은 수의 참가자를 자유자재로 그룹이나 팀으로 나눌 수 있다. 간단하면서도 재미있는 게임이다. 1500명 정도까지는 실험해 보기 바란다. 리더는 큰 소리를 내야 한다.

## □인원
30~1500명 정도.

## □대형
자유.

## □방법
리더가 이 게임을 스무스하게 전개시켜야 하는 것이 포인트이다. 어떤 리더의 전개 방식을 일례로 삼아 이 게임을 설명해 보자.

리더(큰 소리로)
──자아, 여러분. 박수를 한 번 쳐 보세요. 좋습니까?
그렇지요, 짝. 다음은 두 번.그래요. 짝 짝.다음에는 세번. 네,짝짝

짝.

　—좋습니다. 그럼 박수 소리에 맞추어 박수 수를 한 번씩 늘려 갑니다.

　—그럼 처음부터 합시다. 박수 짝. 박수 짝짝. 박수 짝짝짝. 박수 짝짝짝짝 좋습니다. 그런 식으로 하는 겁니다. 어느 정도까지 가면 제가 '네 거기까지'라고 말할 겁니다. 예를 들면 박수를 세 번 친 뒤에 '네 거기까지!'라고 하면 옆에 있는 사람끼리 세 명이 손을 잡고 제자리에 앉아 주십시오. 박수를 다섯 번 친 뒤라면 다섯 명이 앉는 것입

니다. 알겠지요.

   ——자, 그럼 해 봅시다. 박수 짝. 박수 짝짝. 박수 짝짝짝. '네 거기 까지!'……(2분 후)…… 세 사람씩 앉았습니까? 아 네, 저기 혼자 서 계시는 분이 있군요. 혼자 남은 사람에게는 벌칙을 줘야겠지요.

   이상과 같이 게임을 해 간다. 리더는 자신의 생각대로 팀을 만들 수 있는 것이다.

   만일 남성은 남성끼리 여성은 여성끼리만 모이는 경향이 있을 때는 '자, 다음은 남성과 여성이 반드시 섞여서 앉아 주십시오'라고 주의를 주면 되는 것이다.

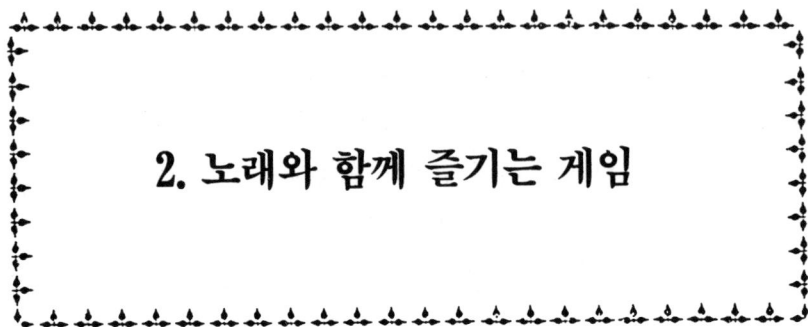

# 2. 노래와 함께 즐기는 게임

　노래는 어색한 분위기를 부드럽게 해 주는 역할을 한다. 입을 모아 노래하므로서 좀 더 친숙한 관계를 만들 수 있으며 특히, 노래를 통한 게임은 경쟁이나 승리를 떠나 다같이 어울릴 수 있다.

　이와 같이 노래하면서 그 리듬에 도움을 받아 보다 흥미를 자아내고 음악적인 분위기 속에서 즐기는 것을 노래놀이라 한다.

# 안녕하세요. 누구세요?

□**인원**

20명 이상.

□**대형**

2중 원을 만든다.

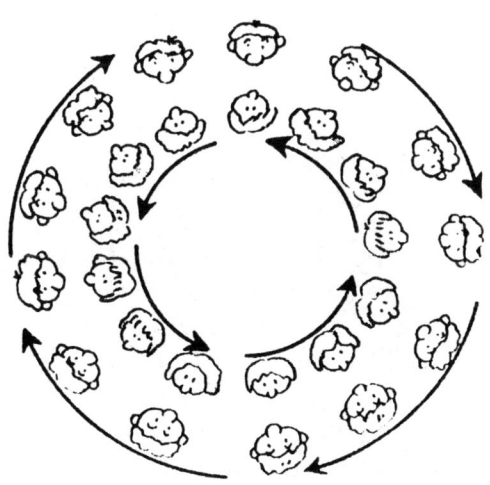

전원은 안쪽 원(여자) 바깥원(남자)으로 2중 원을 만들고 레코드 음악이나 합창에 맞추어 바깥쪽 원 사람은 시계 방향으로 돌고 안쪽 사람은 반대 방향으로 돈다. 음악이나 합창이 멈추면 진행을 멈추고 안쪽 바깥쪽 각각 마주보고 처음에는 악수.

리더의 목소리에 맞추어 '안녕하세요 누구세요?'라고 노래하면서 인사를 한다. 다음에 우선 바깥원(남자)부터 '○○○입니다.'라고 이름을 대고 이어서 '△△△입니다'라고 안쪽원(여자)이 대답하고 그 뒤 목소리를 맞추어 '아아 그러세요'라고 노래하고 동시에 쌍방 왼발을 옆으로 내밀고 신체를 왼쪽으로 이동시키고 새로운 상대와 마주하고 처음부터 반복한다.

안녕하세요,  누구세요?

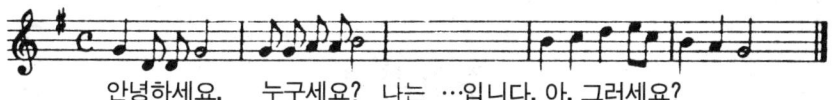

안녕하세요,  누구세요? 나는 …입니다. 아, 그러세요?

## □요령

① 리듬에 맞추어 동작한다.

② 상대가 잘 알아 들을 수 있도록 큰 목소리로 그리고 친근감 있게 인사한다.

③ 리더는 손박자를 맞추어 전원이 동작을 맞출 수 있도록 한다.

④ 악보대로 하는 것이 바람직하지만 무리가 없다면 단순히 인사만해도 좋다.

## 주먹쥐고

□**인원**

몇 명이라도 좋다.

□**대형**

자유.

어린이 노래이지만 그런 만큼 동심으로 돌아갈 수 있기 때문에 재미있다. 놀이 방법에 따라 다음 3가지로 소개한다.

□**첫번째**

(1) 주먹쥐고 두손을 주먹쥔다.

(2) 손을 펴서 주먹을 편다.

(3) 손뼉치고 두손으로 박수를 친다.

(4) 주먹 쥐고 (1)과 같이

(5) 다시 펴서 (2)와 같이

(6) 손뼉치고 (3)과 같이

(7) 그 손을 위로 두손을 위로 올린다.

## □두번째

노래 그 자체보다 동작을 하나씩 늦춰보는 법도 재미있다.

## □세번째

노래와 동작을 즐겼으면 다음에는 '손 빼기'를 해 본다.

이 가사 중에는 '손'자가 여러번 나온다. 그 '손'자를 빼고 노래를

해 본다. 쉬울 것 같지만 이것이 좀 까다로운 것이다. 분명히 실수하
는 사람이 나올 것이다.

□**요령**

① 동작을 할 경우 어른들은 처음에는 다소 쑥스러운 느낌이 들겠
지만 여러 가지 도입 방법을 고안하여 그것을 완화시키도록 한다.
사용하는 말이 유치하기 때문에 재미있는 것이다.

② '손빼기'의 경우 실수하면 노래가 도중에 끊길 수 있으므로 잘
리드한다.

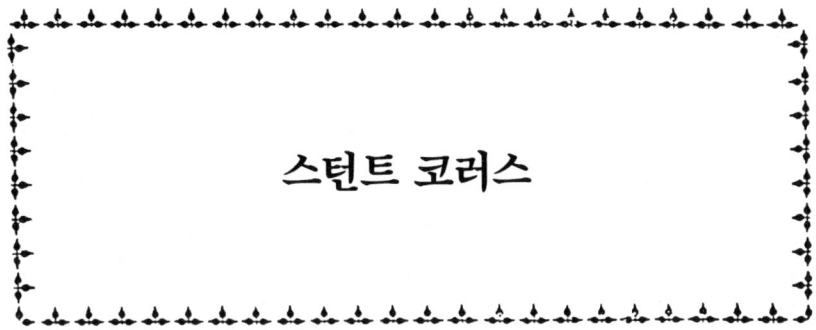

# 스턴트 코러스

## □인원
30명 이상.

## □대형
전원을 2조로 나누어 서로 마주보게 한다.

2조에게 각각 다른 노래를 동시에 부르게 하여 독특한 하모니를 즐긴다. 이것을 스턴트 · 크러스라고 부르고 있다.

선곡에 의해 좋은 하모니가 생기기도 하고 우스운 느낌을 자아낼 수도 있다.

(1) '산토끼'와 '송아지'

(2) '학교종'과 '흰눈 사이로'

(3) '아버지는 나귀 타고'와 '꼬부랑 할머니'

(4) '나리 나리 개나리'와 '무궁화'

(5) '나비야'와 '펄펄 눈이 옵니다'

(6) '오빠 생각'과 '엄마야 누나야'

(7) '머리 어깨 무릎 발'과 '둥근 해가 떴습니다.'

□**요령**

① 누구나 잘 알고 있는 아주 쉬운 노래를 선택할 것.

② 노래를 시작할 때 음정이 맞지 않으면 무슨 노래인지 모를 수 있으므로 리더는 분명하게 음정을 나타내 주는 것이 중요하다.

③ 익숙해 지면 템포가 빠른 것과 느린 것을 조합시키면 한층 재미있다.

④ 익숙해 지면 그 나름대로 재미있고 틀려도 또 재미있다. 따라서 이 경우에는 그다지 전문적인 기술을 요구하지 않는 편이 좋다.

## □인원
가능하면 30명이상.

## □대형
같은 인원수로 3조로 나눈다.

3그룹을 각각 A, B, C라 하고 A는 드럼. B는 플룻. C는 바이올린 연주 제스츄어를 하면서 부른다.

우선 맨처음 전원이 전곡을 노래하고 잘하게 되면 A, B, C로 나누어 노래한다. A는 줌줌이라고 노래하기 시작하고 1번 끝나면 B가 레오레오라고 부르기 시작하고 그것도 1회 끝나면 C가 리리리리하고 노래하기 시작하고 최후에는 동시에 끝낼 수 있게 한다.

전곡이 끝나면 다음부터는 B가 '줌줌'(드럼) C가 '레오레오'(플룻) A가 '리리리리(바이올린)'으로 교대하고 마지막에는 C가 '줌줌' A가 레오레오 B가 '리리'하고 노래한다.

## □요령

① 최초 음 높이를 충분히 주의하지 않으면 끝날 때 즈음에는 소리
가 너무 높아 목소리가 나오지 않게 되므로 리더는 첫 음정을 되도록
낮게 잡는다.

② 모인 남녀 수에 따라 조를 나눈 뒤에는 각각의 부분을 고정시키
고 여성은 언제나 C가 되게 하면 아름다운 하모니를 만들 수 있다.

### 줌줌

줌줌줌줌　　줌줌줌줌줌　　　레오레오　　　레오레 오레오

리리리리　　리리리리리리　　리리리리리리, 리리리리

# 사이 좋은 어미와 새끼

□**인원**

20명 이상.

□**대형**

자유 또는 마주보기.

우선 전원이 '소들은 사이가 좋아. 언제나 음메음메 걸어 다닌다' 라고 노래하고 그 다음부터는 리더와 전원 또는 마주선 2조가 문답식으로 노래부른다. 예를 들면 다음과 같다.

리더 : '원숭이들은 사이가 좋아.'

전원 : '언제나 뒤뚱뒤뚱 걸어 다닌다.'

리더 : '토끼들은 사이가 좋다.'

　　　'언제나 깡총깡총 뛰어 다닌다.'

A조 : '돼지들은 사이가 좋아.'

B조 : '언제나 꿀꿀 걸어 다닌다.'


□요령

1. 예로 드는 동물은 그 어떤 것이든 좋지만 때로는 울음소리나 걷는 모습을 표현하기가 까다로운 것을 넣어 보는 것도 재미있다.

2. 동물뿐만이 아니라 때로는 물고기를 넣어 보기도 한다. '걷는다'라는 표현 외에 다른 상태도 바꾸어도 좋다.

# 글자 빼고 노래부르기

사람들이 모이면 노래가 나온다. 젊은이든, 중년이든, 노인이든, 남자든, 여자든 노래를 부르는 것은 즐거운 일이기 때문이다. 가사 인쇄 준비가 되지 않았을 때 누구나 쉽게 따라 부를 수 있는 노래를 이용해서 글자를 빼고 노래를 불러본다.

그 몇 가지 예를 들어 보면,

## □송아지('송'자를 뺀다)
송아지 송아지 얼룩 송아지
엄마 소도 얼룩 소 엄마 닮았네.

## □나리나리 개나리('리'자를 뺀다)
나리 나리 개나리
입에 따다 물고요
병아리 떼 뺑뺑뺑
봄나들이 갑니다

## □산토끼(토자를 뺀다)

산토끼 토끼야
어디를 가느냐
깡충깡충 뛰면서 어디를 가느냐

# 도레미송

□**인원**

30명 이상.

□**대형**

자유 또는 마주보기.

미국 영화 '사운드 오브 뮤직'의 주제가로 유명한 '도레미송'은 그 자체도 재미있지만 약간 연구해 보면 한층 흥미있어 질 것이다.

예를 들면 다음과 같이 전부 먹는 음식으로 만들어 본다.

'도는 도너츠의 도, 레는 레몬의 레, 미는 미역국의 미, 파는 파래의 파, 솔은 솔잎의 솔, 라는 라면의 라, 시는 시금치의 시, 라라라라 맛있다 !'라는 식으로 또 리더가 묻고 전원이 대답하는 방법과 마주 본 2조가 각각 문답식으로 하는 방법도 있다.

□요령

① 처음에는 2, 3번 도레미송을 불러 잘 연습한다.

② 즉흥적으로 하면 문답식으로 재미있을지 모르지만 미리 준비해 두는 편이 참고가 될 것 같아 예를 들어 보았다.

음식, 동물, 스포츠, 지명

# 동대문

□**인원**
30명~60명.

□**대형**
원.

커플을 만들어 내기에 좋은 게임이다.

전원을 모아 원을 만든다. 그 중에서 임의의 2명(남녀 쌍이어야 한다)을 선택한다. 2명은 서로 두 팔을 어깨 높이로 올려 다리 모양을 만든다. 다른 사람들은 '동대문 노래'를 부르면서 한줄로 밑을 빠져 나간다.

'동동 동대문을 열어라
남남 남대문을 열어라
동동 동대문이 열렸다
남남 남대문이 열렸다'

노래가 끝이 나면 두 사람은 팔을 내리고 다리 밑을 빠져 나가려던 사람을 잡는다. 2명이 되면 새로운 쌍을 이루어 다리를 만들고 마찬가지로 사람을 잡는다.

□ **요령**

① 사람 수가 많을 때는 처음부터 몇 개의 다리를 만들어 두어도 좋다.

② 꼬리잡기 놀이가 아니므로 무리하게 빠져 나가려 하지 않아도 된다.

③ 커플만을 만들 목적이 아닐 경우에는 끝까지 남은 사람에게는 모두가 박수를 보내준다.

## 동 대 문

동동 동대문을 - 열어라, 열어라 동동 동대문이 열렸다 -

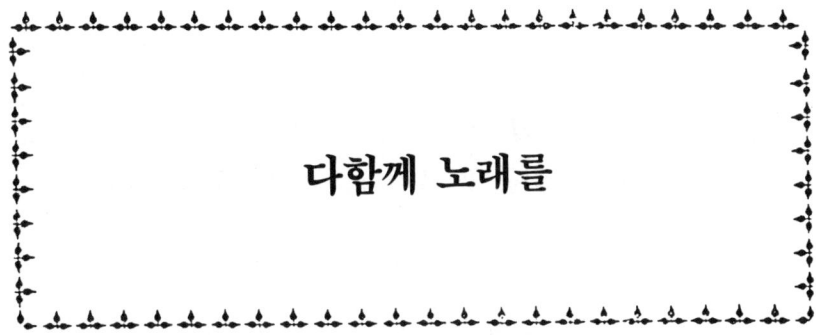

# 다함께 노래를

## □인원
몇 명이든 좋다.

## □대형
자유.

가사에 맞추어 동작을 하는 게임. 즉흥적으로 해도 재미있다.
리더가 우선 노래하고 전원이 뒤를 따라 노래한다.
리더 : '다 함께 노래합시다'
전원 : '다 함께 노래합시다'
리더 : '입을 크게 벌리고'
전원 : '입을 크게 벌리고'
리더 : '입을 크게 벌리고'
전원 : '입을 크게 벌리고'
리더 : '벌려!'
전원 : '벌려!'
리더 : '벌려!'

전원 : '벌려!'

리더 전원 : '아아──'!

2절, 3절로 해감에 따라 '벌리고'를 추가해도 좋다.

동작은 가사대로 표현하면 되며 각자 좋은 생각을 짜내보도록 하자

□**요령**

① 최후의 '아아──'는 리더의 생각만큼 길게 늘려도좋다.

② 리더와 전원의 문답 장소는 반드시 고정되어 있는 것은 아니므로 그때 그때에 따라 적절한 방법이 있으면 그 방법을 이용하는 것이 바람직하다.

③ '벌려' 이하의 동작에는 박수, 악수, 어깨 두드리기 등의 동작이 재미있다.

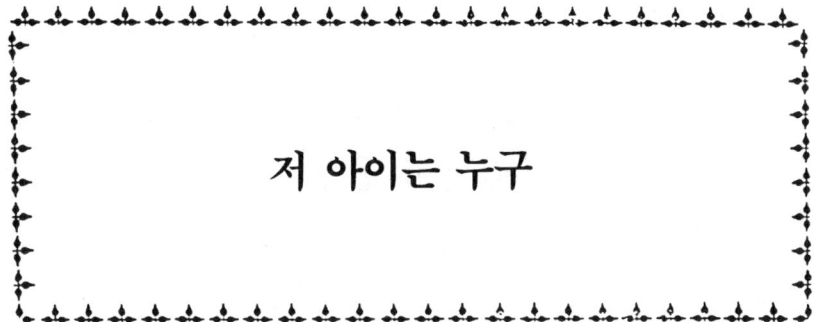

# 저 아이는 누구

리더는 전원에게,

  '저 아이는 누구 누구일까요?

  무슨 무슨 대추의 꽃 아래

  인형과 놀고 있는

  귀여운 순이가 아닙니까?'

를 부르게 하고 다음은 또,

'저 아이는 누구 누구일까요'

까지를 반복하고 다음은 리더가 받아서,

개, 원숭이, 꿩을 모두 데리고

  제주도를 구경하러'

라고 노래하면 전원은

'그것은 울릉도가 아닙니까'

라고 노래로 대답한다.

  일반적으로는 누구나가 알고 있다고 하는 점에서는 동화의 주인공 등을 노래해보면 알기 쉽고 재미있지만 그것들뿐만 아니라 실제의 인물로 그 특징이 뚜렷한 경우에는 잘 표현해보면 즐겁다. 단, 상대를 다치게 하는 것 같은 일이 있어서는 안된다.

# 외국어 공부

미국 민요 '기차길의 노동자'라는 곡으로 외국어에 대한 문답을 하는 게임이다.

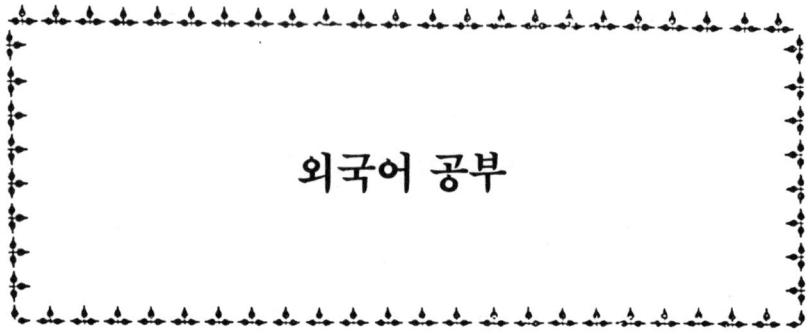

[예]

전원: 외국어 공부 모두 모두 합시다.

리더: '디파아트'는 무슨 말입니까?

전원: '디파아트'는 영어입니다.

리더: 그래요. 그래요. 디파아트는 영어입니다.

전원: 외국어 공부 모두 모두 합시다.

리더: 「야래향」은 무슨 말입니까?

전원: 「야래향」은 중국어입니다.

리더: 그래요, 그래요. 야래향은 중국어입니다.

전원: 외국어 공부 모두 모두 합시다.

리더: 스트로베리는 무슨 말입니까?

전원: 스트로베리는 영어입니다.

리더: 틀렸어요. 틀렸어요. 스트로베리는 딸기입니다.

외국어는 여러가지 연구해보면 좋지만 전개중에 처음에는 매우 진지하게 진행을 하고 마지막 쪽은 유머러스한 결말을 지어 보면 한층 더 즐길 수 있다.

[**참고**]

현재 국내에서 사용되고 있는 외래어 중 그 대표적인 것을 소개해 둔다.

| | |
|---|---|
| 브리키(네덜란드) | 란도셀(네덜란드) |
| 메리야스(스페인) | 소다(네덜란드) |
| 버튼(포르투갈) | 히스테리(독일) |
| 아베크(프랑스) | 카르타(포르투갈) |
| 타바코(포르투갈) | 키세르(캄보디아) |
| 템페로(포르투갈) | 라파(중국) |
| 카스테라(스페인) | 니코틴(독일) |
| 빵(포르투갈) | 페인트(네덜란드) |

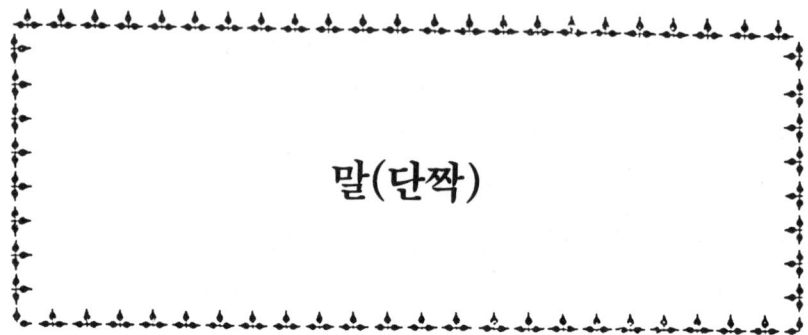

## 말(단짝)

우선 전원이,

말의 어미와 새끼는 단짝

언제나 함께

똑, 똑 걷는다.

라고 노래 부르고 다음부터는 말 부분을 다른 동물로 바꿔서 노래 부르게 한다. 예를 들면,

리더: 원숭이 어미와 새끼는 단짝

전원: 언제나 함께

　　　꺼꺼, 꺼꺼 뛴다.

리더: 돼지 어미와 새끼는 단짝

전원: 언제나 함께 꿀꿀 꿀꿀 걷는다.

때로는 알기 어려운 울음 소리를 넣어 보는 것도 즐겁다.

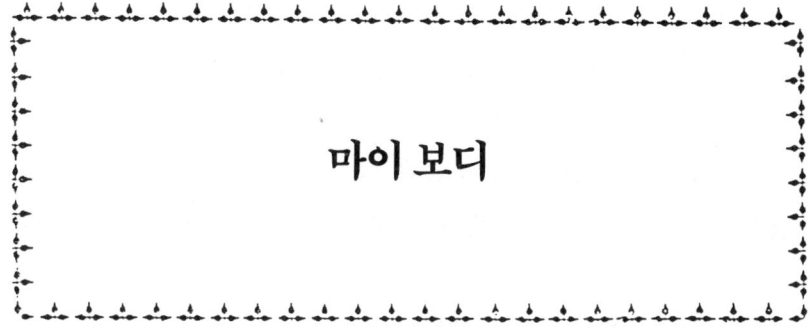

# 마이 보디

## □인원

몇 명이든 좋다.

## □대형

자유.

이것도 가사를 그대로 동작으로 나타내는 것인데 특히 영어로 되어 있어 재미있고 아이들 모임에서는 모두가 흥미로워할 것이다.

(1) 마이 : 자신을 가리킨다.

(2) 보디 : 두손으로 사람의 몸을 나타낸다.

(3) 이즈 : 두손을 합쳐 뺨에 대고 목을 굽히고 눈을 감고 자는 모습

(4) 오버 : 한손을 앞으로 내민다.

(5) 더 오버 : 두손으로 파도치는 모습을 나타낸다.

(6) 마이더 시 : (5)와 같이

(7) 오 : 오른손 엄지와 인지로 원을 만든다.

(8) 브링 : 자신쪽으로 두손을 끌어들인다.

(9) 백 : 오른손으로 등을 가리킨다.

(10) 투 : 손가락 두개(인지와 중지)를 내민다.

(11) (1)과 같이

# 4인 손뼉치기

## □인원
4인 이상 4의 배수.

## □대형
넷이서 원을 만든다.

넷이서 원을 만든다. 각각 마주 보고 있는 사람과 A조, B조가 되고 ① 넷 모두 처음부터 그 자리에서 두 무릎 위를 두손으로 치고 ② 가슴 앞에서 박수를 치고 ③ 최후로 마주 보고 있는 친구끼리 가볍게 두손을 친다. 동작은 이것뿐인데 B조 두사람은 처음에 무릎을 두번치고 그 다음 동작을 이어서 한다. 이로써 B조는 A조보다 한 동작 늦어지게 된다. 이들 동작을 잘할 수 있게 되면 다음에는 발을 이동시켜 회전하면서 한다.

익숙해 가면 알고 있는 노래에 맞추어 하면 한층 재미있어 진다.

## □요령
① A, B를 잘 확인한 다음 시작할 것.

② 최초의 동작 즉 B조가 한박자 늦는다는 것을 천천히 알려야
한다.

③ 네명의 호흡이 잘 맞아야하므로 그 점도 주의하기 바란다.

④ 노래는 3박자인 것이 적당할 것이다.

# 3. 여러 명이 함께 원을 그리며 할 수 있는 게임

이 장에서 다룰 원 게임의 특징은 참가자가 원형으로 위치하여 서로 얼굴을 마주 보거나 상대의 동작을 아는 것으로써 서로 이해를 깊게 하고 유대감을 기하는 원동력이 된다. 그러므로 딱딱한 분위기도 하나의 원 게임을 실시하는 것으로써 부드러워지고 참가자끼리의 대화도 스무스하게 오고 가게 될 것이다.

대형은 손을 잡고 원을 만들고 리더가 중앙에 위치하는 것이 원칙이다. 또 원을 자연스럽게 만드는 것도 리더가 연구할 일이다. 예를 들면, 그 일례로써 우선 2인 1조로 가위 바위 보를 실시하여 진 사람은 이긴 사람의 양쪽 어깨에 두 손을 얹는다. 다음에 이긴 사람끼리 같은 식으로 가위 바위 보를 하여 옆의 인원을 늘려 가면 마지막에는 자연스럽게 원이 만들어지게 되는 것이다.

원 게임은 리더의 위치나 움직임을 잘 알 수 있고 멤버의 동작도 한눈에 알 수 있다. 따라서 리더가 누구를 설명할 경우에도 간단하여 멤버의 이해도 빨라 레크레이션 게임으로써는 빼놓을 수가 없다. 집회 마지막에는 원 대형으로 전원이 합창을 하여 참가자의 마음을 하나로 모은다.

# 리더 찾기 게임

## □인원
20~100명.

## □대형
원. 술래 이외는 전원 중심을 향한다.

## □방법
우선 게임을 시작하기 전에 미리 참가자 중에서 술래가 될 사람을 지명하고 원 밖으로 나가게 한다. 다음에 술래가 누가 리더인지 알지 못하게 원 안에 있는 누군가를 리더로 정한다. 리더가 정해지면 술래는 원 안에 위치한다.

게임 개시 신호가 있으면 리더는 맨 처음 동작을 시작한다. 박수를 치거나 어깨를 두드리거나 발을 구르거나 리더가 된 사람은 동작을 여러 가지로 바꿔가고 다른 사람들은 전원 리더가 하는 동작을 흉내낸다. 한편 동작이 시작되면 술래는 곧 원 안으로 들어가 누가 맨 처음 동작을 바꾸는지 잘 찾아낸다. 즉 리더는 술래가 보지 않을 때 기민하게 동작을 바꾸고 술래는 그것을 간파해야 하는 것이다.

같은 동작을 계속하거나 동작에 별로 변화가 없으면 게임이 흥미가

없어지므로 신호 후 5초 이내에 동작을 바꾸도록 하거나 동작을 크게
하면 재미있을 것이다.

　리더를 알아내거나 술래가 너무 오랫동안 리더를 찾아내지 못하면
술래를 교대하고, 또 사람이 많을 때는 술래를 복수로 해도 재미있을
것이다.

# 재미있는 12지 게임

## □인원
10명 이상. 많을 때는 팀 게임으로 한다.

## □대형
원. 전원 중심을 향해 앉는다.

## □방법
원으로 둘러 앉는다. 우선 리더에게 지시받은 사람부터 순서대로 시계 방향을 따라 '생쥐', '소', '호랑이', '토끼', '용', '뱀', '말', '양', '원숭이', '닭', '개', '돼지'라고 12지를 외친다. 그 동안 소에 해당되는 사람은 소라고 하지 말고 '음메'라고 하고 '호랑이'에 해당되는 사람은 '어홍' 하면 된다.

도중에 틀리면 그 사람은 제외하고 처음부터 다시 시작하는 게임이다. 사람 수가 많을 경우에는 팀 대항으로 실시해도 충분히 즐길 수 있다. 미리 게임을 시작하기 전에 12지를 대신할 말을 연습해 두도록 한다.

346

## 그것이 정말이라면?

두 사람의 의사가 이야기를 주고 받고 있었다.
"나는 최근에 아주 훌륭허 콘돔을 만들었다네."
"어디 한 번 보여주겠나?"
그리하여 의사는 하녀를 불렀다.
"마님의 풍선을 가져와요. 아마 장롱 속에 있을 거야."
"나으리, 마님은 외출하실 때 그것을 가지고 나가셨는데요."
".........?"

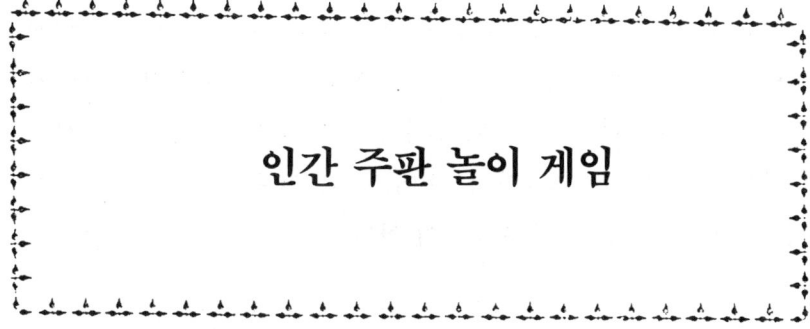

# 인간 주판 놀이 게임

## □인원
1그룹 9명. 몇 그룹이 실시한다.

## □대형
각 그룹 하나의 원. 전원 중심을 향한다.

## □준비
카드(각자 1장. 없으면 종이로 카드를 만든다). 사인펜.

## □방법
우선 각 그룹은 원을 만들어 앉는다. 미리 1에서부터 9까지의 번호를 쓴 카드를 준비하여 각자 1장씩 가슴에 붙여 서로 잘 보이도록 해 놓는다. 준비가 다 되면 드디어 게임 개시.

리더가 예를 들어 '4원이요, 9원이요, 10원이요……'라는 숫자를 부른다. 각 그룹의 멤버는 그것을 전원이 암산으로 더하여 답을 낸다. 그리고 그 금액이 되는데 필요한 숫자를 가진 사람이 모여 '완성'이라고 말하며 선다. 빨리 계산하여 선 그룹이 승리하게 되는데,

단 가능한 적은 인원으로 그 답을 낸 그룹이 최종적으로 승리하게 된다. 즉 답이 39원일 경우 6원을 제외한 모든 사람이 서면 정답이지만 그 경우는 8명이 서게 된다. 그러나 그 보다 1원, 2원, 3원인 사람이 앉아 있으면 다른 6명이 선 것이 되고, 39원이 되는 것이다. 이 게임도 사전에 연습을 잘 해두어야 한다.

# 곰이 왔어요!

## □ 인원

30명 이상, 몇 명이든 좋지만 1조는 10명 정도가 적당.

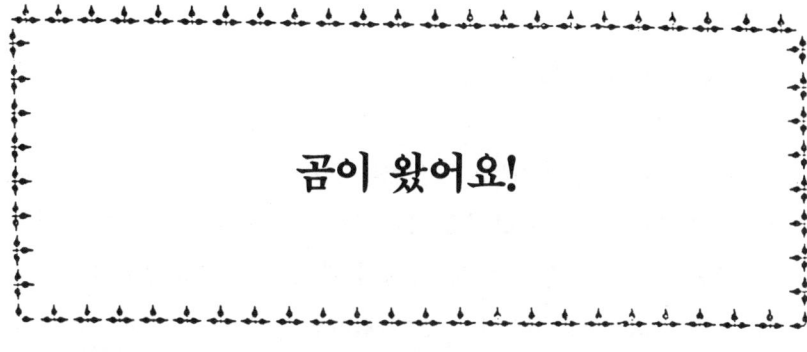

## □준비

원을 만들고 앉는다.

원을 같은 수로 만들어 각자 번호를 붙여둔다.

우선 1은 2에게 '곰이 왔어요'라고 한다. 그는 곧 1에게 '어디에서 왔어요?'라고 묻고 1은 다시 '북극에서 왔어요'라고 대답한다.

이것으로 1회 끝. 이어서 1은 2에게 마찬가지로 '곰이 왔어요'라고 하면 2는 3에게 마찬가지로 '곰이 왔어요' 3은 2에게 '어디에서 왔어요?'. 그는 다시 1에게 '어디에서 왔어요?' 1은 2에게 '북극에서 왔어요' 그럼 2는 3에게 '북극에서 왔어요'라고 대답하여 제 2회는 끝. 1은 2에게 2는 3에게 3은 4에게 '곰이 왔어요'라고 전하고 4 '어디에서 왔어요'라는 말을 4쪽에게 한사람씩 전한다. 이렇게 해서 1에서부터 차례로 전달하여 다시 1로 되돌아 가는 게임.

말을 짧게 바꾸어 '개가 왔어요' '아니'만으로 해도 재미있다. 이 경우는 '아니'라는 곳에서 놀란 제스츄어를 붙여 보면 한층 재미있어질 것이다.

## □요령

① 말이 반드시 1까지 되돌아가도록 철저히 알려둘 필요가 있다. 설명만으로는 잘 이해하기 힘이 듦으로 요점만을 이야기하고 그 뒤는 동작으로 해 보는 편이 좋다.

② '곰이 왔어요'라는 말을 '우리집 돼지가 죽었어요' '왜 죽었어요' '이렇게 죽었어요!'라고 바꾸는 방법도 있다.

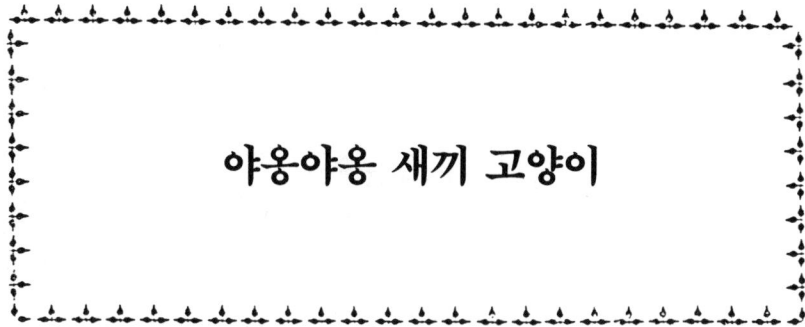

# 야옹야옹 새끼 고양이

이것은 새끼 고양이가 놀고 있는 것에서 힌트를 얻은 것으로 자리 잡기 게임의 일종이다.

## □인원
20~50명 정도.

## □대형
원. 술래가 될 사람 이외는 각자 자리에 앉는다.

## □방법
술래는 원 중앙에 위치한다. 이것을 새끼 고양이로 본다. 다른 사람들은 누군가 상대를 보아 야옹야옹 하면서 손짓 신호를 보낸다. 그리고 술래의 틈을 노려 서로 있는 장소를 교환한다. 이 자리를 뜨는 틈을 노려 술래는 자리를 빼앗고 빼앗긴 사람이 다음 술래가 된다.

넓은 장소에서 이 게임을 실시할 경우는 반드시 원 대형이 아니어도 좋을 것이다. 단 어디에서나 자유로이 자신의 자리를 정해도 좋지만 자리를 교환해도 그 자리를 알 수 있도록 해 둘 필요가 있다.

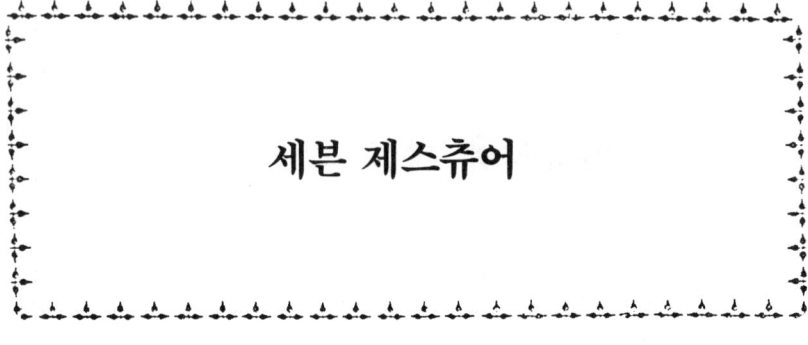

# 세븐 제스츄어

## □인원

1팀 10명 정도. 여러 팀이 실시한다.

## □대형

원.

## □방법

각 팀은 원으로 앉아 리더의 신호로 선두 사람부터 시계방향으로 '1', '2', '3'이라고 순서대로 숫자를 외친다. 도중에 7과 7의 배수가 되는 숫자에 앉아 있는 사람은 숫자를 외치는 대신 손을 '탁' 치도록 한다. '8', '9', '10'이라고 계속하다가 '14'에서 '탁' 그리고 63까지 계속하면 득점 1점이 된다. 단 손을 치는 장소를 틀렸을 경우에는 '1'에서부터 다시 시작하도록 한다.

이 게임은 1팀이 해도 되지만 사람수가 많을 경우는  여러 팀으로 나누어 5회 정도의 대항전을 실시하도록 한다. 1회는 5~7분간으로 시간을 정하는 편이 게임 템포도 빨라져 재미있을 것이다.

# 집단 가위 바위 보

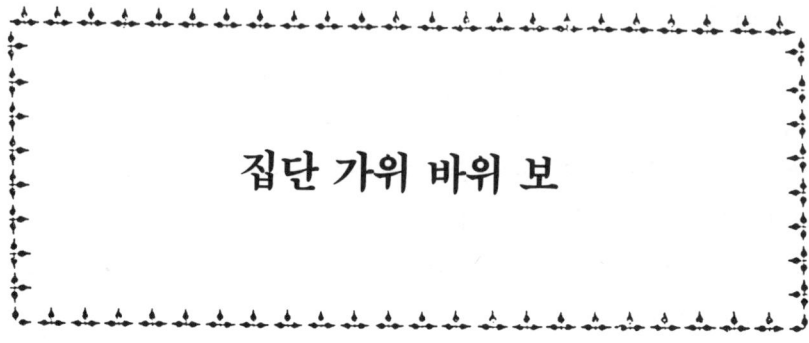

캠프 파이어 주위의 넓은 잔디 위에서 또는 실내 바닥에서 가볍게 즐길 수 있는 게임이다.

## □인원
1팀 5~30명. 2팀이 실시한다.

## □ 대형
원을 2팀으로 만든다.

## □ 방법
각 팀의 멤버는 각각 자기 옆에 앉아 있는 사람과 손을 잡는다. 게임을 개시하기 전에 미리 각 팀은 감독을 1명 정해둔다.

그리고 팀의 감독은 우선 미리 '주먹'을 낼 것인지 '가위'를 낼 것인지 '보'를 낼 것인지를 결정하고 자신의 좌우 사람에게 손을 통해 알린다. 그 신호 방법은 각 팀이 상의한다(예를 들면 한 번 꾹 잡으면 바위, 두 번 꾹꾹 잡으면 가위, 세 번 꾹꾹꾹 잡으면 보라는 식으로).

감독으로부터 연락을 받은 사람은 또 옆 사람에게 신호를 보낸다. 이렇게 해서 각 팀의 멤버는 계속해서 옆 사람에게 신호를 보낸다. 그리고 끝 사람에게까지 신호가 갔으면 그것을 심판(리더)에게 알린다.

심판이 신호가 다 간 것을 확인했으면 각 팀은 전원 잡은 손을 놓고 리더의 '가위 바위 보'라는 구령에 맞추어 전원 일제히 가위 바위 보를 한다.

각각 팀 중에는 덤벙대는 사람이 있어서 다른 사람과 다른 것을 내는 사람도 있고 잘못된 신호를 주고받은 사람도 있다. 팀 전원이 같은 것을 내지 않았을 경우에는 당연 그 팀의 반칙패가 된다.

게임을 시작하기 전에 연습을 1, 2회 하여 게임의 요령을 잘 이해한 뒤 개시한다. 또 이 놀이는 3~5회전 정도가 적당할 것이다.

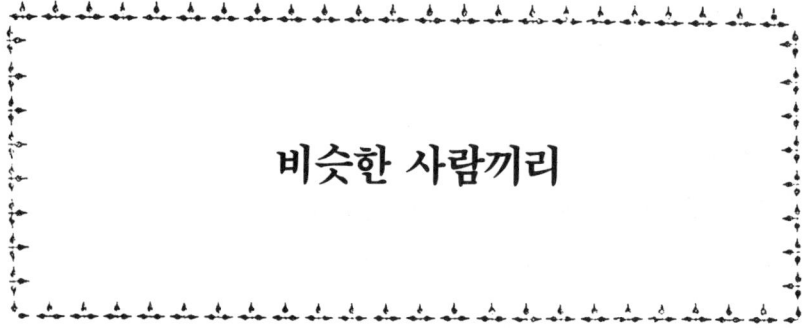

# 비슷한 사람끼리

원 게임 중에서도 자리를 서로 빼앗는 게임은 어린아이부터 어른까지 누구나 좋아하는 놀이이다. 이런 종류의 게임은 여러 가지가 있으나 대부분 방법은 같다.

## □인원
20~50명.

## □대형

원, 전원 의자에 앉아 중심을 향한다.

## □방법

우선 맨처음 술래가 될 사람을 한 명 정한다(리더가 해도 좋다). 술래는 원내에 서서 '안경을 낀 사람'이라고 큰소리로 외치면 안경을 낀 사람들은 일어나 자리를 떠야 한다. 이때 술래는 어디든 비어 있는 자리에 살짝 앉는다. 의자는 당연히 하나가 부족하게 되고 앉지 못하는 사람이 생긴다. 그리고 그 사람이 다음 술래가 되는 것이다. '손목시계를 차고 있는 사람!', '스커트를 입고 있는 사람'이라는 식으로 계속 지적해 나간다. 전원을 이동시키고 싶을 때는 '돈을 갖고 있는 사람'이라는 식으로 전원에게 공통되는 사항을 생각해 내면 되는 것이다.

# 얼마 벌었습니까?

돈이라는 것은 어지간히 운이 없어야 벌 수 있다는 것을 실험하는 것 같은 게임이다.

## □인원
15～50명.

## □대형

원. 의자에 앉아 중심을 향한다.

## □준비

종이, 필기도구.

## □방법

참가자는 미리 건네받은 종이를 셋으로 접어 그 세 개의 종이 하나를 1원이라고 생각하고 각각 3원씩 지니고 있다. 리더의 '거래 시작'이라는 신호에 따라 누구와도 상관 없으므로 일어나서 가위 바위 보를 한다.

가위 바위 보에서 이긴 사람은 1원짜리를 한 장 받고 진 사람은 지불한다. 다음에 또 가위 바위 보를 하고 누가 오랫동안 가는지를 보는 게임이다. 가위 바위 보에서 져 빈털털이가 된 사람은 의자에 앉는다. 자, 누가 부자가 되었는가?

[주의] 이긴 사람이 적어지면 혼자서 갖고 있는 돈이 많아져 1회의 가위 바위 보로 1장씩 주고 받으면 시간이 많이 걸리게 된다. 그렇게 되면 의자에 앉아 있는 사람들은 지루해지므로 시간을 정해 놓고 하든가 룰을 조금 변경하여 1회의 가위 바위 보로 3장 이상을 주고 받아도 좋을 것이다.

또 어린아이를 대상으로 할 경우에는 돈을 주고 받는 대신 '조개'나 '밤' 그림을 그려 그것을 주고 받는 방법도 좋을 것이다. 룰은 같다.

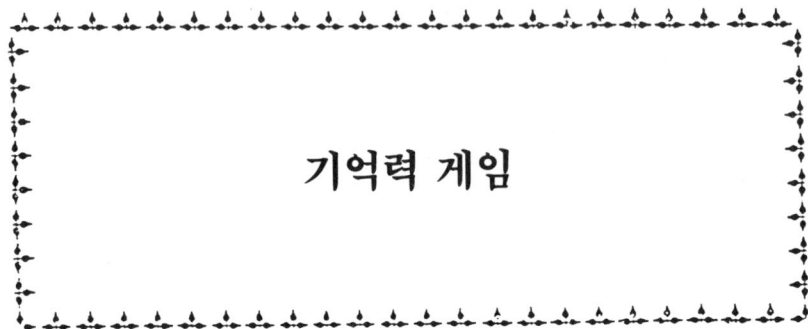

# 기억력 게임

기억력을 겨루는 게임은 여러가지가 있으나 이 게임은 리더의 유머러스한 사회가 게임을 한층 재미있게 한다. 게임은 승부를 문제로 삼는 것이 아니고 경쟁 과정을 즐기는 것이다.

## □인원
20~40명. 가능하면 청백전으로 실시한다.

## □대형
원. 전원 중심을 향해 바닥이나 의자에 앉는다.

## □방법
리더는 전원에게 꽃 이름을 하나씩 말하게 한다. 그 때 전원의 기억에 그 꽃 이름이 잘 남도록 하나 하나 따라하게 한다. 예를 들면,

참가자 A : '해바라기'

리더 : '네, 해바라기요. 여름에 피는 가장 큰 꽃이지요.'

참가자 B : '제비꽃'

　　리더 : '산기슭에 청초하게 핀 제비꽃입니다.'

라는 식으로 리드한다. 전원이 꽃 이름을 말한 다음 드디어 게임 개시
이다.

　　리더는 게임을 할 대표를 선정한다. 이번에는 남자 대표로서 A군,
여자 대표로서 B양을 선발한다.

　　A군과 B양은 가위 바위 보로 선공을 정한다. B양이 선공이 되었
다. 리더는 B양을 원 안에 세우고 일정시간 내에 방금 전에 들은
꽃 이름을 가능한 많이 들게 한다. 자신이 말한 꽃 이름을 B양이
대면 그 사람은 제자리에 일어선다. 이렇게 하여 시간 내에 몇 개의
꽃 이름을 댈 수 있는지를 겨루는 것이다. B양은 1분에 16가지를
말했다. 이번에는 A군이다. 리더의 신호로 A군이 꽃 이름을 댔는데
10가지밖에 말하지 못했다.  B양의 승리이다. 역시 꽃 이름이니까
여자 쪽에게 유리할 것이다.

　　이 게임은 꽃만이 아니고 동물 이름, 과일 이름을 사용해도 좋다.

# 나와 가위 바위 보

이 게임도 리더의 유머러스한 화술이나 리드를 필요로 하는 놀이이다. 왠지 참가자들의 분위기가 가라 앉아 있을 때 아이스브레이킹 게임으로써 실시해 보는 것도 좋을 것이다.

### □방법
리더는 원 중앙에 서서 큰 목소리로,

"자, 여러분. 전원이 나와 가위 바위 보를 합시다. 어떻습니까? 그럼 큰 소리로 가위 바위 보."

"나는 보를 냈습니다. 진 사람은 원으로 들어와 주십시오. 아주 많군요. 그럼 벌칙으로 오리 흉내를 내며 오리 걸음을 걸어 주십시오."

라는 식으로 전개하여 분위기를 밝게 이끌어 가는 것이다.

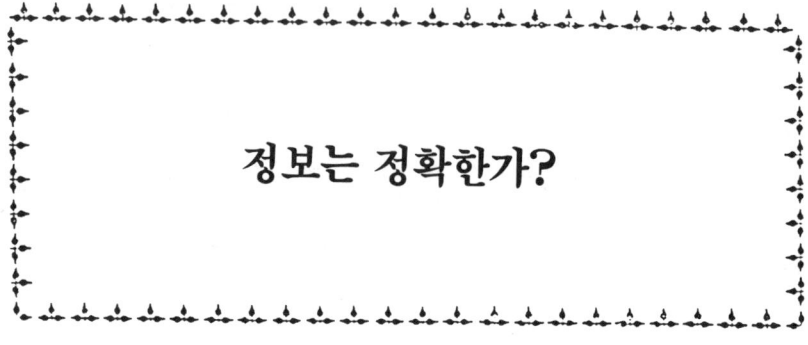

## 정보는 정확한가?

## □인원

1팀 10~20명. 2팀이 실시한다.

## □대형

원. 원을 중심으로 같은 간격으로 앉는다.

## □방법

리더가 준비한 정보(예문 참조)를 맨처음 사람부터 마지막 사람까지 어느 쪽 팀이 정확하게 전달할 수 있느냐 하는 게임이다. 승부는 그 전하는 속도와 정확함으로 결정한다.

이 놀이는 사람에서 사람에게로 전달되어 가는 정보에 얼마나 오류가 많은가를 실험적으로 알아볼 수 있는 게임이다.

## □예문

오이양 친구 가지양이 옆 마을로 장을 보러 가서 귤과 감자와 고무장갑 그리고 어머니가 부탁한 영양크림을 사왔습니다.

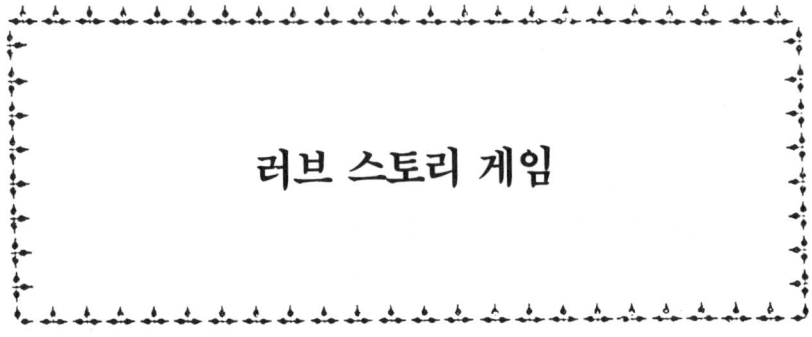

# 러브 스토리 게임

## □준비

없음.

## □진행 방법

전원 원형으로 늘어서서 안쪽을 향한다(장소에 따라서 서 있거나 앉아 있어도 괜찮다). 원 안에 리더가 선다.

리더의 '시작' 신호로 시계반대방향으로 '사랑하고 있다', '사랑하고 있지 않다' 교대로 한 사람씩 외쳐 간다.

적당한 때를 봐서, 리더는 스톱을 건다. 예를 들면 '이 사람으로부터 3명째에 스톱'등이라고 하는 것 같이 말이다.

스톱을 걸린 아이(A라고 한다)가 '사랑하고 있다'의 말로 끝났다고 하자. 리더는 5문항 정도 마음대로 질문을 한다.

리더 : "누구를 사랑하고 있습니까?"

A : "텔레비젼에 나오는 탤런트."

리더 : "성별과 대략의 연령은?"

A : "남성으로 23세 정도의 사람."

등이라고 하는 것 같이. A는 의중 인물의 개요를 대답 속에 집어

넣어 간다.

　리더가 5문항 다 낸 후, 전원이 A의 의중의 인물을 알아 맞힌다. 알아 맞히면 박수를 치고 다시 처음부터 마찬가지로 게임을 진행해 간다.


□**유의점**

① 대답 속의 인물이 모두가 알기 쉬운 사람이라면 질문의 내용과 뒤얽혀서 보다 재미가 생긴다.

② 예로써 '사랑하고 있다'의 경우를 들었지만, '사랑하고 있지 않다'의 경우도 리더의 아이디어 있는 질문으로 진행해 가면 재미있을 것이다.

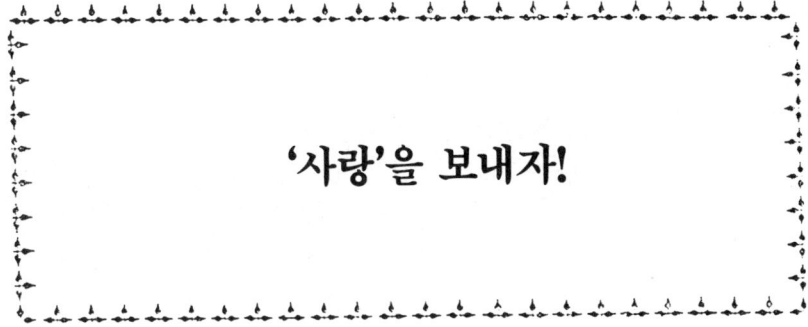

# '사랑'을 보내자!

## □인원
1팀 10~20명. 2팀이 실시한다.

## □대형
원.

▲부끄러워 하지 말고 당당히 실시하도록 하자.

## □방법

서클을 2개의 팀으로 나눈다. 리더의 신호로 각팀 첫 번째 사람이 두 번째 사람에게 '사랑합니다!'라고 한다. 두 번째 사람은 '뭐라구요?'라고 첫 번째 사람에게 되묻는다. 첫 번째 사람은 다시 '사랑합니다!'라고 두번째 사람에게 말한다. '사랑합니다.'라는 말을 두 번 들은 사람은 세 번째 사람에게 '사랑합니다.'라는 말을 보낸다. 세 번째 사람은 두 번째 사람에게 '뭐라구요?'라고 되묻는다. 두 번째 사람은 또 첫 번째 사람에게 '뭐라구요?'라고 되묻는다. 첫 번째 사람은 또 계속해서 '사랑합니다.'라고 두 번째 사람에게 말하고 두 번째 사람은 세 번째 사람에게 '사랑합니다!'라고 릴레이한다. '사랑합니다!'라는 말을 두 번 들은 세 번째 사람은 네 번째 사람에게 '사랑합니다!'라는 말을 보낸다. 즉, '뭐라구요?'라고 되묻는 말은 매번 첫 번째 사람에게 되보내지는 것이다.

이렇게 해서 어느 팀이 빨리 마지막 사람에게까지 '사랑합니다!'라는 말을 릴레이하는지로 승부를 가린다. 실제로 해 보면 무척 재미있는 게임이다.

몇 번인가 실시하여 익숙해지면 '뭐라구요?'라고 되물을 때 어떤 동작을 붙여(예를 들면, 두 손을 벌리고 놀라는 표정으로) 말과 함께 같은 동작을 첫 번째까지 보내는 식으로 해 보는 것도 재미있을 것이다. 사람에 따라서는 여러 가지 색다른 제스츄어를 고안해 내 한층 재미있는 게임을 만들 수 있을 것이다.

# 4. 몸을 움직이면서 하는 게임

몸을 움직이면서 하는 게임은 재미와 흥미뿐 아니라 스킨쉽 형성에 도움을 준다.

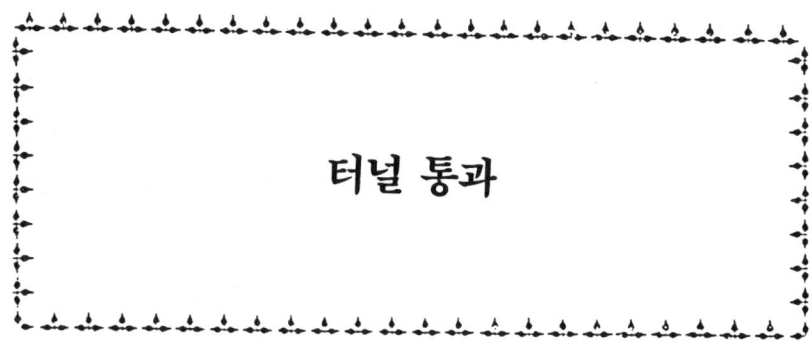

# 터널 통과

□ **인원**

20~150명 정도.

□ **대형**

원.

## □방법

참가자 중 2명을 선발하여 그 두 명이 서로 마주 보고 두 손을 잡아 터널을 만들게 한다. 다른 사람은 그 터널 속을 시계 반대 방향으로 빠져 나간다. 전원이 템포가 빠른 노래를 부르면서 앞 사람 어깨에 손을 얹고 진행한다.

리더는 도중에 적당할 때 휘슬을 분다. 그 신호로 두 사람은 두 손을 내려 터널에 사람을 가둔다. 그때 터널 속에 갇힌 사람은 아웃이 된다. 아웃된 사람은 터널을 만들어 다른 사람을 잡는다. 점점 진행됨에 따라 터널이 늘어나고 끝까지 남는 사람이 승자가 된다. 어깨에서 손을 떼거나 터널에 갇힌 사람은 아웃이다.

# 손 잡기

## □인원
40명 정도. 가능하면 청백팀으로 실시한다.

## □대형
2중원. 안쪽 사람은 원을 중심으로 향한다.

## □방법

전원이 노래를 하면서 바깥 원 사람은 그 노래에 맞추어 진행한
다. 리더의 호루라기 신호로 바깥 원 사람은 서둘러 안쪽 원 사람
앞으로 나가 두 손을 잡는다. 다음에 안쪽 원에 있는 사람을 한 명
줄이고 같은 동작을 실시한다. 계속해서 안쪽 원 사람을 한 명씩 줄여
가 끝까지 남은 사람을 챔피온으로 한다.

의자(자리) 잡기 게임의 변형인데, 이 방법으로 게임을 실시하면
참가자끼리 빨리 친해지게 된다. 이 놀이는 안쪽을 여성, 바깥쪽을
남성으로 하여 청백으로 실시하면 게임의 분위기는 한층 좋아진다.

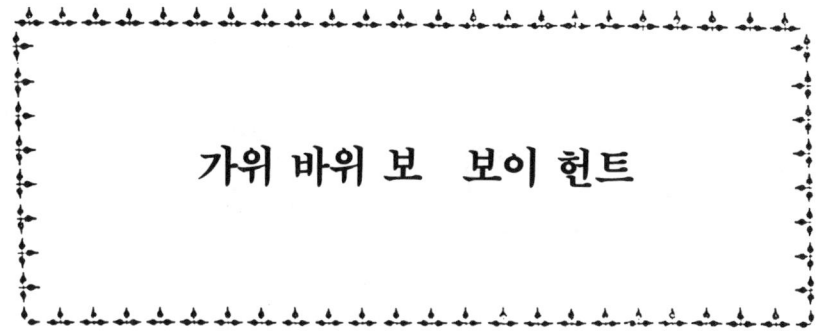

# 가위 바위 보  보이 헌트

□**준비**

없음.


□**진행 방법**

　전원 중에서 귀신을 3명 뽑는다. 다른 아이들은 마음대로 퍼져서 앉는다.

　세 명의 귀신은 전원에게 잘 보이는 중앙으로 나가서 가위 바위 보를 한다. 이긴 귀신은 귀신 이외의 누군가 한 명과 가위 바위 보를 한다. 귀신이 이기면 진 아이는 그 귀신의 그룹으로 들어가지 않으면 안된다. 각각의 귀신의 진지는 미리 정해져 있고 그곳에서 대기한다. 귀신이 지면 그 그룹은 멤버 획득을 할 수 없다.

　다음에 다시 세 명의 귀신이 가위 바위 보를 해서 마찬가지로 진행해 간다.

　마지막으로 3명의 귀신이 각각 몇 명의 멤버를 모았느냐로 승패를 결정한다. 즉, 가위 바위 보에서 많이 진 귀신일수록 자신의 동료가 늘지 않는 것이다.

　일정한 시간을 정하고 다음 세 명의 귀신을 새롭게 뽑아서 게임을

계속해 간다.

## □유의점

① 세 명의 귀신이 경쟁의 중심이 되기 때문에 미리 몇 분 이내에 승패를 결정할지를 전달해 둔다.

② 귀신은 반드시　3명이 아니라 5명이라도 상관없지만 너무 가위바위 보 상대가 늘면 승부가 결정되지 않는 경우가 많아진다.

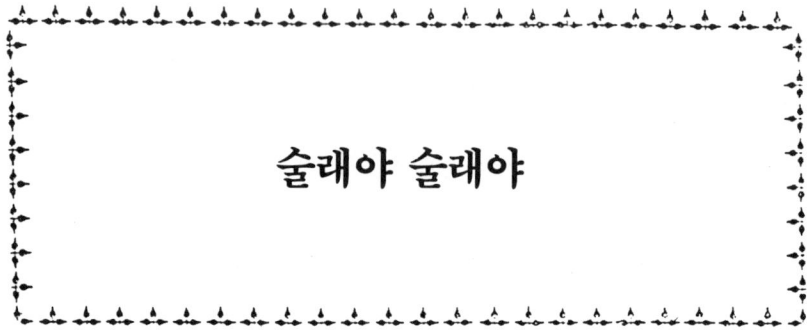

# 술래야 술래야

## □포인트
목표 인물을 공격하는 재미.

## □진행 방법
(1) 리더는 졸개를 6~7명 뽑아 뒤에 서게 한다(두 손으로 앞 사람 허리를 잡는다)

(2) 리더와 졸개들은 '술래 술래야……'라고 큰 소리로 외치면서 멤버들 사이를 걷는다.

(3) 그 소리를 내고 있는 동안 리더는 뒤에 있는 졸개들이 겨냥할 인물의 특징을 속삭인다.

(4) 목표가 된 인물의 지시가 다 되었으면 리더의 신호에 따라 졸개들은 그 인물을 포위하고 춤을 춘다.

(5) 리더는 '그 인물은 내 왕비다' '뭔가를 해 주어라'라고 한다. 그러면 뭔가를 해 주어야 한다.

## □유의점
'술래 술래야……'는 적당한 리듬을 붙여 하도록. ……의 부분은 리더가 적당한 말을 붙인다.

**〈예〉**

술래 술래야 뭐하니. 잠 자니 술래야.

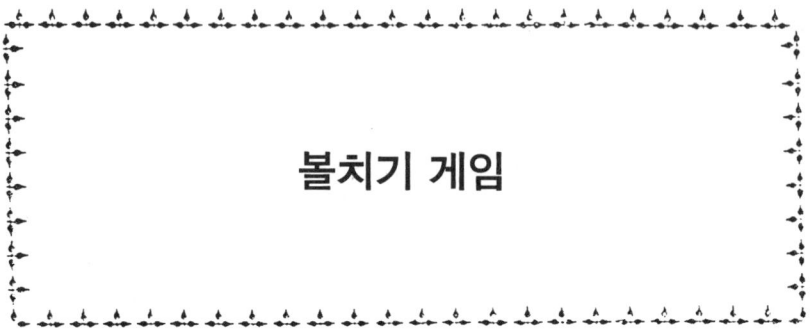

# 볼치기 게임

참가자 중 1명을 술래로 뽑아 원 바깥쪽에 세우고 나머지는 원을 만들어 그 중의 1명에게 볼을 갖게 한다.

볼은 차례차례 원 주위를 손에서 손으로 건너가지만 술래는 바깥쪽에서 그 볼을 쳐서 떨어뜨리려고 하고 자신의 손 안에 있는 동안에 술래에 의해 볼을 떨어뜨린 사람은 새로운 술래가 되어 게임은 계속되어 간다.

볼은 좌우 어느쪽으로 돌아가도 좋고 사람 수에 따라서는 볼의 수를 늘려도 재미있다.

# 낙뢰 볼

참가자 중에서 2명을 뽑고 나머지는 원을 만들어 원 중심을 향한다. 두 명은 눈가리개를 하고 원 중앙에 서서 콰르릉(천둥)과 번쩍번쩍(번개)이 된다.

원 안의 두 명을 뽑아 붉은 공과 푸른 공을 건네고 천둥과 번개가 쿠르르 번쩍번쩍하고 큰 소리로 외치면 붉은 공과 푸른 공을 반대 방향으로 돌린다.

적당한 때를 봐서 천둥이 '쾅'하고 벼락을 치면 그 때 공을 가지고 있던 사람은 그 자리에 서고 다른 사람은 이미 정해져 있는 피뢰지로 달아나지만 공을 쥔 사람은 그 사람들을 던져 맞히고 맞은 사람은 교대하지 않으면 안된다.

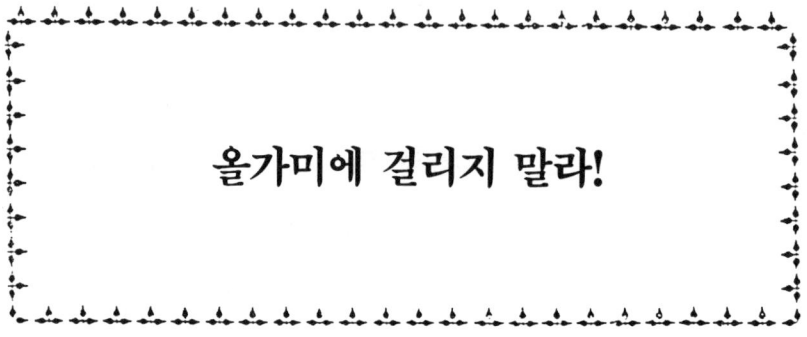

## □인원
2인 1조로 10명 정도.

## □대형
리더(심판)를 경기자가 볼 수 있는 대형.

## □준비
귤, 굵은 끈 또는 줄(너무 가늘거나 단단한 것은 피한다).

## □방법
귤 몇 개를 책상 위에 얹는다. 그리고 굵은 끈 중앙에 고리(직경 30센티 정도)를 만들어 그 양끝을 둘이서 단단히 잡고 그 고리가 귤을 얹어 둔 책상 위에 닿을 정도의 높이로 장치한다(이상 귤을 지키는 조).

다음에 공격조(귤을 집는 조)는 고리 앞에 위치하고, 재빠르게 손을 뻗어 고리에 손을 넣어 반대쪽에 있는 귤을 집는다. 그때 끈 양끝을 잡고 있는 2명은 귤을 잡지 못하도록 핀트를 잘 맞추어 끈을 잡아당긴다.

공격조가 귤을 집으면 공격 팀의 승리. 고리에 잡히면 공격팀의 패배가 되어 공수 교대.

### □주의

공격쪽이 귤을 잡는 척 하는 제스츄어는 허락하고, 수비쪽이 끈을 잡아당겨 끈이 묶여 버리면 그 팀의 패배가 된다. 또 공격 제스츄어도 손을 고리 속에 넣어서는 안된다라는 식의 룰을 사전에 협의하기 바란다.

# 그림 맞추기 게임

## □인원
2인 이상 20명 정도.

## □준비
그림 엽서.

## □방법

이 게임의 방법은 우선 몇 장의 그림 엽서를 상하나 좌우로 2분하여 뿌려둔다. 리더의 신호로 참가자는 각자 그 1장을 집어 서로 그림을 보이면서 빨리 자신의 그림이 맞는 상대를 찾아 완전한 그림을 만든다.

# 하긴 그래

한 신사가 길을 가다가 갑자기 오줌이 마려워졌다. 이제 더이상 참을 수가 없다. 여기 저기 둘러보니 마침 한 곳에 공중변소가 눈에 들어온다. 그 신사는 냅다 그곳으로 달려 갔다. 그리고는 지체없이 뛰어들려고 하니 공교롭게도 만원이었다. 신사는 몸을 뒤틀면서 체면도 아랑곳 없이 안절부절 못하였다. 죽을지경이란 바로 이런 경우를 두고 한 말인 것 같다. 끝내 견디지못한 신사, 그만 변소 밖에서 일을 치루고 만다. 마침 그곳을 지나가던 경찰관 아저씨가 그것을 보고는 달려와서,

"여보시오. 여봐요, 그런데서 용변을 보시면 안됩니다. 모두가 그런 짓을 하면 어떻게 됩니까?"

"그야 모두가 이렇게 하면 변소 안은 비겠지요."

# 제 2 장

## 여럿이 함께 즐기는
## 대항게임

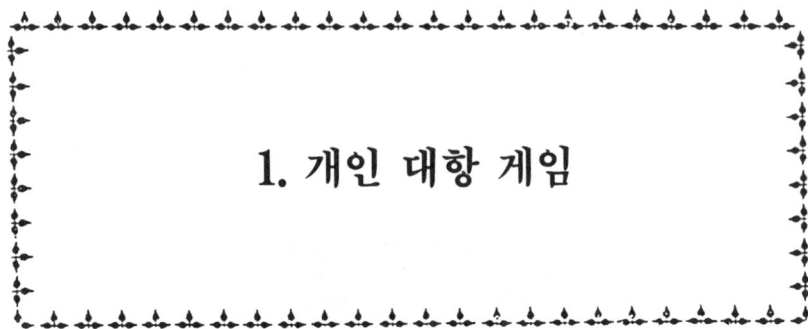

# 1. 개인 대항 게임

    게임을 통해 즐거운 분위기를 만들기 위해서는 우선 참가자 끼리 서로 잘 알게 되는 것에서부터 시작된다. 대항 게임은 참가자들이 처음 만났을 때 '안녕하세요'라는 인사 대신 실시하기 바란다.

    또 대항 게임은 참가자를 2팀으로 나누는 것과 2인 1조가 되어 서로 경쟁하는 형식 2가지가 있다. 어느 형식이든 동시에 많은 사람이 참가하여 즐길 수 있는 것이 특징이다.

    그리고 리더는 누구나 참가할 수 있도록 스무스하게 유도하는 것이 중요하다. 어른이나 아이나 경쟁은 아주 좋아하고 게임 진행에 따라 자연스럽게 무드도 조성된다. 리더는 무드에 따라서는 청백, 부자간, 커플, 직장별 등으로 팀 나누기, 커플 나누기에 신경을 써 경쟁심을 한층 북돋우도록 한다.

    준비가 필요한 게임은 사전에 연습을 해 두고 참가자가 충분히 이해를 한 다음 게임을 개시하도록 한다.

# 난쟁이 놀이

## □인원

몇 사람이든. 남녀 · 어른 아이 등으로 조를 나누어 보아도 좋을 것이다.

## □대형

2인 1조로 마주본다.

▲난쟁이 게임은 어른이나 아이나 즐겁게 할 수 있는 가위 바위 보 게임이다.

## □방법

우선 2인 1조로 마주보고 가위 바위 보를 한다. 이긴 사람은 진 사람의 머리를 손으로 눌러 5㎝ 정도 키를 낮추게 한다. 진 사람은 키를 낮춘 자세로 계속해서 가위 바위 보를 한다. 즉 1회 가위 바위 보에서 질 때마다 5㎝씩 자세를 낮추어 가는 것이다.

몇 번인가 가위 바위 보를 하는 중에 자세가 흐트러져 쓰러져 버리면 지게 된다.

이 게임의 변형으로써 역시 가위 바위 보를 하여 진 사람은 좌우로 다리를 벌려가는 게임도 전개해 보기 바란다.

# 손등 때리기

## □인원

몇 명이라도. 가능하면 남녀.

## □대형

2인 1조로 마주본다.

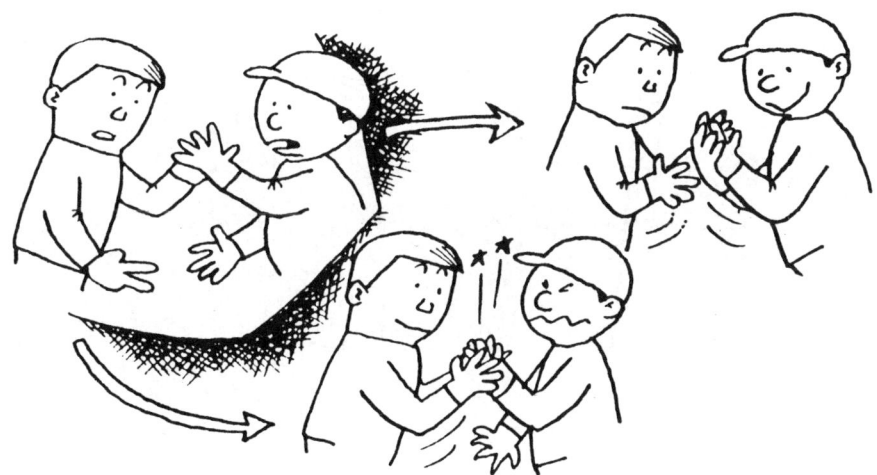

## □방법

둘이 마주보고 우선 서로 오른손, 왼손으로 악수를 하며 '잘 부탁해요'라고 인사를 나눈다. 단 왼손은 악수를 하고 오른손으로 가위 바위 보를 하여 이긴 사람은 진 사람의 손등을 가볍게 때린다. 그때 진 사람은 서둘러 오른손으로 자신의 왼쪽 손등을 커버한다. 재빨리 커버하면 이긴 사람은 때릴 수 없다.

리더의 휘슬로 게임을 개시하고 몇 번인가 계속한 다음 휘슬에 맞추어 전원 왼손을 위로 올린다. 자, 누구 손이 제일 빨갛게 되었을까?

이 게임은 노래에 맞추어 모든 동작을 실시해도 좋을 것이다. 이것은 어른이나 아이 남녀 구별없이 할 수 있고 게다가 재미있는 게임이다.

# 신문지 축구

## □인원
2명씩 조를 짤 수 있으면 몇 명이라도 좋다.

## □준비
신문지, 은박지로 만든 구슬.

이런 게임은 어떨지?

둘이 마주 앉아 펼쳐진 신문지 네 귀퉁이를 잡고 이것을 코트로 삼아 게임을 시작한다. 코트로 삼은 신문지는 중앙을 센터라인으로 보고 그 평행선 양단에 작은 구멍을 뚫어 골로 본다. 게임은 작은 은박지 구슬을 굴려 상대방 구멍에 넣는 것이다.

## □요령
① 구슬이 신문지에서 떨어졌을 때는 풀로 다시 시작한다.

② 일단 세심한 룰을 정해 놓았어도 실제로는 상황에 따라 수정해야 할 경우도 있을 것이다.

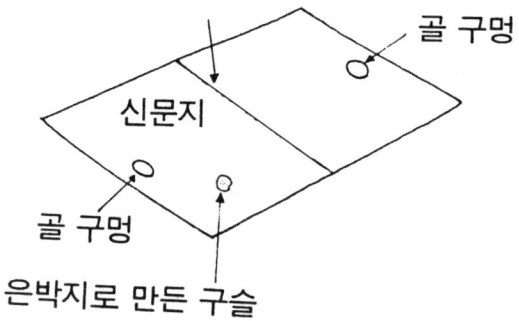

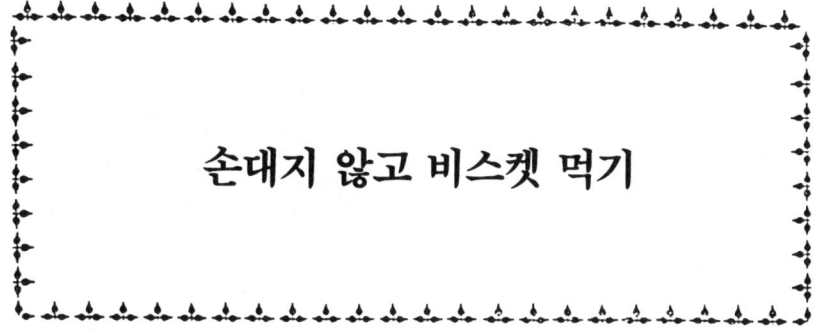

## □인원
몇 명이라도 좋다.

## □준비
비스켓이나 다른 과자.

전원에게 비스켓을 1개씩 준다.

"준비"라고 하면 얼굴을 뒤로 하고 이마 위에 비스켓을 얹는다. 신호에 따라 손을 사용하지 말고 입까지 옮겨 간다. 입까지 가져가서는 먹으면 된다.

## □요령
① 가만히 있으면 과자가 움직이지 않으므로 얼굴 근육을 움직인다.

② 앉아 있는 편이 좋지만 때로는 선 자세로 해도 좋다.

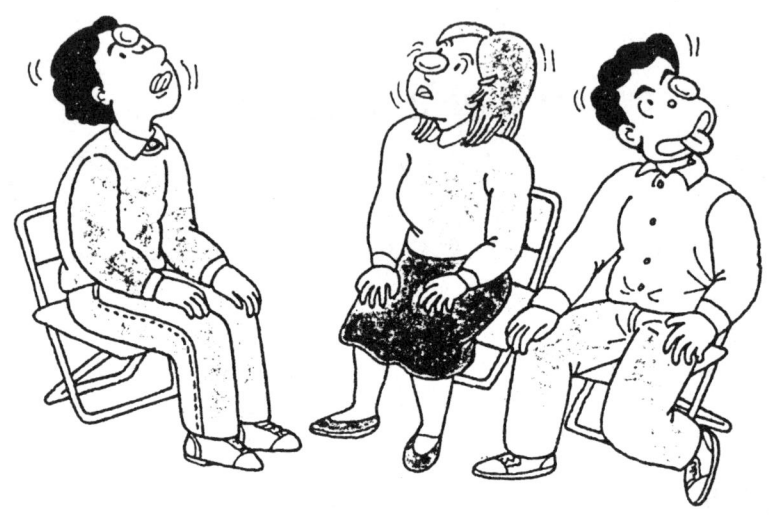

# 가엾은 이야기

아주 가엾은 사나이가 어느 돈 많은 부자에게 자신의 거급되는 불행을 이야기 하고 있었다.

"나는 우선 마누라를 잃었습니다. 그리고는 딸을 잃었조. 그리고 그 다음에는 지갑을 잃어버렸습니다. 그리고 그 이틀 뒤에는 집이 불타 버렸습니다. 운 없게도 화재보험에도 들지 않았죠."

이야기를 듣고 있던 부자는 벨을 부르더니 비서를 불렀다.

"이봐, 김과장! 이 분은 정말 불행한 분이야. 이런 사람을 보면 나는 정말 가엾어져서 가슴이 미어지는 것 같애. 그러니 어서 이 사람을 밖으로 내쫓아 버려요!"

# 거미줄 맞추기

## □인원

20명 정도.

## □준비

실, 테이블 또는 의자, 경품이 될 만한 것.

같은 길이의 실을 참가자 수만큼 같은 장소에서 시작하여 테이블이나 의자의 다리, 그 외 여러 곳으로 빙글빙글 감아둔다. 실은 매듭이 지지 않게 하고 서로 겹치게 하고 각각의 실 끝에 작은 경품을 연결시켜 둔다.

각자는 실 한쪽을 잡고 실을 끊어지지 않도록 풀면서 상품을 찾아 간다.

### □요령

① 너무 복잡하게 감아 두면 서로 엉키고 말기 때문에 적당히 해 둘 것.

② 실 끝에 경품을 매달지 말고 빨리 실을 푼 사람에게 상품을 주는 방법도 좋다.

# 당신의 머리는?

## □포인트

가위 바위 보를 하여 그 결과에 따라 정해진 말과 동작을 빨리
하는 편이 승리하게 되는 게임이다.

## □진행 방법

(1) 2명이 마주보고 가위 바위 보를 한다. 그 결과에 따라 다음과 같이 한다.

**이긴 사람**…… 상대방 머리를 가리키며 '당신 머리는 대머리' 오른손을 왼쪽 허리에 대고 칼을 잡는 포즈를 취하고 '졸부의 칼은 녹슨 칼'이라고 한다.

**진 사람**…… 이긴 사람과는 반대로 '졸부의 칼은 녹슨칼. 당신 머리는 대머리'라고 한다. 물론 동작도 함께 한다.

(2) 이 동작과 말을 정확하게 큰 소리로 빨리 한 쪽이 승리이다.

부장, 과장 등을 나오게 하면 보다 재미있을 것이다. 리더는 양자를 잘 보고 분명한 판정을 내리도록 하자.

# 부채질하기

## □인원
10명 정도.

## □준비
부채, 계란 껍질.

골라인

계란껍질

전원을 A, B 2조로 나누어 각각 계란 껍질을 볼이라 생각하게 하고 코트 안에서 축구처럼 부채로 부쳐 상대 골에 넣는 게임. 빨리 넣는 쪽이 승리.

□요령
① 코트의 넓이는 사람수에 따라 정한다.
② 계란 껍질은 날계란 양끝에 구멍을 뚫어 속을 빼내 만든다.
③ 계란 껍질이 없으면 탁구공이라도 좋다.
④ 계란 껍질이 가벼우므로 사람수는 너무 많지 않은 편이 재미있다.

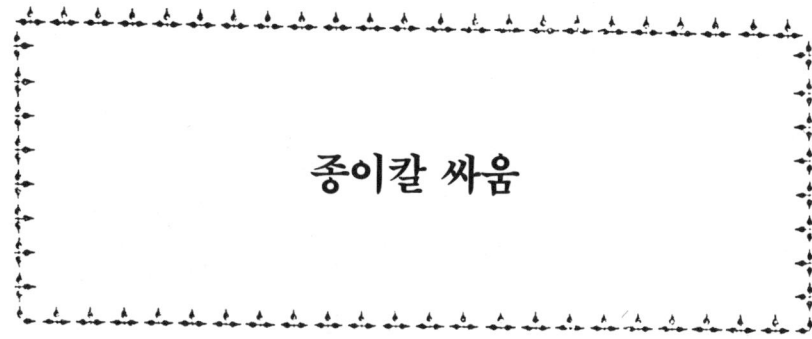

# 종이칼 싸움

## □인원

몇 명이라도. 참가자가 많을 경우에는 심판 1명을 제외하고 2팀으로 나눈다.

## □대형

무대 위 등 대표 선수는 참가자들이 잘 볼 수 있는 위치에 선다.

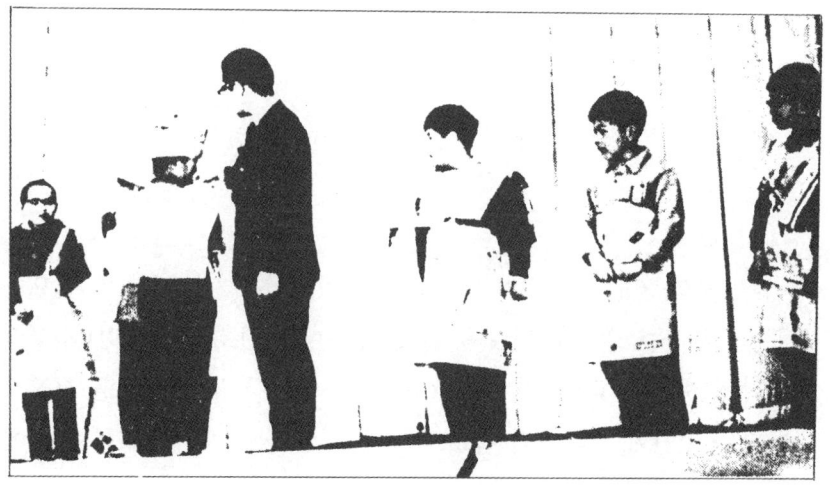

▲게임 종료 후 갑옷 점검

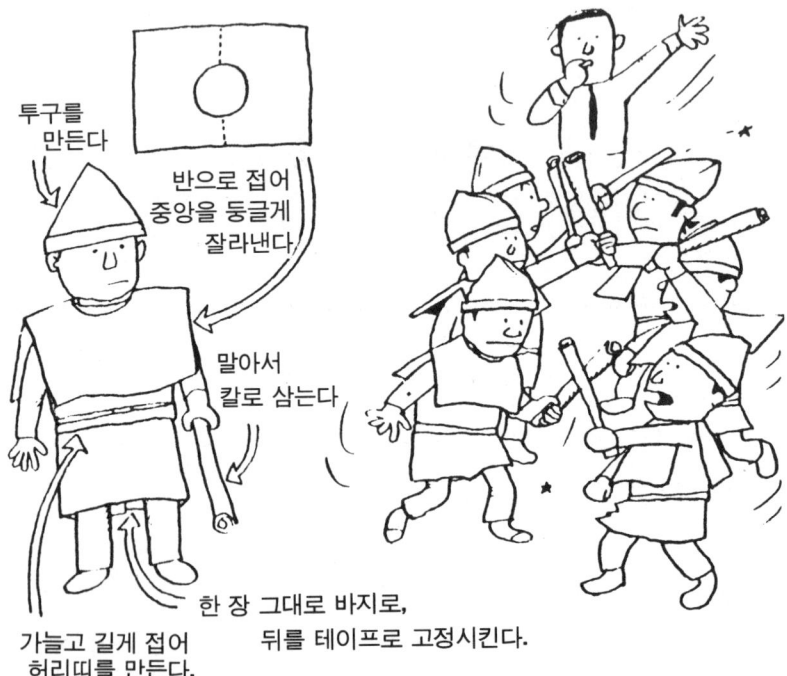

투구를 만든다

반으로 접어 중앙을 둥글게 잘라낸다.

말아서 칼로 삼는다

가늘고 길게 접어 허리띠를 만든다.

한 장 그대로 바지로, 뒤를 테이프로 고정시킨다.

## □준비
신문으로 만든 갑옷과 투구, 칼 몇 자루(6쌍).

## □방법
양팀에서 3명씩 선수가 무대에 등장하면 리더는 싸움에 필요한 신문지 투구를 씌우고 갑옷을 입힌다. 리더의 신호를 기다린다. 리더는 '시작'하고 신호를 내린다. 그럼 곧 6명의 무사들은 싸움을 시작하게 되는 것인데, 상대방의 갑옷과 투구를 떨어트릴 수 있도록 왼손에 든 종이칼을 휘두른다.

선수가 무장하고 있는 갑옷과 투구는 종이이기 때문에 승부는 한순
간에 나게 된다. 리더는 '시작'한 뒤 10초 정도 지나 종료 신호를 내린
다.

시합이 끝나면 전원은 리더의 장비 검토를 받는다. 그때 장비가
덜 손상된 선수의 승리가 된다.

리더가 선수에게 신문지로 만든 투구와 갑옷을 입힐 때의 유모어나
재치에 의해 회장 가득 웃음이 번질 것이다.

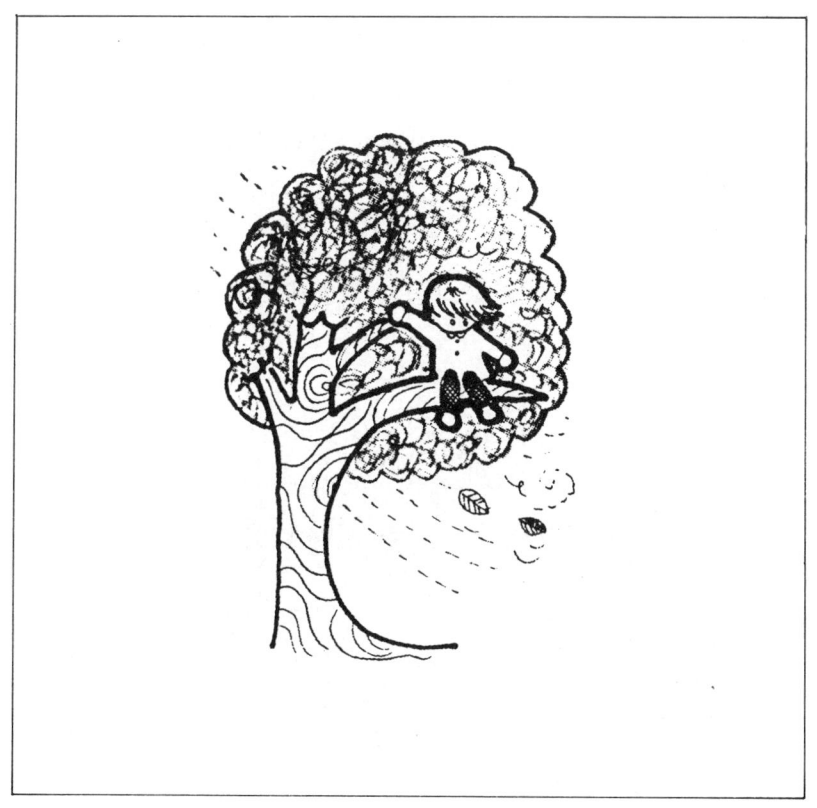

# 2. 그룹 대항 게임

그룹대항게임은 서로 힘을 합하여 게임을 승리로 이끄는 데 그 재미가 있다. 팀웍이 중요하며 한 사람만 잘해서 되는 것이 아니라 전체적인 상호협조가 중요하다. 그룹대항게임을 통하여, 전체를 생각하게 되고 협동심이 길러진다. 따라서, 사회적 인간관계를 원만히 해나가는 성격을 형성하는 데 도움을 주는 유익한 게임이라 할 수 있다.

단, 정확하게 규칙을 지키고 게임의 진행에 잘 따르도록 하는 훈련이 필요하다.

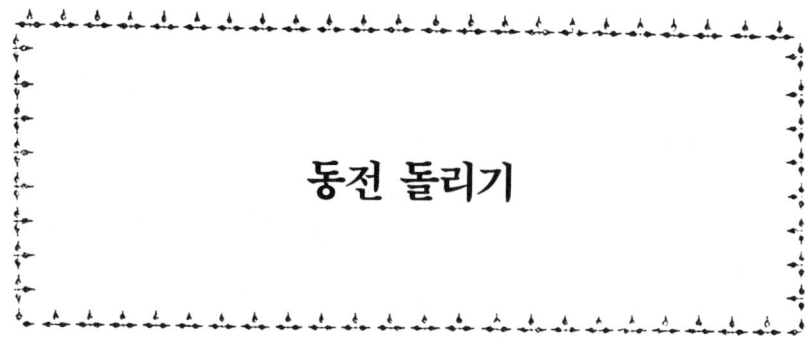

# 동전 돌리기

## □인원

10∼50명.

## □대형

2팀이 마주본다.

## □방법

우선 마주본 2팀 중 어느 쪽이 먼저 연기를 할지 정한다. 리더는 연기를 하는 팀 선두에게 10원짜리 1개를 건네준다. '준비, 시작!' 이라는 리더의 신호로 '하나, 둘, 하나, 둘'이라는 리듬을 타고 손을 서로 맞잡으면서 선두부터 차례로 옆 사람에게 10원짜리 동전을 돌려 가는데 진짜로 돌려도 되고 흉내만 내고 동전은 돌리지 않아도 된 다.

한편 상대방팀 멤버는 모두 열심히 지켜 보고 있다. 그리고 누가 10원짜리 동전을 갖고 있는지 찾아낸다. 연기가 끝나면 모두 상의하 여 연기한 팀 멤버 중 10원짜리를 갖고 있다고 생각되는 사람을 한 명 지명한다. 첫번에 맞추면 10점, 두번째 맞추면 9점, 3회째는 8점이

라는 식으로 점수를 정해 빨리 맞추도록 한다.

맞췄으면 이번에는 상대방 팀이 연기를 하고 같은 방법으로 몇 번을 계속하여 총점을 합하여 득점이 많은 팀을 승리로 하는 것이다.

### □참고

야외에서 할 경우에는 우선 원을 만들어 앉는다. 그리고 술래를 한 명 정하고 술래가 된 사람은 중앙으로 나가 연기를 지켜보고 10원짜리 동전을 갖고 있는 사람을 맞히는 방법으로 전개해도 좋을 것이다.

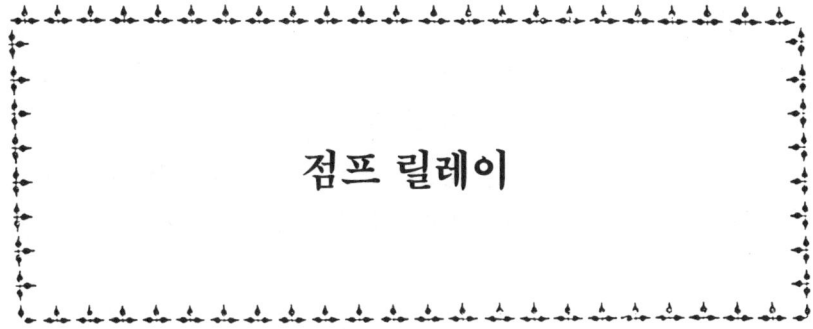

# 점프 릴레이

□**인원**

20명 이상, 여러 팀이 게임을 한다.

□**대형**

동수로 팀을 나누어 종대로 선다.

□**준비**

길이 2미터 정도의 로프를 팀 수만큼.

□**방법**

각팀 1열 종대로 같은 간격으로 선다. 각 팀의 열 전후에 표시(깃발 또는 어떤 것이든 표시가 될 만한 것)를 세운다. 앞 표시 밑에는 미리 로프를 둔다. 준비는 이것으로 다 된 것이다. 리더의 신호로 게임을 스타트한다.

우선 각 팀 선두인 사람이 리더의 '준비, 땅'하는 소리에 일제히 달려가 전방 표시 밑에 있는 로프를 집어 열로 되돌아온다. 그리고 다음 사람(두번째)과 로프 양끝을 잡고 열을 사이에 끼고 뒤로 달려

412

간다. 팀 전원은 이것을 뛰어 넘는다. 로프가 열 끝까지 **빠져** 나가면 선두는 열 뒤에 선다. 두번째 사람은 로프를 든 채 열 뒤에 있는 표시를 돈 뒤 앞쪽 표시를 한 바퀴 돌아 다음 사람(3번째)과 로프 양끝을 잡고 마찬가지로 멤버들 발 밑으로 로프를 통과시켜 열 뒤에 선다. 이하 같은 식으로 해서 계속해서 로프를 릴레이시켜 게임을 계속한다.

□**주의**

이 게임은 상당히 운동량이 많은 게임으로 다소 힘이 들지도 모른다. 따라서 평소 운동을 하지 않던 사람을 대상으로 실시할 경우에는 표시까지의 거리를 좁히거나 팀수를 늘려 1팀의 수를 가능한 적게 하여 실시하도록 한다.

또 로프 통과시는 기합을 붙이도록 조언하는 것도 잊지 않도록 한다.

▲이 게임은 스피디한 운동감이 있고 팀 전원의 협력이 필요하다.

# 바둑돌 옮기기 릴레이

## □인원

1팀 50명 이상. 2팀이 실시한다.

## □방법

각 팀 함께 옆으로 1열로 마주본다.

## □준비

젓가락 2쌍. 각 팀에 바둑돌 20알씩. 공기 2개.

## □방법

우선 마주본 각 팀의 끝 사람 앞에 바둑돌 20개와 공기, 젓가락을 갖다 놓는다.

리더의 '준비, 땅'하는 신호에 맞추어 선두 사람부터 바둑돌을 1개씩 집어 공기 속에 넣어 전부 들어가면 다음 사람에게 보낸다. 다음 사람은 공기 속에 들어 있는 바둑돌을 다 꺼내 같은 일을 반복한다. 다음 사람, 다음 사람으로 릴레이를 한다. 물론 빨리 한 쪽이 승리가 된다.

게임을 끝낸 사람이나 차례를 기다리고 있는 사람은 상대팀 선수를 놀리거나 웃거나 실수를 하게 하는 것도 전술의 하나이다.

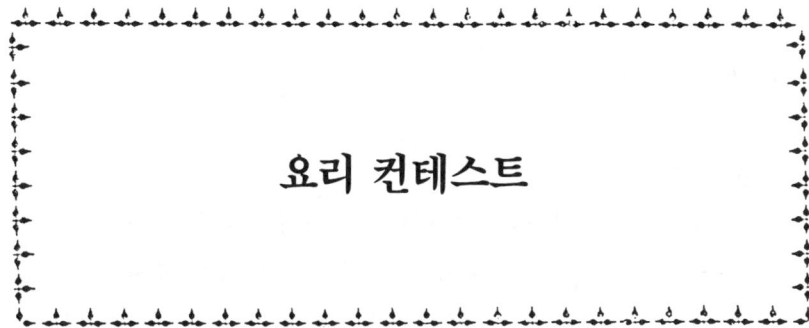

# 요리 컨테스트

□ **포인트**

요리의 재료를 잘 모을 수 있느냐를 겨루는 게임이다.

## □준비

1그룹 8~10명 정도.

## □진행 방법

(1) 리더가 '오늘 저녁은 카레라이스입니다. 여러분은 다른 누구와도 상의하지 말고 한 가지 재료만 쓰십시오. 만일 재료가 부족해도 오늘 저녁 식사 요리는 그것으로 만드는 것입니다. 자, 쓰십시오.' 라고 한다.

(2) 각자는 카레가루, 고기, 감자, 양파 등 생각나는 대로 하나씩 메모한다.

(3) 각 그룹 한 사람 한 사람이 쓴 것을 발표하게 한다. 가장 맛있는 카레라이스를 만들 수 있게 재료를 쓴 그룹이 승리이다.

## □유의점

요리의 종류는 여러 가지를 생각할 수 있고, 특이한 재료를 쓴 사람에게는 그 조리법을 발표하도록 해도 재미있을 것이다.

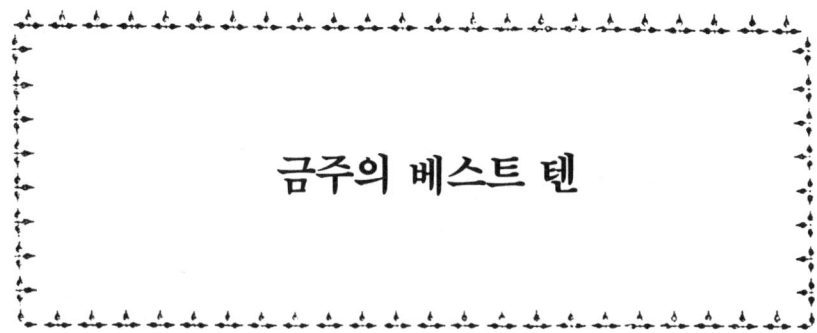

**금주의 베스트 텐**

## □포인트
유명 가수의 이름을 이용한 게임이다.

## □준비
1그룹 8~15명 정도.

## □진행 방법
(1) 각 그룹에서 대표자를 1명씩 선출하게 한다.

(2) 리더의 신호로 각 그룹은 유명 가수를 10명 쓴다. 마찬가지로 대표자도 대표자끼리 상의하면서 10명을 쓴다.

(3) 리더는 대표자가 쓴 가수 이름을 발표한다. 각조 사람들은 자신들이 쓴 가수명과 일치하는 것이 있으면 기쁨의 표현을 과장되게 하면서 ○표를 한다.

(4) 10명의 가수를 다 발표했을 때 ○표가 많은 조가 승리하게 된다.

## □주의

가수는 국내인으로 한정하고 그룹은 넣지 않도록 한다. 지금은 세상을 떠난 가수라도 좋다.

단순히 가수 이름을 발표하는 것이 아니고, 그 가수의 노래를 대표자에게 부르도록 해도 재미있을 것이다.

# 모아서 100만원

## □포인트
물건 합계 금액을 리더가 정한 금액에 가까워지도록 하는 게임이다.

## □인원
1그룹 8~15명 정도.

## □준비
연필, 종이.

## □진행 방법
(1) 리더는 미리 여러 가지 주간지, 잡지 등에 실려 있는 제품(가격이 붙어 있는) 광고란을 오려 적당한 것을 10장 정도 준비한다.

(2) 각 그룹에게 연필과 종이를 나누어 준다.

(3) 리더는 준비한 제품의 광고란을 1장씩 발표한다(단, 가격은 가린다).

420

(4) 각 그룹은 상의하여 그 제품에 가격을 매기고 종이에 기입한다.

(5) 리더는 준비한 것을 다 발표했으면 그룹마다 합계 금액을 내게 한다.

(6) 리더는 하나하나 제품 가격을 발표한다. 합계 금액이 리더의 금액에 가장 가까운 그룹이 승리이다. 또 하나라도 똑같은 것이 있으면 보너스 점수를 주어도 재미있을 것이다.

□**응용**

● 합계 금액이 오버가 되면 실격이 되도록 룰을 정해도 좋을 것이다.

● 주간지 등이 아니고 각 그룹에서 현물(시계, 정기 패스 등)을 내놓도록 해서 실시해도 좋을 것이다.

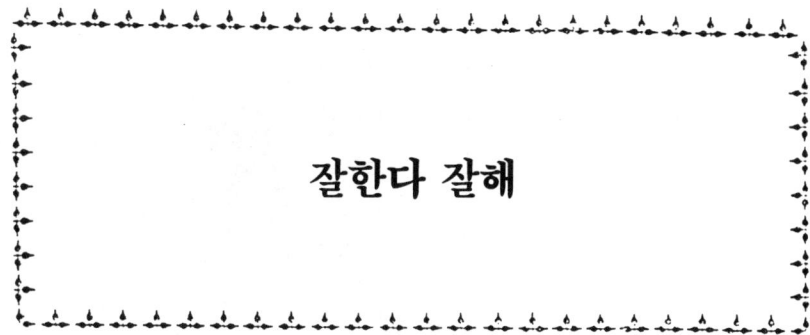

## □포인트

무엇이 나올지 기대를 갖게 하고 그것을 추리하는 즐거움과 가위 바위 보에 의한 즐거움을 노린 게임이다.

## □인원

1그룹 8~15명 정도.

## □준비

두꺼운 종이(모조지 정도)에 테마가 확실한 그림을 그리고 그것을 적당한 크기로 잘라 번호를 붙이고 뒤집어 모두 볼 수 있는 위치에 둔다.

## □진행 방법

(1) 각 그룹 끝 사람부터 토너먼트 가위 바위 보를 한다. 대전자는 사람들의 '잘한다 잘해 가위 바위 보'라는 소리에 맞추어 춤을 추면서 가위 바위 보를 한다.

(2) 이기면 적당한 번호를 1장 뒤집을 수 있다.

(3) 카드가 뒤집어짐에 따라 그림의 내용을 점점 알게 된다.

(4) 이긴 사람은 카드를 뒤집을 수 있고 그와 동시에 그림의 내용을 맞출 권리를 얻는다.

(5) 맞추면 그 커플이 우승이다.

□응용

● 카드 그림이 무엇인지를 결정하는 곳을 하나나 두 개 만들어 4명을 이기면 그곳을 뒤집을 수 있다.

● 럭키 카드를 만들어 그것을 뒤집은 커플은 또 다시 하나를 더 뒤집는다.

● 언럭키 카드를 만들어 그것을 뒤집은 커플은 2번 쉬어야 한다.

● 유명 인물 사진을 사용해 본다.

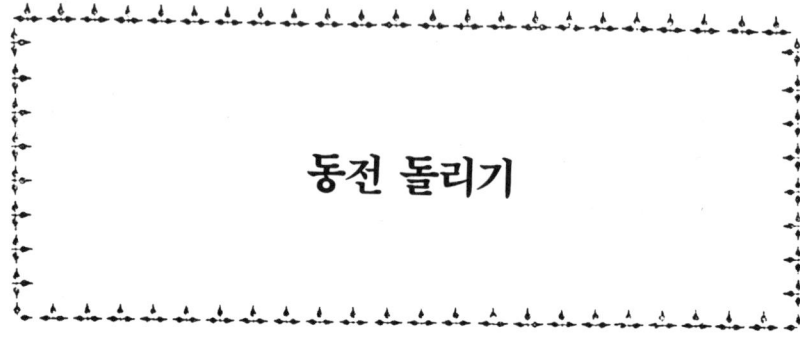

# 동전 돌리기

## □인원
20명~30명.

## □준비
동전 2개.

## □대형
2조로 나누어 마주본다.

마주 본 2조에게 각각 동전 1개씩을 건네준다. 각 조 대표가 가위 바위 보를 하고 이긴 조의 사람은 두손을 앞으로 내밀어 주먹을 쥔다. 맨 끝사람부터 그 주먹 안에 동전을 넣어 옆사람에게로 건네준다. 상대 사람은 그것을 잘 지켜보다가 스톱했을때 누구의 손에 넘겨져 있는 지를 맞춘다.

## □요령
① 옆 사람에게 건네주는 것처럼 행동을 하면서 실제로는 건네주지 않는 모습을 보이는 것도 재미있다.
② 상대에게 주먹 속을 보이지 말도록.
③ 맞출 때 그 횟수를 제한하는 편이 좋다.

# 사건 기자

## □ 인원
몇 명이라도 좋지만, 같은 수로 조를 만든다.

## □ 준비
신문지, 가위, 풀, 모조지.

리더는 각 조마다 신문지 몇 장씩과 그 외 준비품을 나누어 주고 적당한 주제를 정해 그에 어울리는 기사를 신문지 중에서 잘라낸 문장이나 문자를 붙여 각조의 작품이 만들어 지면 서로 평판을 한다. 물론 잘 만든 사람에게는 특상을 준다.

## □ 요령
① 표현의 기발함, 문장의 정확함이나 간결함을 추구하고 장난은 피한다.
② 시간을 제한하는 편이 좋다.
③ 주제는 정하지 않고 자유선택으로 해서 무제 다루는 법을 보는 것도 재미있다.

네!

풀,자
줘

모조지

## 나이와는 관계없는 것

부인이 진통을 시작하자 삼철 씨는 곧 의사를 불렀다. 그런데 산부인과 의사는 너무 늙어서 말도 제대로 할 수 없는 지경이었다. 걱정이 된 삼철 씨,

"선생님, 실례지만 자신 있으십니까?"

그러자 그 늙은 산부인과 의사는 싱긋 웃더니,

"아, 이까짓 것 쯤이야…… 이게 밀어넣는 것이라면 걱정도 되겠지만, 끄집어내는 것이니까, 안심하셔도 됩니다."

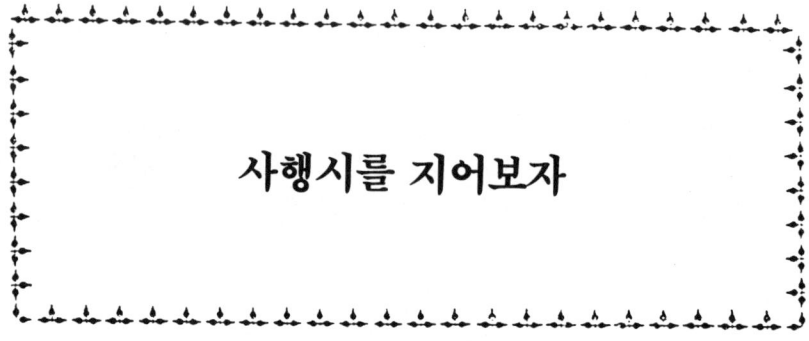

## □인원
4명의 배수.

## □준비
나무를 각조에 한그루씩, 종이, 연필.

전원 같은 수 인원(4명이 바람직하다)의 조로 나누어 출발선을 앞에 두고 줄을 선다. 신호로 선두는 달리기 시작하고 도중에 준비되어 있는 종이와 연필로 사행시 중 첫구를 쓰고 자리로 돌아온다. 다음 사람도 달려가 두번째 구를 쓰고 또 다음 사람 마지막 사람은 결승선에 준비되어 있는 나무에 사행시를 붙인다.

## □요령
① 사행시는 즉흥적으로 만드는 데 재미가 있다.
② 즉흥적인 것이므로 다소 어색해도 인정한다.
③ 주제를 준 뒤 만들게 해도 좋을 것이다.

# 밀가루성 쌓기

## □인원
30명~50명.

## □준비
커피잔, 밀가루, 접시, 캔디, 나이프, 참가자를 5~7명 정도로 조를

밀가루를 가득 담은 커피잔을 큰 접시 위에 엎어놓았다가 잠시

뒤 잔을 살짝 들면 밀가루산이 만들어지는데 그 위에 캔디를 하나 얹어 각 조에 하나씩 준다.

게임이 시작되면 각조는 밀가루산 위의 캔디가 떨어지지 않도록 밀가루를 덜어낸다. 끝까지 잘하여 캔디를 떨어트리지 않는 조가 승리. 캔디를 떨어트린 사람은 벌로 손을 대지 않고 캔디를 입 속에 넣어야 한다.

### □요령

① 밀가루 산을 크게 덜어 내면 무너져 버리기 쉬우므로 주의할 것.

② 밀가루를 흐트려 너무 지저분하게 만들지 않도록.

# 제5부

# 집회 · 모임 · 연회석상 등에서 즐길 수 있는 레크레이션

# 도 움 말

　우리들은 누구나 크든 작든 모임을 갖고 있다. 가정이나 좌담회, 연구협의를 목적으로 하는 강습회, 연구회, 주부강좌, 청년 강좌에서 부터 몇백, 몇천명을 모아 놓고 행해지는 각급 대회까지…….

　원래 모인 사람들이 각자의 생각을 자유로이 발표하고 상호 이해하에 결론을 맺어야 할 '집회'가 자칫 형식적이고 고생스러운 분위기 속에서 논의를 위한 논의로 끝나 버리는 경향이 있다. 여기에서는 누구나 자유로이 발표할 수 있는 집회를 스무스하게 이끌기 위해 참가자의 기분을 풀어주고 밝은 분위기를 만들기 위한 케이스를 소개 하겠다.

　집회라고 해도 여러가지이므로 '이런 집회에는 이런 게임'이라는 식으로 생각할 수는 없지만 게임이 지니고 있는 다양성을 살려 그 장 그 장에 적절한 것을 이끌어 내는 것이 좋을 것이라고 생각한다. 다만 '집회'라는 것은 좌석이 지정되고 다소의 자유는 있어도 대부분이 불편한 자세로 있는 경우가 많다는 것을 생각해 둘 필요가 있다.

　그런 점에서 인사, 소개 등을 게임화한 것, 분위기 만들거나 기분전환을 위한 아이스 브레이커, 누구나 알고 있는 간단한 노래를 함께 부르는 스탠다드 · 코러스 등을 들어 보았다. 물론 이 중에는 나중에 서술할 파티나 야외, 광장에도 적용할 수 있는 것이 있다.

여러가지 집회 중에서 레크레이션 활동을 주된 목적으로 한 것을 일반적으로 파티라고 부르고 있다. '파티'라는 말에는 친구, 일행, 한편이라는 의미가 있고 그 중에서도 친구끼리의 우의를 돈독히 하는 데 가장 중요한 의미가 있다고 할 수 있을 것이다.

파티라고 일컬어지는 것 중에는 생일, 환·송영회, 망년회, 신년회, 결혼축하 파티, 성인의 날, 출판기념 파티 등이 있고 그 형식도 티파티, 런치파티, 디너파티, 가든파티, 뷔페파티, 바베큐파티 등 여러 가지이다.

또 프로그램 내용도 음악이 있고 춤이 있고 촌극이 있기도 하다. 여기에서도 게임은 그 간이성이나 흥미성으로 기분전환이나 유대감 또는 분위기 연출에 없어서는 안될 것으로 여겨지고 있다.

그런 게임을 소개하려 한다. 그러나 그 평이함에서 오는 안락함 때문에 경우에 따라서는 역효과가 나는 경우도 있으므로 적당한 배려가 필요하다.

또 게임은 아니지만 파티나 캠프 파이어 등에서 즐길 수 있는 촌극도 간단한 것을 소개했다. 게임과 비슷한 점도 있으므로 한번 해 보기 바란다.

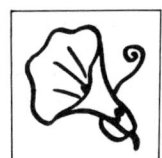

## 제1장

# 연회를 연출하는
# 기본요소

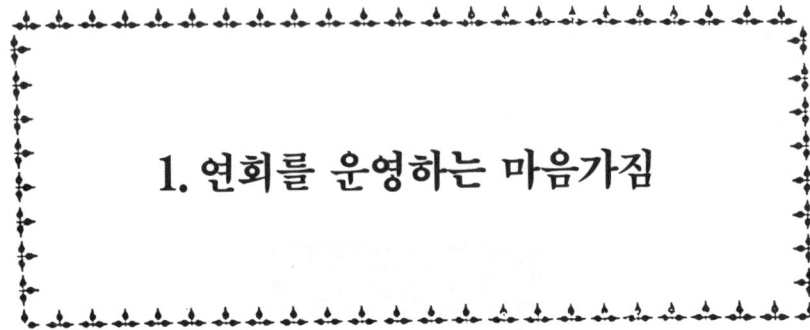

# 1. 연회를 운영하는 마음가짐

연회에는 술이 따르기 마련이다. 그리고 그 술을 매체로 해서 모임이 진행된다. 이것 자체는 나쁜 것이 아니다. 오히려 술이 들어가는 것에 의해 무드도 고조되고 서로 속을 터 놓을 수 있다는 이점도 있다.

그러나 술이 들어가면 들어갈수록 술기운에 사회자는 있든 없든 브레이크를 걸지 못하고 큰 소리로 들어주기 힘든 노래를 부르기도 하고 화를 내기도 하고 시비를 거는 등 평소의 욕구불만을 푸는 곳으로 변질되어 그 때문에 누구를 위한 모임인지 알 수 없게 된다.

원래 사람은 누구나 다른 사람과 사귀고 싶어하고 여러 사람과 함께 지내고 싶다는 욕구를 많든 적든 지니고 있다. 이것은 인간의 집단 본능 때문이라고 한다. 사실 우리들 생활에는 그 때문인지 중요한 일면으로써 사교라는 것이 있고 사교를 만족시키기 위한 파티도 여러 형태로 개최되고 있다. 연회도 그 중 하나인 것이다.

여기에서 우리들이 생각해야 할 것은 연회도 보다 나은 인간관계를 구축하고 성장시키는 파이프라는 것이다. 참가하는 것에 의해 자신의 존재를 많은 사람에게 인식시키는데 도움이 되고 많은 사람들과의 대화로 취미를 알고 새로운 지식과 경험을 얻을 수 있고 상호 이해를 깊게 할 수 있는 기회도 될 것이다. 그리고 그것이 즐거움 가득한 것이면 추억이 되고 일상생활의 번잡함에서 해방되게 되어 건강하고 밝은 생활을 하는데 도움이 될 것이다.

술을 좋아하는 사람이나 싫어하는 사람이나 상사나 부하나 함께 즐길 수 있을 때 바로 멋진 연회가 되는 것이다.

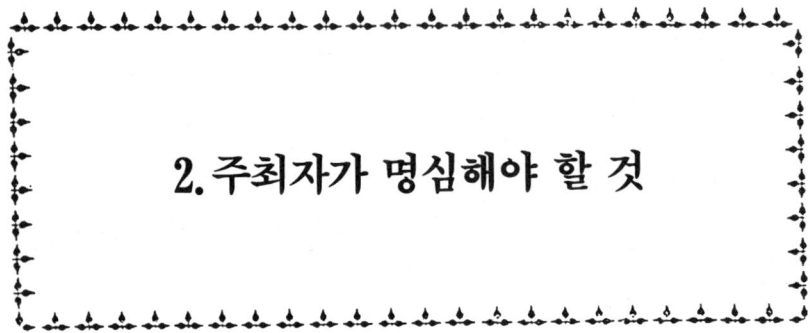

# 2. 주최자가 명심해야 할 것

### □진행에 대해

당연 사회자가 진행을 수행하지만 시간 때문에 여유없는 진행을 하는 것은 좋지 않다. 비교적 자유로운 흐름을 기본으로 여흥이나 게임을 넣도록 하자.

즐거운 파티일수록 여운이 남고 잡담이 계속된다. 피크가 지나면 우선 폐회하고 그 뒤는 가벼운 음악을 20~30분 내 보내며 뒷정리를 하도록 하자.

### □복수의 사회자를

30명~40명 정도의 파티를 혼자서 진행하게 되면 자칫 파티가 단독적 운영이 되어 참가자들도 그다지 재미를 느끼지 못하게 된다. 사회자 3~4명이 서로 협력하여 진행해 가도록 하자. 또 같은 연배의 사회자를 선정하는 일은 피하도록 하자. 나이가 좀 든 사람도 있고, 젊은 사람도 있고, 여성도 있는 식으로 각 층이 있을 때 여러 가지 의견이 반영되고 프로그램도 충실해 질 것이다.

### □여흥 연출법

개인의 특기는 사내 파티 때 보아 모두 알고 있는 경우가 많으므로 오히려 각과 대항으로 촌극 대항을 하는 것이 재미있을 것이다. 그러나 언제 보아도 재미있고 모두가 기대하고 있는 개인 특기는 반드시 있다. 파티가 무르익어 갈 때 출연케 한다. 한층 즐거워질 것임에 틀림없다.

## □역할 분담을

그때 그때 파티에 따라 주최자의 수는 달라지게 되는데 그럴 때 필요한 역할이 정해지면 진행, 요리, 상품, 소도구 담당 등으로 분담을 하도록 하자. 역할이 있으면 참가 의욕도 높아진다. 단 전체를 파악하는 사람은 반드시 만들어 둘 필요가 있다.

## □앙케이트를

참가 의식을 높이기 위해 회장, 날짜, 게임, 어떤 모임으로 꾸미기를 바라는지에 대해 앙케이트를 하는 것도 한 가지 방법이다. 단, 앙케이트를 작성할 때 완전히 백지 상태에서 의견을 구하는 것보다 문제를 제출하고 선택하게 하는 방법을 취하는 편이 좋을 것이다.

## □예산 세우는 법

예산을 잘 세우느냐 못세우느냐에 따라 모임은 성공할 수도 실패할 수도 있다. 한정된 예산으로 어떻게 나누어 쓸 것이냐가 문제이다. 요리에 얼마, 주류에 얼마, 게임·여흥 상품에 얼마 등 그때 그때 참가자에 따라 치밀하게 나누는 것이 중요하다. 부족하여 나중에 추가 징수를 하는 것은 좋지 않다.

## □테이블 등의 배치

한 사람 한 사람 별도의 테이블과 의자에 앉아 식사를 제공받는 방법도 있으나 테이블을 함께 하는 편이 화목하다. 또 그룹별로 게임할 때도 서로 상의하기 쉬워 스무스하게 진행할 수 있다.

## □술과 맥주의 양은

자주 술, 맥주는 떨어지는 대로 추가하는 연회를 보게 되는데 예산이나 마시지 못하는 사람, 여성 등을 고려하여 맥주 1병, 술 2병이 적당할 것이다. 더 마시고 싶은 사람은 끝난 뒤 다른 기회를 이용하는 편이 좋을 것이다. 술보다 음식에 신경을 쓰는 편이 보기에도 좋고…….

## □자리 정리하는 법

그다지 사이가 좋지 않은 사람, 왠지 싫은 사람은 누구에게나 있다. 모처럼의 파티이다. 술이 들어간 기운에 충돌할 수도 있다. 위험한 사람 사이에는 다른 사람을 위치시키도록 한다. 회장 입구에서 카드를 건네주어 지정된 자리에 앉도록 하는 것도 하나의 방법이다.

## □설명을 빠르고 조금 커다란 소리로

게임이라는 것은 일종의 독특한 분위기를 갖고 있다. 모두가 그것에 마음을 빼앗기는 말투, 예를 들면 평소에 쓰는 것보다 다소 빠르고 소리를 높여 보는 것이 좋을 것이다. 또 직립부동의 자세로 이야기하는 것보다 액션이나 제스츄어를 넣는 것이 전체 분위기를 살릴 수 있다.

## □즉시 반응을

분위기가 무르익으면 여러 사람으로부터 여러 가지 말이 나온다. 그것을 잘 받아 그들에게 반응을 보인다(말, 행동 등으로) 그러면 한층 분위기가 고조될 것이다. 상대에게는 신경도 쓰지 않고 자신의 페이스로만 진행을 해서는 안된다. 어떤 말이 나오든 그런 모든 반응을 재빨리 받아 대처해야 할 것이다.

## □주최자도 멤버 중 하나

즐거운 분위기를 만들기 위해서는 당신도 멤버들 속에 들어가 같은 동료로써 행동하도록 한다. 그러나 때로는 다른 사람과 선을 긋는 입장을 취해야 할 필요도 있다. 그를 위해서는 당신 자신의 마음가짐이 매우 중요하다. 그때 그때의 무드를 재빨리 알아차리고 반응해 가도록 하자.

## □개인을 놀려서는 안된다

인간이라는 것은 자신이 제일이라는 우월감을 갖고 있다. 예를 들면 '○○군, 자네가 꼴찌군'이라고 하면 다른 사람들은 그렇다고 생각하며 ○○군에 대해 우월감을 갖는다. 그러나 당사자인 ○○군은 어떻겠는가. 당신에게 거부 반응을 나타낸다. 개인을 칭찬하는 것은 괜찮지만 놀리는 것은 안된다. 그러나 때로 그룹을 상대로는 그렇게 하면 분위기가 살아난다. 'A 그룹 꼴찌로군요.'라고 하면 다른 그룹은 '역시 우리 그룹은 달라'라는 생각을 하는 동시에 밝은 웃음이 나올지도 모른다. A그룹은 그런 말을 들어도 '좋아, 이제 실력을 보여주겠다'라며 건전한 분투를 보이는 것이다.

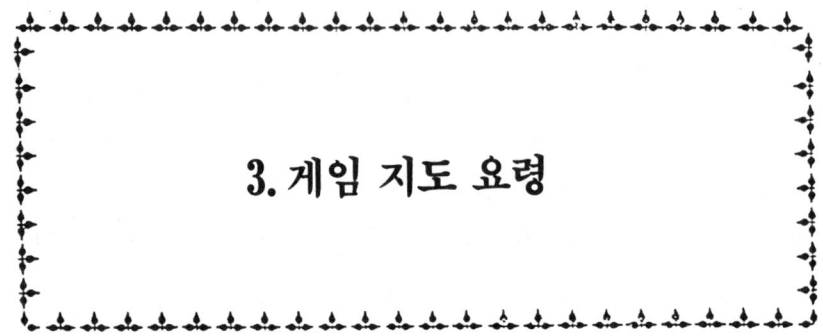

# 3. 게임 지도 요령

### □시작, 끝, 승부, 채점

하나 하나의 게임은 그 시작, 끝의 신호를 분명히 하는 것이 중요하다. 승부, 채점 등에 대해서도 공평하고 정확한 심판을 내리고 부정이나 반칙에 의한 승리에 대해서는 게임 중에 참가자들에게 주의를 준다. 그러나 게임 도중에 반칙이 있으면 적당한 방법으로 고쳐줄 필요가 있으나 경우에 따라서는 유머로 웃어 넘겨주는 것이 오히려 분위기를 깨지 않을 수도 있다.

### □질문을 듣는다

설명이 끝나면 실시하기 전에 질문이 있는지 없는지를 확인한다. 설명 중에 질문을 하거나 게임 실시 중에 설명을 덧붙이는 일이 없도록 주의하자.

### □게임 소개

게임을 소개하는 방법에는 특별히 규칙이나 방식 등이 있는 것은 아니다. 당신의 개성을 살린 창조적인 방법으로 하자. 단 길고 이해하기 어려운 설명으로는 참가자의 흥미를 끌 수 없다. 흥미를 갖고 꼭

해 보고 싶다고 생각하게 만들기 위해서는 간단하고 요령을 쉽게 이해할 수 있도록 하는 동시에 적당한 유머가 있는 설명이 필요하다.

### □실연

재미있는 게임이라도 그 요령을 잘 설명하지 못하면 의욕이 상실된다. 그렇다고 해서 너무 간단하게 설명할 경우에는 또 룰을 잘 이해하지 못해 실시 단계에서 막히게 된다. 그러므로 실연을 보이면서 설명하는 방법을 사용하는 것이 좋을 것이다. '백문은 불여일견' 실연을 재미있게 하면 의욕을 이끌어내는 효과도 있다.

### □게임 멈추는 법

하나의 게임을 어느 정도 계속하는 것이 좋을지는 참가자층이나 파티의 목적에 따라 다른데, 식사도 배의 8할 정도하는 것이 좋듯이 게임도 지나치게 오래 하지 않는 것이 좋다. 간단한 게임은 원칙적으로는 오래 하지 않는 것이 중요하고, 동작이나 웃음이 한창일 때 다음 게임으로 들어가는 것이 효과적이다. 사람들에게는 좀더 하고 싶다는 마음이 남겠지만 그 여운이 다음 게임에 흥미를 갖게 되는 원동력이 된다.

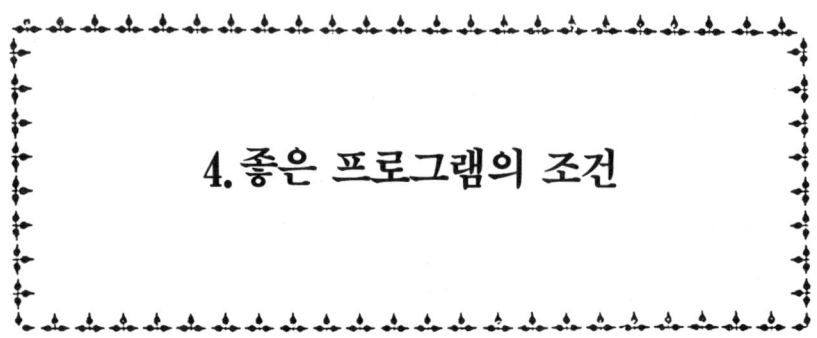

# 4. 좋은 프로그램의 조건

## 리듬을 생각한다

프로그램에는 하나의 흐름이 있어야 한다. 일반적으로는 기(도입) · 승(전개) · 전(변화) · 결(종결)의 4부분으로 구성되어 있다.

우선 기(도입) 부분은 프로그램이 시작되어 전원을 즐겁게 참가시키기 위한 도입 부분으로 참가한 사람이 일찍 긴장을 풀고 그 장에 융화될 수 있는 수단을 강구해야 한다. 예를 들면 그 장에서 가볍게 몸을 움직이는 게임이라든가 소리를 내는 게임 등이 효과적이다.

다음 승(전개) 부분에서는 기분을 보다 고양시키고 마음을 열기 위한 종목을 넣어 분위기를 고조시킨다. 스킨쉽을 이용한 게임이나 해프닝의 재미를 노린 게임을 넣도록 한다.

전(변화) 부분에서는 다른 새로운 흥미를 갖게 한다. 여기에서는 눈으로 보고 즐기는 게임이나 팀을 만들어 대항하는 게임, 의외성을 유도하는 놀이 등이 효과적이다.

결(종결) 부분에서는 행운권 추첨 등을 넣어 일체감을 높이도록 하자.

이상과 같은 것을 기본으로 해서 프로그램을 짜는 것인데 이 흐름

속에 강약, 고저, 장단, 완급의 조합을 리듬이라고 한다. 즉 단조로움
을 피해 변화있는 그리고 친목적인 내용을 넣는 것이 한층 효과가
커질 것이다.


## 전원 참가를 생각한다

연회에는 반드시 한쪽 구석에서 외톨이로 있는 사람이나 높은 자리
에서 체면을 차리고 있는 사람이 있다. 우리들은 특기를 갖고 있는
사람이나 적극적으로 협력해 주는 사람만 신경을 쓰고 그런 사람들은
간과하기 쉽다. 어떤 경우에나 그렇지만 참가자 한 사람 한 사람이
중시되어야 한다. 한 사람 한 사람의 감정이나 욕구를 바르게 파악하
여 프로그램 속에 반영시키자.

단, 그런 사람들을 등장시켜 노래를 부르라고 하는 형식이 아니고
게임 응원이나 심사원 모두 함께 하는 게임에 참가시켜 참가자 전원
이 활약했다는 인상을 갖고 돌아갈 수 있도록 하는 것이 중요하다.

이를 위해서는 여흥적인 것만을 하지 말고 그룹 대항 게임도 넣는
배려가 필요하다. 이미 결정되어 있는 프로그램이라도 그 자리에서
분위기에 따라 임기 응변으로 대응해 가자.


## 여유를 갖는다

당신은 여러 가지 파티에 참가한 뒤 처음부터 끝까지 프로그램을
이것저것 쫓아 다니느라 바쁘기는 했는데 이렇다 할 인상은 남지

모임은 살아있다. 사회자의 말이나 참가자의 태도 그 외 여러 가지 않은 경험이 있는가? 이것은 사회자의 지나친 의욕으로 프로그램이 지나치게 꽉 짜여져 있기 때문이다.

인간이라는 것은 의외로 제멋대로여서 여러 사람과 함께 즐기고 싶어 하는 반면 혼자 있고 싶어하는 마음이 생기고 그러다가 또 다시 누군가와 함께 즐기고 싶어하는, 그야말로 변덕쟁이이다. 이런 점도 고려하여 프로그램을 생각할 필요가 있다. 시종일관 뭔가를 해야 한다는 말은 아니다. 가까이 있는 사람과 여유있게 환담을 나누며 먹고 마시는 시간이 필요하고 개인의 자유 의지로 자유롭게 선택할 수 있는 것도 필요하다. 특히 연령이 많은 사람이 많이 참석하고 있을 경우에는 자유선택 부분을 많이 만들도록 하자.

## 사회자는 적임자를

아무리 좋은 프로그램이라도 사회자가 자기 혼자서 떠들어 대면 아무 소용이 없다. 사회자는 민주적이고 명랑하고 유머가 있는 사람 으로 선발하도록 하자.

그러나 언제나 사회자 혼자서만 진행해야 하는 것은 아니다. 게임 지도에 특기가 있는 사람, 노래 지도가 특기인 사람 등 여러 사람을 필요에 따라 쓸 수도 있다. 프로그램의 흐름에 따라 적절하게 그들을 등장시키는 것도 한 가지 방법일 것이다.

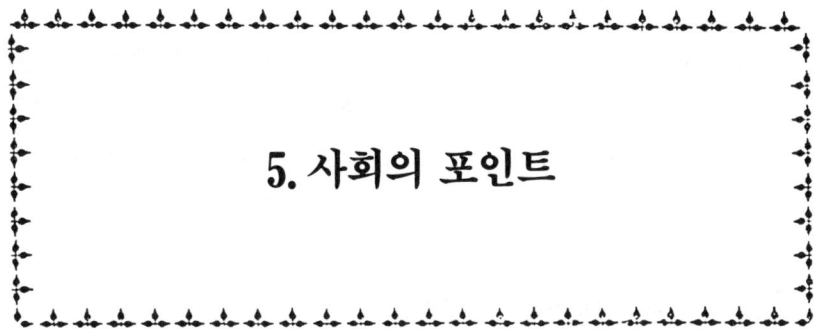

# 5. 사회의 포인트

## 안정감과 여유를

인간의 기본적 욕구 중에는 안정을 바라는 욕구가 있다. 사회자가 안정감이 없으면 참가자들도 그와 같은 기분이 되어 무엇을 하고 있는 것인지 불안해지는 경향이 있다. 언제까지나 불안정한 상태가 계속되면 초조해지고 도무지 즐길 여유가 생기지 않는다. 인간이므로 때로는 흥분할 수도 있다. 그러나 가능한 그것을 태도로 나타내지 말도록 하자.

또 술이 들어가면 시비를 거는 사람도 생긴다. 그럴 때 침착하게 처리하도록 하자. 같이 흥분을 해서는 안된다. 예를 들면 '분위기도 무르익었고 자리도 열기로 뜨겁군요. 여러분도 더우시지요. 자, 창을 조금 열까요.'라고 하거나 '여기에서 한 잔하지요'라는 식으로 슬쩍 받아 넘기는 것도 한 가지 방법이다.

안정감과 여유를 갖고 타이밍 있게 모임을 이끌어 갈 수 있도록 노력하자.

## 항상 전체를 파악하라

작용에 의해 천차만별의 반응이 나타난다. 언제나 같은 형식이 아닌 그 무드에 민감하게 반응하여 대처하도록 하자. 또 전체의 무드만이 아니고 한 사람 한 사람에게도 충분히 주의를 기울이고 운영하도록 하자.

## 지나치게 말을 많이 하지 않도록

사회자는 말을 많이 하고 싶어지는 경향이 있는데 참가자는 사회자의 말을 듣는 것보다 뭔가를 해 보고 싶다, 보고 싶다 라는 기분 쪽이 강하다. 특히 게임을 설명할 때는 간단 명료하게 설명한다.

## 사회자는 삐에로가 아니다

유머가 없으면 좋은 사회자가 될 수 없다는 말을 자주 듣는다. 분명히 적당한 타이밍으로 유머를 살릴 수 있다면 최고이다. 단, 재미를 주기 위해 농담을 하는데 열중하다 보면 중요한 것을 잃어버리는 경우도 있다. 여러가지 즐거운 게임이나 분위기 연출로 참석자들은 충분히 재미를 느낄 수 있다. 부디 이 점을 잊지 말도록.

## 사회자는 주연이 아니다

사회자는 주연이 아니다. 모임에 흥을 돋우기 위한 연출가이다. 화목하고 즐거운 무드를 만들어 모두가 만끽하게 즐길 수 있도록 봉사한다는 마음이 중요하다.

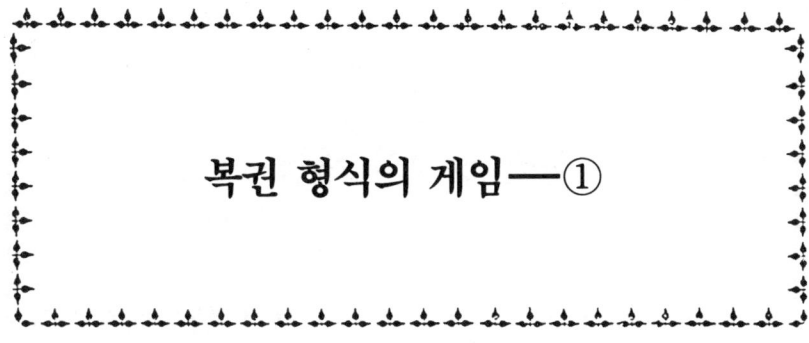

# 복권 형식의 게임—①

## 〈수수께끼 복권〉

연회를 즐겁게 만들고 분위기를 무르익게 하기 위해서는 복권을 뽑는 것도 하나의 방법이다. 복권에는 여러 방식이 있는데 여기에서는 수수께끼 복권 뽑기를 소개하겠다.

## □진행 방법

리더가 문제(힌트)를 내고 사람들은 그와 관련된 어떤 경품, 해설 등을 예상한다.

## 〈예〉

| 문제 | 경품 |
|---|---|
| ● 질투가 많은 부부 | 카스테라 |
| | (양쪽에서 구우니까) |
| ● 양식 아침 | 팬티 |
| | (팬케이크과 티(차)) |

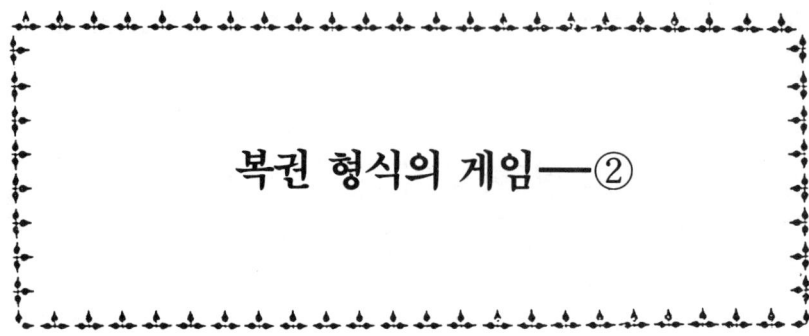

# 복권 형식의 게임—②

## 〈끈 잡아 당기기〉

### □준비
상품으로 할 물건, 끈 여러 개, 이불.

### □진행 방법
(1) 미리 상품에 끈을 달아둔다(상품은 사람 수의 반 정도로 준비하면 될 것이다).

(2) 그 끈에 상품을 단 것을 이불로 덮고 끈만 밖으로 내놓는다.

(3) 각자 마음에 드는 끈 앞에 앉도록 하고 리더의 신호에 따라 끈을 잡아 당기는 것인데, 매우 긴 끈을 몇 개 준비하여 그것을 당기면 상품이 나오는 것이 아니라 서로 사람끼리 당기게 되도록 장치를 해 두면 재미있을 것이다.

## 제 2 장

분위기를
만들기 위한 게임

# 1. 파티의 시작을 즐겁게 하는 게임

우리의 파티나 모임은 술 마시며 와자지껄 떠들다가 흥이 나면 특기를 가진 사람이 억지로 무대에 불려나오고 사람들은 그것을 보고 박수를 치는 것이 고작이며 음식이 줄고 시간이 지나면 한 두사람씩 사라지거나 술을 싫어하는 여성 역시 '사교'를 위해 얼굴만 내밀었다 일찍 자리를 뜨는 경우가 대부분이다.

많은 사람이 출석하여 즐겁게 지내기 위한 방법으로 우선 파티의 시작을 부드럽게 하는 게임을 소개한다. 서먹서먹 하고 어색한 연회 석상에서 본격적인 게임을 해도 무리가 없도록 서로 자연스러워지는 게임이다.

## □포인트

형용사가 빠져 있는 문장에 형용사를 채워 문장을 완성하는 게임이다.

## □준비

미리 형용사를 뺀 문장을 준비한다.

내용은 그 자리에서 맞는 것을 준비하는 것이 좋을 것이다.

(망년회라면 망년회다운 문장)

## □진행방법

(1) 참가자들에게 순서대로 형용사를 자기 마음대로 말하도록 한다.(아름다운, 뻔뻔스러운……)

(2) 그것을 준비된 문장 속의 비어 있는 장소에 차례대로 써 넣는다.

(3) 빈곳이 전부 채워지면 리더는 문장을 읽는다. 엉뚱한 형용사가 끼어 재미있는 메시지가 될 것이다.

여러분
이 얄미운
1년 동안
아름다운 근무를 하시느라 수고하셨습니다.
우스운 오늘은
이제부터
둥근 망년회를
열 생각입니다!?

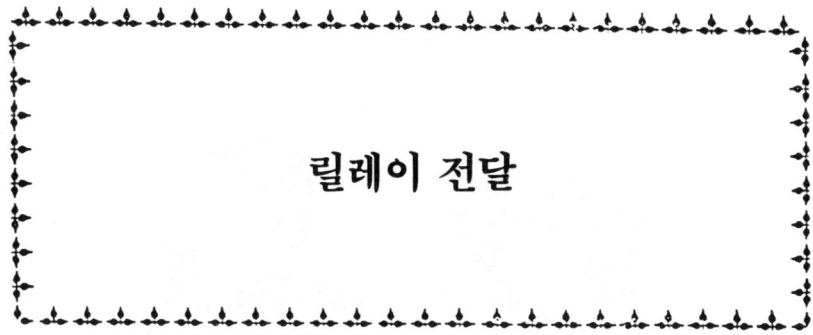

# 릴레이 전달

### □포인트
종이 테이프로 고리를 만들어 손을 대지 않고 이것을 릴레이 한다. 고리를 전달할 때의 동작이 재미있는 게임이다.

### □준비
종이 테이프로 큰 고리를 만들어 조의 수 만큼 준비한다.

### □진행 방법
(1) 각각의 선두자는 종이 테이프 고리를 목에 건다.

(2) 두 번째 사람은 그 사람의 고리를 손을 사용하지 말고 자신의 귀에 건다.

(3) 그 다음 사람은 또 목에 건다. 이렇게 해서——목——귀로 전달해 간다.

(4) 고리가 떨어지면 그 자리에서 집어 계속하고 잘라졌으면 다시 연결하여 계속한다. 빨리 끝까지 전달한 조가 승리.

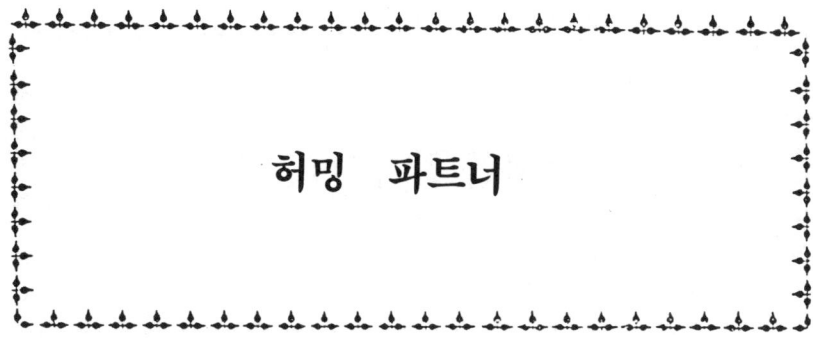

## □포인트
회장이 즐거운 노래로 가득찬다. 커플 만들기에 적절하다.

## □준비
잘 알려져 있는 노래 제목을 커플에게 한 곡씩 쓰게 한다. 같은 곡의 카드를 2장씩 만든다. 카드는 사람 수 만큼.

## □진행 방법
(1) 리더의 신호로 멤버는 자신의 카드의 곡을 허밍한다. 가사를 불러서는 안된다.

(2) 다른 사람의 허밍을 잘 듣고 자신과 같은 곡을 허밍하고 있는 사람을 찾는다.

(3) 같은 곡을 허밍하는 사람을 찾으면 커플이 되어 자리에 앉는다.

# 커플 찾기(1)

## □포인트

유명한 커플명을 사용하여 커플을 찾는 것으로 유연성을 강조한

게임이다. 좌석 정하기, 그룹 만들기에 최적합.

## □준비
유명한 커플 이름을 사람 수 만큼.

## □진행 방법
(1) 참가자에게 리더는 표를 등에 붙여 준다. 그러나 어떤 이름이 쓰여 있는지는 볼 수 없다.

(2) 참가자는 다른 사람 등의 이름은 읽을 수 있지만 자신의 이름은 모른다. 그러므로 서로 상대를 찾게 되는 것이다.

(3) 서로 커플이라고 생각되는 두 사람은 리더에게 가서 대조를 해 달라고 한다. 맞으면 자리에 앉는다.

(4) 몇 번이나 실패한 뒤에 우연히 맞출 수 있는 경우도 있고, 또 다른 사람을 보는 동안 자신의 이름을 알게 되는 경우도 있다.

(5) 빨리 커플을 이룬 조에게 상을 주어도 재미있다.

# 커플 찾기(2)

## □인원
20~30명.

## □대형
남녀 2열로 서서 서로 마주본다.

## □준비

종이 테이프(2색으로 하면 좋을 것이다).

## □방법

여러 가지 길이로 자른 테이프를 사람수 만큼  한쌍씩(커플 수 만큼) 만들어 여성에게는 미리 테이프를 건네준다. 리더는 남성이 받을 테이프를 조금 떨어진 장소에 둔다.

남성은 리더의 신호에 따라 달려 가서 리더가 갖고 있는 테이프를 받아 반대쪽 여성에게 가서 자신과 같은 길이의 테이프를 들고 있는 여성을 찾는다.

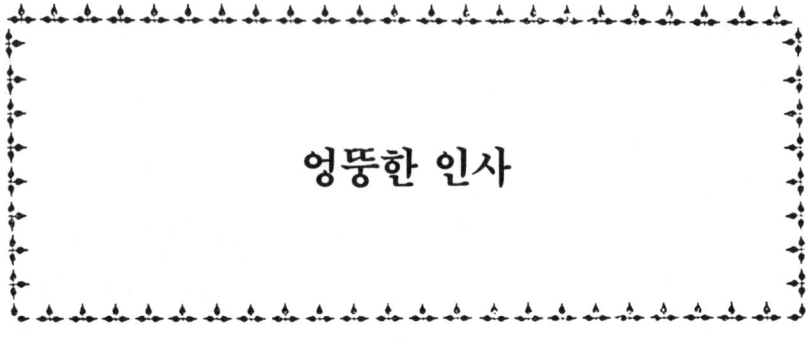

# 엉뚱한 인사

□**인원**

30명 정도.

□**대형**

자유.

리더의 신호로 두사람씩 마주 보고 인사를 나누는데 보통 인사와는 달리 서로 엉뚱하게 예를 들면 상대는 날씨 이야기를 하는데 이쪽에서는 교통 이야기를 하고 백이라고 하면 흑이라는 식으로 엉뚱하게 받아 상대를 이쪽 페이스로 이끈다.

어느쪽이든 먼저 웃거나 말이 막히면 지게 된다.

〈인사의 예〉

• 오늘은 날씨가 좋군요!

• 전철은 눈이 오면 고장이 나지요!

• 모두 안녕하신가요!

• 슈크림은 아주 맛이 있어요!

□요령

① 말재주가 없는 사람이 오히려 상대방의 의표를 찔러 자신의 페이스로 상대를 유도함으로 재미있다.

② 조대항 대표 게임으로써도 즐길 수 있는 게임이다.

③ 대화를 하면서 꼭 상대방을 쳐다볼 것. 눈길을 피하면 재미가 없다.

# 명함 보내기

## □인원
30명~50명.

## □대형
원으로 앉는다.

## □준비

사람 인원수에 맞는 종이와 연필.

전원이 착석했으면 각각 종이와 연필을 분배하고 자신의 이름이나 간단한 사항(약력, 취미, 장래 희망 등)을 기입시켜 둔다.

리더의 신호로 행진곡이나 노래에 맞추어 일제히 그 종이를 오른쪽(또는 왼쪽)으로 돌린다. 리더는 상황을 보아 적당히 스톱시킨다. 각자는 기립하여 들고 있는 명함을 각각 읽는다. 이름이 불리워진 사람은 재빨리 그 사람에게 가서 악수를 하고 제자리에 돌아오면 명함을 기념으로 준다.

## □요령

명함에 이름만 쓰고 이름이 불리워진 사람은 그것을 되돌려 받아도 좋다.

(이 게임은 서명 운동이라고도 한다).

## □인원
몇 명이라도 좋다.

## □대형
원을 만든다.

가사는 인사말이고 그것만으로도 재미있지만 거기에다가 동작을 덧붙이면 한층 더 재미있다.

(1) 하우듀유두 : 여러분
오른쪽(왼쪽이라도 좋다) 사람과 악수

(2) 하우두유두 : 반대쪽 사람과 악수

·(3) 우리 여기에 모여 : 박수를 8회친다.

(4) 사귀게 된 : 오른손을 오른쪽 사람 어깨에 얹는다.

(5) 친구 : 왼손을 왼쪽 사람 어깨에 얹는다.

(6) 마음이 : 양손을 양쪽 사람에게 얹은 채 오른쪽으로 흔든다.

(7) 즐거워 : 마찬가지로 왼쪽으로 흔든다.

(8) 하우두유두~ : 박수를 8회 친다.

## □요령

① 파티에서 실시할 때는 비교적 초반에 하는 편이 좋다.

② 박수를 칠 곳을 달리 여러 가지로 연구해 보는 것도 재미있다.

③ 너무 많이 반복하면 진력이 나므로 적당히 한다.

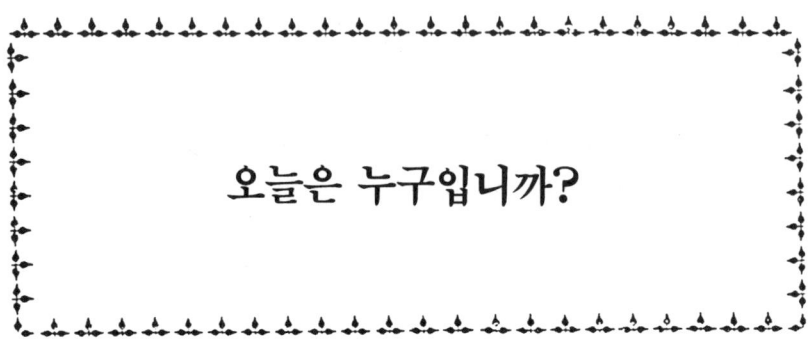

# 오늘은 누구입니까?

오늘은 누구입니까(나는 ○○의 ○○입니다) 아－－아 그렇습니까.

전원이 2중의 원을 만들어서 행진곡 노래에 맞춰 바깥쪽은 시계 방향, 안쪽은 반시계 방향으로 걷는다.

음악이나 노래가 멈추면 행진을 그만두고 각각 가장 가까운 사람끼리 원을 만든 채 마주 본다.

리더의 소리에 맞춰서 마주 본 사람끼리,

"오늘은 누구입니까?"

라고 노래하면서 가볍게 인사를 한다. 다음에는 우선 바깥쪽이 예를 들면

"박××입니다."

라고 하면 안쪽이

"김××입니다."

라고 대답하고,

"아아 그렇습니까"하고 입을 모으고 계속한다.

그것이 끝나면 전원은 서로의 왼발을 왼쪽으로 뻗으면서 이동하여 새로운 상대와 마주 보고 처음부터 반복해 간다.

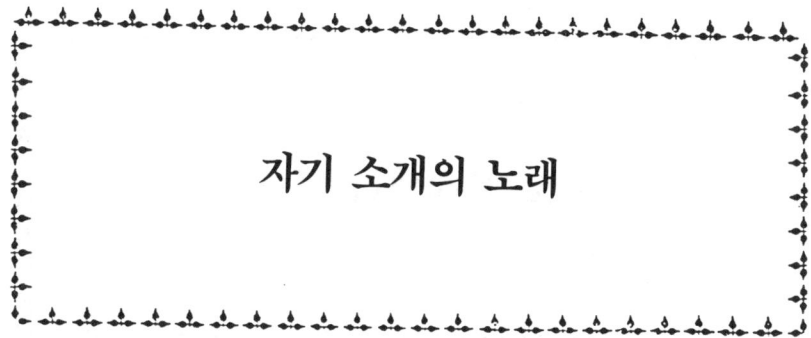

# 자기 소개의 노래

원을 만들고 모인 사람 중에서 리더에게 지명받은 사람은
"나는 홍××입니다. 한푼 없지만……."
라고 노래하면서 원의 안쪽을 스킵하면서 돈다.

노래가 끝나고 동시에 누구라도 좋으니까 새로운 사람을 지명하고
교대한다. 새롭게 지명받은 사람은 마찬가지로 노래하면서 스킵해서
원 왼쪽을 돈다. 이와 같이 차례차례로 교대해서 자기 소개를 계속해
간다.

( ii ) **인사게임**

472

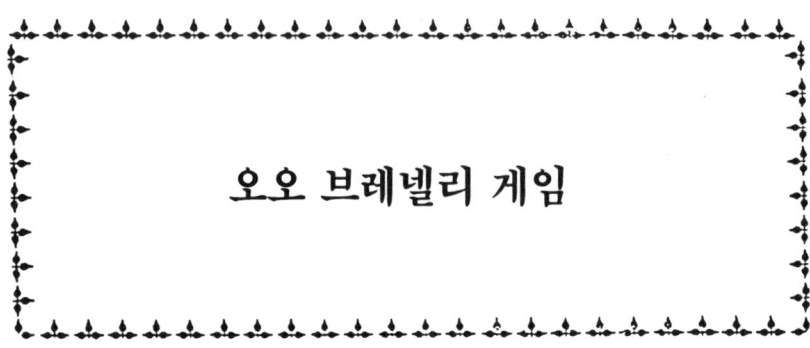

## 오오 브레넬리 게임

스위스 민요로서 유명한 '오오 브레넬리'는 남녀 2조로 나눠서 서로 교대하듯이 노래 부르지만 그 가사를 바꿔보면 재미있다.

리더: 오오 여러분,

　　　당신의 집은 어디

전원: 나의 집은 부산이예요. 항구가 보이는 언덕 위예요.

리더: 오오 ○○씨

　　　당신의 일은 무엇

○○씨: 나의 일은 타이피스트예요. 매일 툭툭 두드리고 있어요.

여러 가지 연구해서 질문을 함과 동시에 답하는 쪽도 즉흥적으로 요령 있게 표현할 수 있으면 좋지만 명답이 아닌 엉뚱한 답이 나와도 재미있다.

# '행복하면 손뼉을 치자' 게임

꽤 전부터 YMCA같은 곳에서 활발히 불리던 곡이다.

행복하면 손뼉을 치자 짝짝(손 장단)

행복하면 손뼉을 치자 짝짝(손 장단)

행복하면 행동으로 보이자.

자 모두 손뼉을 치자 짝짝(손 장단)

'손뼉을 치자'라는 가사를 변화시켜서 거기에 동작을 붙인다.

발을 구르자, 제자리 걸음 2번

어깨를 두드리자. 어깨를 두번 두드린다.

뺨을 두드리자 뺨을 가볍게 두번 두드린다.

마지막에는 처음부터 손장단, 제자리 걸음, 어깨 두드리기, 뺨 두드리기를 전부 연속 동작으로 한다. 자유롭게 가사, 동작을 연구해보면 즐겁다. 또한 다른 방법으로서,

'자 모두 ○○하자'라고 해서 여러가지 동작을 첨가해 봐도 재미있다.

행복하면 손뼉을 치자.

행복하면 손뼉을 치자.

행복하면 행동으로 보이자.

자, 모두 붉은 셔츠의 사람을 두드리자.

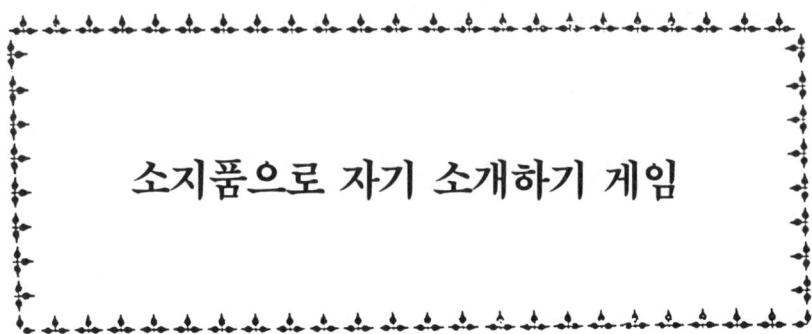

# 소지품으로 자기 소개하기 게임

　전원이 원을 만들어서 몸에 지니고 있는 소지품(가능한 한 작은 것)을 하나씩 손에 쥐고 대기한다.

　리더의 신호로 노래에 맞춰서 소지품을 순서대로 돌리고 스톱이 걸리면 손에 쥔다. 다음에 지명받은 사람은 자신의 소지품을 가지고 있는 사람을 찾아내서 그사람 앞으로 가서 인사와 자기 소개를 한다. 자기 소개가 끝난 사람은 지명권을 가질 수 있고 다음의 새로운 사람을 지명해서 차례차례로 계속해 간다. 즐겁게 하기 위해서 인사와 자기소개는 유머러스하게 하면 좋다.

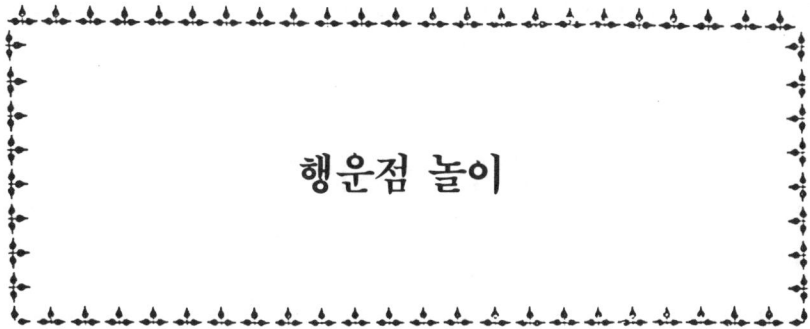

# 행운점 놀이

회식 등의 자리에서 좀 시간이 걸리지만 해 보는 것은 어떨까?

자리에 앉은 전원 앞에 놓인 컵이나 공기, 접시 등의 바닥에 작은 종이 조각을 붙인다. 거기에는 '행운의 말'을 써 둔다.

지명받은 사람은 그 말을 크게 읽고 반드시 자신의 이름을 넣어 자기 소개를 한다.

'행운의 말'은 반드시 미사여구뿐만 아니라 유머러스한 것 쪽이 재미있다. 꽃점이나 별점 또는 운세점 등을 참고로 해서 만들면 즐겁다.

# 상대는 어디에?

## □인원

30명～70명.

## □대형

2중원을 만든다.

리더의 지시로 전원은 바깥원과 속원으로 나누어 2중 원을 만든다.

신호로 2중 원은 행진곡이나 합창에 맞추어 각각 반대 방향으로 움직이기 시작한다. 적당한 때 정지하여 가장 가까운 곳의 상대와 마주 보고 서서 소개를 한다. 다음에 또 리더의 신호로 또 걷기 시작하는데 다시 한번 스톱하면 전원은 먼저번 소개한 사람을 찾아 손을 잡고 그 자리에 앉는다. 전원이 상대를 다 찾았으면 그대로 상대와 손을 잡고 원을 돌려 노래한다. 다시 처음으로 돌아가 게임을 계속한다.

### □요령

① 2박자의 경쾌한 음악에 맞추는 것이 효과적이고 피아노, 올겐 등의 악기가 있으면 좋고 레코드도 괜찮다.

② 가능한 많은 사람과 짝을 맺도록 한다.

③ 2중 원 뿐만 아니라 자유로운 가운데 상대를 찾는 방법도 재미 있다.

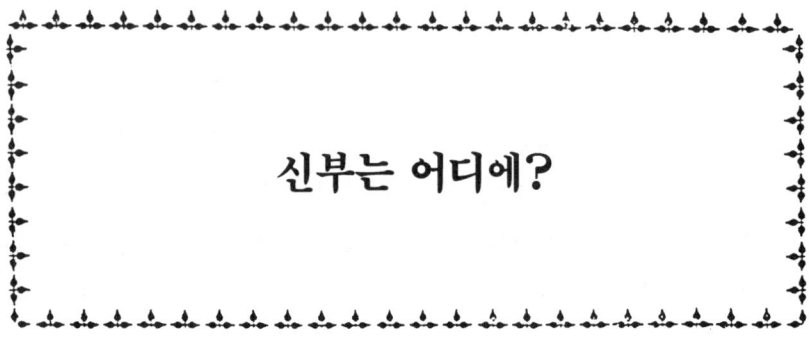

신부는 어디에?

□인원

몇 명이든 좋다.

## □준비
종이와 매직, 핀.


남녀는 각각 조를 짜 신랑측, 신부측으로 나누고 신랑측은 방에서
나가 기다린다. 리더는 우선 신부측 한사람 한 사람의 가슴에 준비한
종이를 붙인다. (그 종이에는 예를 들면 바늘, 꽃, 커피잔 등의 이름을
써 둔다) 신호에 따라 신랑이 한명씩 방으로 들어오고 리더는 종이를
등에 붙여준다. 그 종이에는 실, 꽃병, 커피 스픈 등의 이름이 쓰여져
있고 각자 자신의 상대가 누구인지를 육감으로 추측하여 그 앞에
앉는다. 맞았으면 박수를 쳐 주고 틀렸으면 방에서 나간다. 이것을
반복한다.


## □요령
① 한번에 맞추지 못할 경우, 사람수에 따라서는 횟수를 2, 3회

계속 시켜도 좋다.

　② 신랑은 신부 앞에 나갈 때는 대범한 제스츄어로 사랑을 호소하는 포즈를 취하도록 하면 한층 재미있다.

　③ 신부는 만일 상대가 신랑이면 기쁘게 두손을 뻗어 맞이하고 상대가 틀렸으면 새침을 떼는 표정을 지어 보이는 것이 좋다.

# 염려할 필요 없음

　어떤 귀부인은 남자 하인을 두고 있었는데, 그 하인이 노크하지 않고 가끔 여주인 방으로 들어오므로, 그녀는 옷을 갈아입을 때에는 특히 언제나 아슬아슬했다. 홀랑 벗고 겨우 갈아입은 찰라에 노크도 없이 쑥 들어온 일이 몇 번인지 모른다. 마침내 참다 못해 어느날 그녀는 하인을 불러놓고 말하였다.

　"내 침실에 노크도 없이 들어오는 일이 없도록 하세요."

　"네, 마님. 절대로 염려 마십쇼."

　"도대체 뭘 염려 말라는 거야? 난 알몸으로 있을 때가 자주 있는데."

　"글쎄 절대로 염려 마시라니까요. 저는 언제나 열쇠구멍으로 들여다 보고서 마님께서 홀랑 벗고 계실 때에는 들어가지 않기로 하고 있으니까요."

## □준비
없음.

## □진행 방법

짝수 인원수라면 몇 명이라도 상관없지만 60명 정도 실시하면 적당할 것이다.

전원 동인원수의 2중원을 만들어서 안쪽 원과 바깥 원으로 마주 선 후 각각 '우향우'를 한다.

리더의 '시작' 신호와 함께 그대로 전진한다. 즉, 바깥 원의 아이들은 시계와 반대방향으로, 안쪽 원의 아이들은 시계 방향으로 행진하게 된다. 이 때 마치(행진곡)나 친숙한 노래 등을 부르면서 행진하면 좋을 것이다.

리더는 적당한 즈음에서 스톱의 신호를 한다. 이 신호로 행진을 멈추고 전원 '좌향좌'를 하여 처음과 마찬가지로 마주 서서 앞 아이와 악수를 한다(이 때 앞에 파트너가 없었던 아이는 손을 올리고 파트너를 찾아서 이동한다).

전원이 악수할 수 있었다면 서로 자기 소개를 한다. 이와 같이

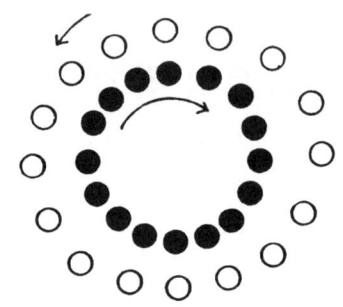

우향우를 해서 행진 스톱, 좌향좌로 악수를 하고 자기 소개를 4번 정도 반복한다.

　예정 횟수가 끝나면 리더는 각각의 회의 파트너를 확인시킨다. 리더가 예를 들어 '3번'이라고 지정하면 3회째에 악수한 파트너를 찾아서 악수를 하고 그 자리에 앉는다.

리더는 전원이 파트너와 악수를 하고 앉으면 잠시 틈을 주고 다음
번호를 지정한다. 이와 같이 반복해 간다.

## □유의점

① 서두르면서 파트너를 찾는데에 재미가 있지만 너무 열중하여
타인을 찾거나 해서 사고를 일으키지 않도록 지도해 주십시요.

② 몇 번째인가에는 같은 번호를 2번 계속해서 지정해 보는 것도
재미있을 것이다.

# 2. 교제를 깊게 하는 게임

망년회, 쌍쌍파티 등 대부분의 파티나 모임에는 파트너를 동반하고 참석하는 경우가 있다. 이럴 때 서로가 더 친해질 수 있는 게임을 소개한다. 특별한 사이가 아니더라도 부담없이 즐길 수 있고 또 여러 사람들이 '사교'의 목적을 충분히 이룰 수 있도록 여럿이 어울리는 게임들도 있으며 무엇보다 즐겁고 유쾌한 시간을 보내야 하므로 이런 취지에 어긋나지 않도록 분위기를 조성하는 것이 중요하다. 그저 먹고 마시고 취해서 집에 가는 그런 모임이 아닌, 기억에 남는 모임이 되었으면 한다.

# 3억 원 승부

## □ 포인트

파티 초기에 하는 게임으로써 적합.

## □준비

카드를 1인당 3장씩 건네준다(1장 1억 원).

## □진행 방법

(1) '시작'하는 신호에 따라 가까이 있는 사람과 오른손으로 악수를 하고 왼손으로 어깨를 두드리면서 '여, ○○○씨, 부탁합니다'라고 말한 뒤에 가위 바위 보를 한다.

(2) 이긴 사람은 상대로부터 1억 원을 받는다.

(3) 돈이 있을 때는 상대를 바꾸어 계속한다(같은 상대와 계속해서는 안된다).

(4) 소유한 돈이 없어진 사람은 자리에 앉아 기다린다.

(5) 리더는 상황을 보아 종료 신호를 알린다.

(6) 리더는 베스트 5를 발표한다.

# 손수건 당기기

## □인원

몇명이라도 좋다.

## □준비

손수건.

두 사람씩 마주서서 각각 오른손 엄지와 새끼 손가락으로 한장의 손수건 끝을 잡고 신호에 맞추어 당긴다. 재미있는 승부 놀이이다.

□**요령**

① 동작은 매우 간단하지만 기분 전환을 하려할 때 좋다.

② 그 자리의 상황에 따라 특별한 조건을 달아도 재미있다.

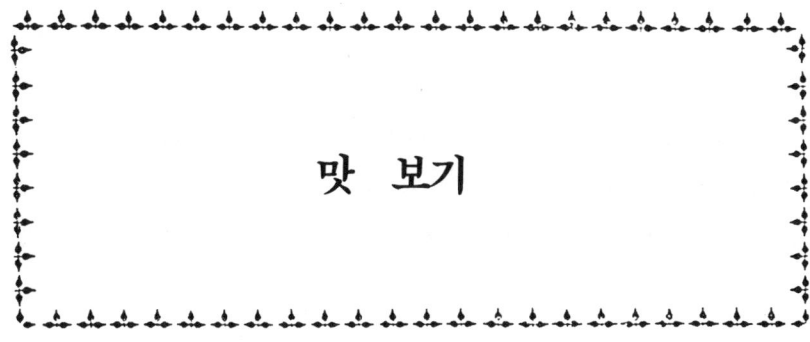

# 맛 보기

## □인원

30~50명.

## □준비

각종 조미료(설탕, 소금, 후추, 겨자, 식초 등), 과자, 접시, 종이,

연필, 수건.

전원을 다른 방에 들여 보내고 한 사람씩 눈을 가리고 데려온다. 방 한가운데의 책상 뒤에는 접시에 담긴 여러 가지 조미료나 과자를 둔다. 각자 그것을 입에 넣어 맛보고 제자리로 돌아가 종이에 맛을 기입한다.

□**요령**

① 다른 방에서 책상까지 로프를 쳐 그것을 잡고 이동하게 해도 좋다.

② 단것, 신것의 순서를 바꾸어 두면 재미있다.

# 당신의 후각은?

## □인원

30~50명.

## □준비

수건, 같은 형의 불투명한 병들, 우유, 쥬스, 암모니아, 석유, 식초,

물 등

 우선 준비한 병 속에 우유, 오렌지 쥬스, 그레이프 쥬스, 석유, 술, 식초, 기름, 물 등을 넣어둔다. 게임 참가자는 눈을 가리고 계속해서 병 속 내용물의 냄새를 맡아 그것을 기억해 두고 나중에 그 이름을 종이에 써 리더에게 제출한다. 가장 많이 맞춘 사람이 이긴다.

□**요령**

 ① 게임 전에 병 내용물을 모르게 한다.

 ② 준비할 때는 경우에 따라 액체만이 아니고 고형인 것 예를 들면 버터, 커피, 비누, 초콜렛 등을 준비해도 좋다.

# 음감 테스트

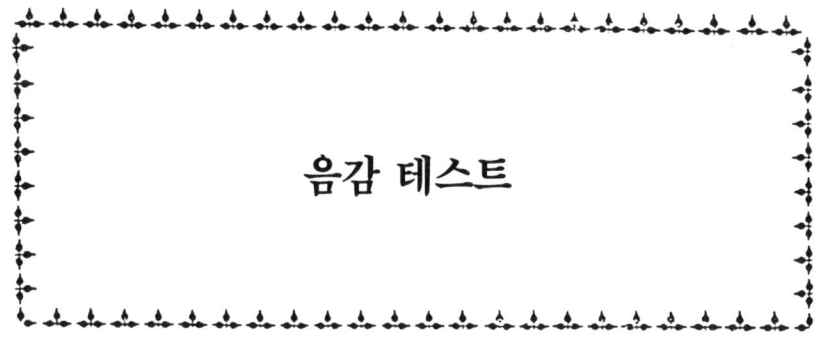

□**인원**

20명 정도.

□**준비**

수건, 공기, 컵, 접시 등.

494

### □대형
2조로 나누어 마주보게 한다.

전원 중 대표자를 뽑아 가위 바위 보로 순서를 정한다. 진 조는 전원 눈을 가리고 서로 이긴 조는 그 앞에 두드리면 소리가 나는 식기류를 놓는다. 대표자는 눈가리개를 한 채 그 하나하나를 젓가락으로 두드려 무엇인지 조원들과 상의하여 대답한다. 다음에 다른 조 사람이 게임을 계속한다.

### □요령
① 물건을 사전에 보지 않도록 한다.
② 각 조에게 내놓는 물건은 같은 것을 피한다.

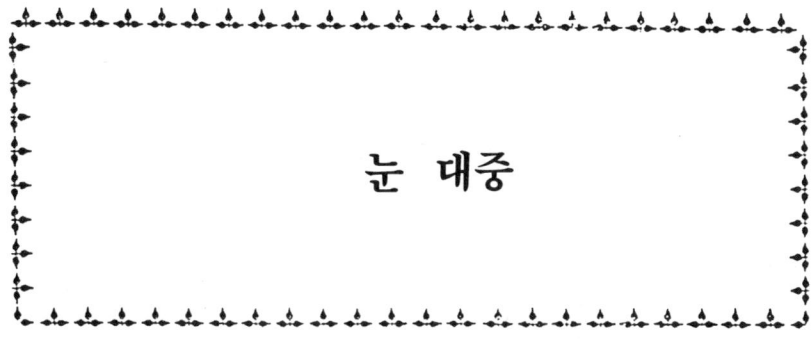

# 눈 대중

## □ 인원
50명.

## □ 준비
종이 보자기(봉투라도 좋다), 책.

리더는 전원 앞에 서서 종이와 연필을 건네주고 준비한 책을 봉지나 보자기에서 꺼내 단시간 보여준다.

전원은 그 책을 보고 중량, 그 페이지 수를 종이에 써 넣는다. 리더는 그것을 모은 다음 발표하는데 정확하게 맞춘 사람에게는 선물을 준다.

## □ 요령
① 눈 대중으로 여러 가지를 재는 것으로 전혀 틀린 답이 나오는 경우가 있는데 그것이 오히려 재미있다.

② 기입하는 사항은 그때 물건에 따라 적당히 바꿔도 좋다.

③ 전원을 2분하여 대항 게임으로 해도 재미있다.

# 오감 테스트

## □인원
30명 정도.

## □준비
성냥갑인 것, 10원짜리, 동전, 지우개, 단추, 핀, 호크 등.

### □대형

자유 또는 마주본다.

이것은 리더가 누군가를 지명하여 앞으로 나오게 하고 미리 준비해 둔 여러가지 물건이 들어있는 성냥갑 빈 것을 흔들어 보이고 그 속에 있는 물건의 이름이나 수를 맞추는 게임이다.

조를 나누어 각각 대표자를 내 대항 게임으로 해도 재미있다. 이 경우는 몇사람인가의 대표자 누계를 성적으로 한다.

### □요령

① 빈 각에 넣은 물건을 보여서는 안된다.

② 익숙치 않는 사람은 좀처럼 맞추지 못하므로 하나나 둘이라도 맞추면 칭찬해 주도록 한다.

# 미각 테스트

이 게임은 쥬스나 콜라 등이 준비되어 있는 회합이나 게임 놀이를 중단하고 휴식할 때 여흥으로써 실시해도 좋을 것이다.

## □인원
5~20명.

### □대형

테이블 등의 대를 앞에 두고 앉는다.

### □준비

컵, 빨대, 수건을 각자 1조, 자.

### □방법

물(또는 쥬스 등)을 가득 담은 컵에 빨대를 꽂고 각자 앞에 둔다. 선수는 리더의 신호에 따라 눈가리개를 한다. 자, 게임 개시이다.

리더는 '바닥에서 3센치'라고 하거나 '5센티까지'라고 선수에게 지시한다. 선수는 일제히 빨대로 마시기 시작하여 리더가 지시한 곳까지 되었다고 생각하면 그만 마시고 눈가리개를 푼다. 리더는 각 선수의 컵에 남아 있는 물의 분량을 재 가장 오차가 작은 사람을 승리자로 한다.

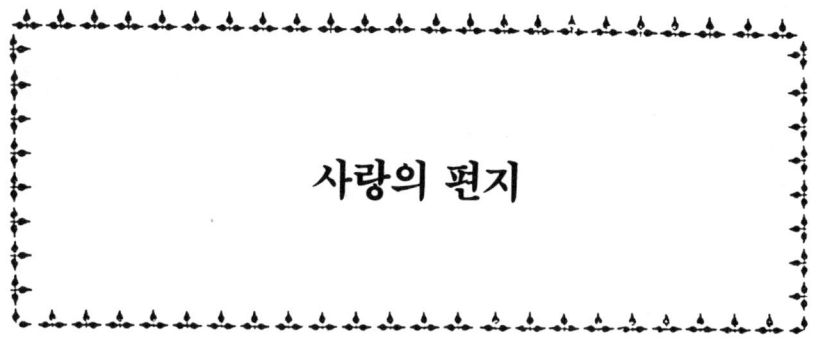

# 사랑의 편지

## □인원
10명~20명.

## □준비
종이와 연필.

우선 각자에게 연필과 종이를 준다. 리더는 시간을 정해 놓고 연애 편지를 쓰게 한다. 문장은 자유지만 되도록 유모어가 있고 간결한 것이 바람직하다. 다 썼으면 서명하게 하고 모아서 리더가 읽는다. 각자 그 문장에 나타난 성격, 언동, 표정 등으로 그 글을 쓴 사람을 맞춘다.

## □요령
① 개중에는 의표를 찌르는 문장이 있어서 좀처럼 맞추기 힘들기도 하고 의외의 사람이 쓴 것일 수도 있어 결과가 재미있다.
② 연애 편지의 대상은 참가자 중에서 선택해도 좋고 그 외의 사람이라도 좋다.

③ 친한 사람이 모였을 때 해야 효과가 있다.

④ 연애 편지로 한정하지 말고 다른 주제를 만들어 그에 따라 문장을 쓰게 하고 쓴 사람을 맞추는 것도 좋다.

# 제3장

## 보아서 즐겁고
## 해서 즐기는 게임

## 검객 등장

### □포인트
타올로 눈을 가리고 실시하는 검도 시합이다.

### □준비
타올 여러 장, 신문지를 만 종이봉 2개(예비로 몇 개 더 준비할 것).

### □진행 방법
(1) 청백 시합으로써 조 대항으로 실시해도 좋고, 토너먼트로 해도 재미있을 것이다.

(2) 대표 2명을 나오게 하고 타올로 눈을 가리고 '시작'하는 신호에 따라 시합 개시

(3) 달려들 때는 '에잇' '얏'하는 기합을 붙이도록 하자.

(4) 판정은 상대의 몸 어느 부분에나 봉이 닿으면 승자가 된다.

### □주의
• 음식을 엎지르면 곤란하므로 어시스턴트를 반드시 붙이자.

● 승부 판정은 크고 명료하게 하자.

# 한낮의 결투

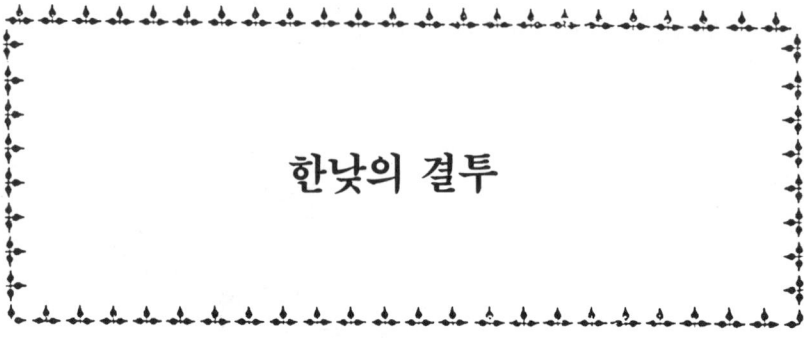

## □포인트

등을 대고 타올을 잡는다.

## □준비

타올, 음악.

## □진행 방법

(1) 대표 2명이 나와 두 다리를 벌리고 등을 댄다.

(2) 2명의 등에 타올을 1개 둔다.

(3) 음악을 울리다가 분위기가 고조되고 적당할 때 음악을 스톱한
   다.

(4) 음악이 멈추면 발 위치를 움직이지 말고 다리 사이로 타올을
   잡는다.

(5) 타올을 잡는 사람이 승리.

엉덩이와 엉덩이가 부딪치므로 넘어지는 경우도 있을 것이다.

이긴 사람은 다른과 사람과 교대, 진 사람은 술을 한 잔 마시고
이길 때까지 계속하는 것이 보다 재미있을 것이다.

# 젯트 코스터

## □포인트
유머러스한 자세가 볼거리이다.

## □준비
반지, 실(1 m 정도 양 끝을 입에 물기 쉽게 만든다).

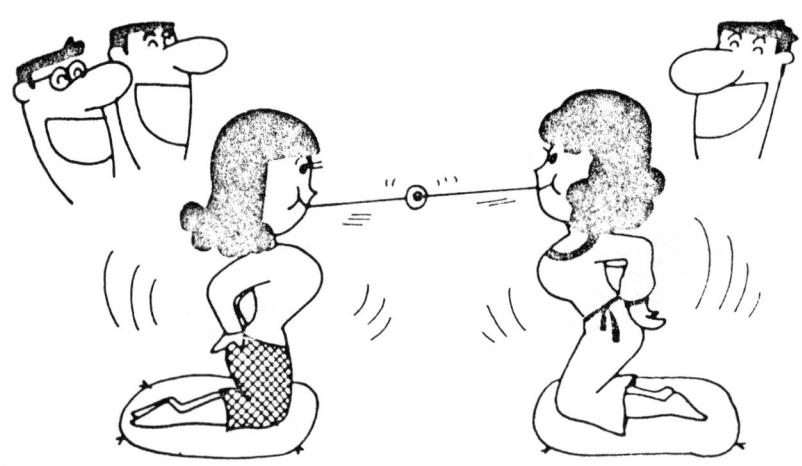

## □진행 방법

(1) 준비한 실에 반지를 끼워 대표 2명에게 각각 끝을 물게 하고 자리에 앉힌다.

(2) 반지를 실 중앙에 위치시키고 사회자의 신호로 경기 개시

(3) 반지를 상대방 입 가까이 보내는 사람이 승자이다. 단 경기자는 반드시 두 손을 밑으로 내려야 한다. 또 실이 입에서 떨어진 경우는 실격이다.

## □응용

토너먼트전, 팀 대항전 등으로 부디 해 보기 바란다. 반대로 자신의 입 가까이 반지를 끌어들이는 사람의 승리로 해도 좋을 것이다.

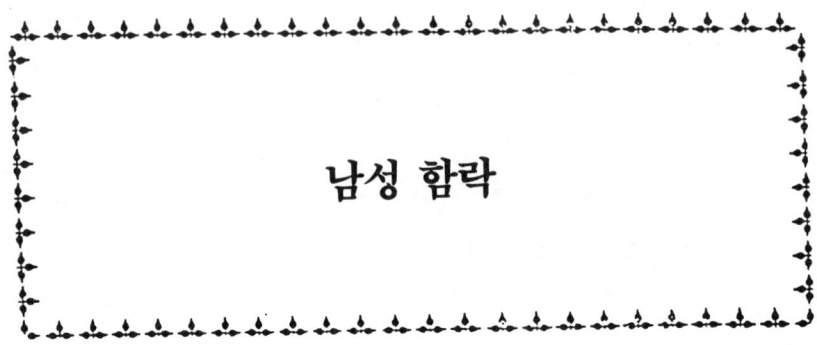

# 남성 함락

□**포인트**

여성의 힘을 보이는 게임이다.

□**준비**

메트리스(두꺼운 것이 좋다).

□**진행 방법**

(1) 매트리스를 셋으로 접어 그 위에 남성이 앉는다.

(2) 여성 1명이 그 위에 선다.

(3) 사회자의 신호로 여성은 점프하면서 손을 사용하지 말고 남성을 떨어트린다. 이때 남성은 절대 일어나서는 안된다.

(4) 몇 분 걸려 남성을 떨어트릴 수 있느냐를 겨루는 게임이다. 여성이 떨어지면 실격이 된다.

□**응용**

3개 정도 준비하여 누가 빨리 떨어트리는지를 겨루는 방법도 있다. 이쪽이 보기에도 즐거울 것이다.

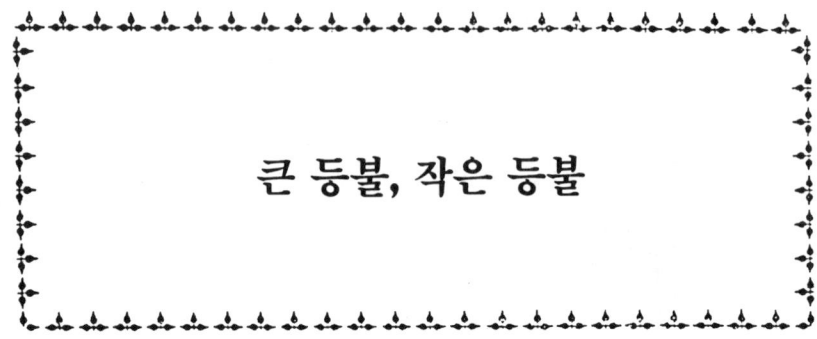

# 큰 등불, 작은 등불

## □포인트

리드미컬한 발성의 유쾌함과 반사신경을 필요로 하는 재미있는 손놀이.

## □진행 방법

(1) 2명이 마주보고 가위 바위 보를 한다.

(2) 이긴 사람이 노래를 부르고 진 사람이 동작을 하게 된다.

(3) 이긴 사람이 '큰 등불'이라고 하면 진 사람은 두손으로 작은 원을 만든다. '작은 등불'이라고 하면 큰 원을 만든다. 빨리 말하거나 같은 말을 반복하여 상대를 헷갈리게 만든다.

(4) 동작이 틀리면 입장을 바꾼다.

## □유의점

리더가 소리내고 멤버가 동작을 한다. 그리고 틀린 사람은 게임을 계속할 수 없고 맨끝까지 남은 사람을 챔피온으로 선정하는 놀이 방법도 있다.

오뚝이

## □포인트

오뚝이라는 말이 붙었을 때만 지시하는 동작을 하는 놀이이다.


## □진행 방법

(1) 리더가 '오뚝이 ○○을 하세요'라고 오뚝이라는 말을 붙여 명령을 내렸을 때만 그 동작을 한다.

(2) 리더는 재빨리 지시를 하여 계속해서 동작을 시키면서 때때로 '오뚝이'를 빼 본다.

미스를 유발시키기 위한 연구가 필요하다. 상대가 미스를 하지 않으면 시시한 게임이 되어 버린다.

# 미꾸라지 잡기

## □포인트
잡는 것과 도망치는 것을 동시에 하는 반사 신경 게임이다.

## □진행 방법
(1) 우선 원을 만든다.

(2) 왼손은 엄지와 인지로 고리를 만들고 오른손은 인지를 내 잡는다.

(3) 그 인지를 오른쪽 옆 사람의 고리 위에 넣는다. 원이므로 전원 연결된다.

(4) 그대로의 자세로 리더의 신호를 기다렸다가 '1 · 2 · 3'의 신호에 따라 왼손은 잡고 동시에 오른손은 잡히지 않도록 재빨리 **뺀다**.

## □유의점
익숙해지면 리더의 말 중에 '왼쪽'이나 '오른쪽'이라는 단어가 나오면 신호와 같은 행동을 하도록 한다. 리더는 '왼쪽', '오른쪽'이라는 단어를 넣어 이야기를 진행시켜 간다. 예를 들면, "런던에서는 자동차는 '왼쪽' 통행이기 때문에 교차로에서 좌회전을 하려면 '오른쪽'을 보아야 합니다"라는 식이다.

516

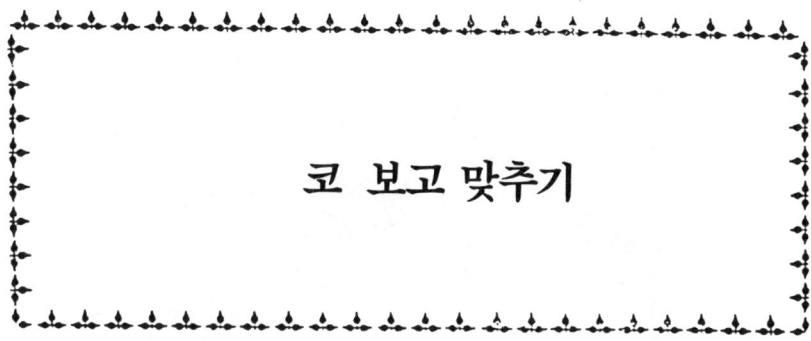

# 코 보고 맞추기

## □인원
20~50명.

## □준비
헌신문 또는 낡은 커텐.

우선 헌신문을 붙여 전신 크기의 인형을 만들어 방 중앙에 놓고 코가 들어갈 수 있을 정도로 구멍을 뚫는다.

전원을 2조로 나누어 가위 바위 보로 이긴 조의 대표가 그 구멍에 코를 내민다. 상대가 그 사람을 맞춘다.

## □요령
① 코 외 눈, 입, 또는 손이나 발로 바꾸어도 재미있다.

② 가능하면 신문이 아닌 두꺼운 종이로 인형을 만들어 코나 입을 내보이는 것이 좋다.

③ 어지간히 친한 사람들의 모임이 아니면 맞추기 어렵다.

## 이해가 안가

주인댁의 따님이 하도 말괄량이여서 화가 난 식모는,

"자, 얌전해지지 않으면 넌 지옥으로 가게 돼요."

"그럼 아줌마는 어디로 가지?"

"난 물론 천국이지요."

"천국에도 식모방이 있나요?"

# 감촉 게임

## □포인트
상상하는 재미와 대표자의 표정을 보는 즐거움.

## □준비
고무로 만든 뱀이나 모양이 이상한 오이, 감촉이 특이한 것을 10가지 정도, 종이, 연필.

## □진행 방법
(1) 대표 4명 정도를 출장시켜 눈을 가리고 일렬로 서게 한다.

(2) 준비한 물건들을 차례로 만져 보게 하고 그것이 무엇인지를 기억하게 한다.

(3) 모든 것을 다 만졌으면 눈가리개를 풀고 어떤 물건이 있었는지 쓰게 한다(그때 물건은 감추어 둔다).

(4) 하나 하나 발표하고 가장 많이 맞춘 사람이 승리.

상품으로써 1위부터 만지게 했던 물건을 가지고 가게 한다. 뒷정리가 쉬워진다.

□**주의**

너무 심한 물건은 준비하지 말도록 한다.

# 물 한 방울은 피 한 방울

## □인원

1팀 10명 정도. 2~3팀이 실시한다.

## □대형

전원 중심을 향해 의자에 앉는다.

## □준비

컵을 팀 2배수 만큼, 테이블, 자.

## □방법

중심에 테이블을 놓고 그 위에 빈 컵을 팀 수 만큼 둔다. 각 팀의 선두자는 리더로부터 물이 가득 든 컵을 받는다.

리더의 '준비, 땅!'하는 신호에 따라 물을 쏟지 말고 컵을 들고 테이블 있는 곳까지 달려간다. 그리고 테이블 위에 있는 자신 팀의 빈 컵에 물을 옮기고 빈 컵을 갖고 자신의 의자까지 되돌아가 그 컵을 두 번째 사람에게 건네준다. 두 번째 사람도 마찬가지로 컵에 물을 옮기고 물이 든 컵을 갖고 되돌아가 세 번째 사람에게 이것을 건네준다.

순서대로 이것을 반복하여 빨리 끝까지 컵을 릴레이하고 남은 물의 양이 많은 팀이 승리하게 된다. 컵 대신 세면기를 이용해도 좋을 것이다.

# 제4장

## 여흥을 돋구는 매직게임

# 매직 게임에 대해서

매직 게임이란 특수한 장치를 사용하는 것 뿐만 아니라 '관중의 눈을 속이는 게임'이다. 여기에서 선택한 종류는 본격적인 마술이나 요술이 아니고 게임과 게임을 연결하는, 게다가 연기하는 사람도 보는 사람도 충분히 즐길 수 있는 요소를 지니고 있는 것들이다. 그러므로 누구나 언제 어디에서나 간단하게 실시할 수 있는 것들이다.

단, 보기에는 간단한 것 같지만 실제로 해 보면 역시 까다롭고 힘이 들기도 한다. 그것을 잘 하기 위해서는 첫째도 둘째도 연습이다. 한번에 성공했다고 해서 곧 본프로그램으로 들어가는 것이 아니고 매직 게임은 하나 하나 완전하게 마스터한 뒤 실제로 하도록 한다. 또 게임을 실시할 때의 대형은 자유이지만 게임의 비결이 금방 드러날 만한 장소에 관중을 위치시키지 않는 것이 중요하다.

매직 게임은 행동이 동반되는 게임으로 지친 머리를 풀어주는 두뇌 체조적인 것이고 또 멋진 재주로 관중을 놀라게 할 수도 있다. 여기에서는 실연해 보면 재미있을 것이라고 여겨지는 것을 선택했고 비교적 간단한 것을 다루어 보았다.

자, 충분히 연습을 하여 집회를 보다 즐겁게 만들 수 있도록 당신도 매직 게임을 익히도록 하자.

# 딱 맞춰 보겠습니다—①

## □진행 방법

(1) 자신은 눈을 가리고 대표자에게 카렌다의 숫자를 가로 세로 2개씩 합계 4개의 숫자가 들어가도록 칸을 만들게 한다.

(2) 상대에게 4개의 숫자를 발표하게 한다.

(3) '그 4개의 숫자는……이군요.'

## □비결

상대가 말한 합계수를 4로 나누고 그 답에서 4를 뺀다. 그것이 가장 작은 숫자이다. 가장 큰 수와 가장 작은 수의 차이는 반드시 8이 된다. 따라서 가장 큰 수는 가장 작은 수에 8을 더한 것이 된다.

(例)

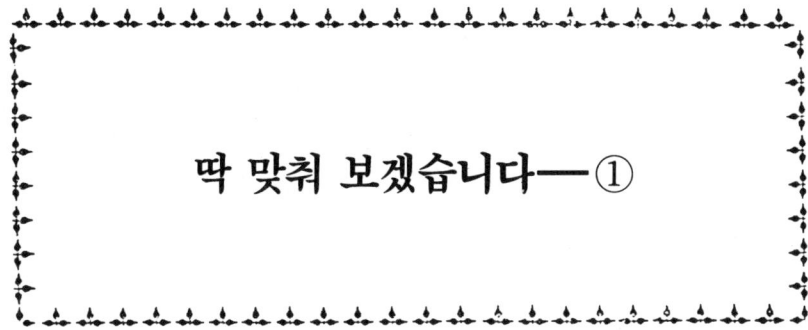

그 뒤 2개는 곧 알 수 있는 것이다.

〈예〉

9+10+16+17=52

52÷4−4=9…(가장 작은 수)

9+8=17…(가장 큰 수)

9+1=10…(두번째의 수)

17−1=16…(세번째의 수)

# 딱 맞춰 보겠습니다― ②

## □진행 방법

(1) 상대의 생일에 2를 곱하게 하고 그 수에 5를 더하게 한다.

(2) 또 그 나온 수에 50을 곱하게 한다.

(3) 끝으로 상대의 나이를 더해 그것을 발표하게 한다.

(4) '그럼 당신의 나이, 태어난 달을 딱 맞춰 보겠습니다. 그것은…
이군요.'

## □비결

상대가 발표한 수에서 250을 빼면 답이 나온다.

## 〈예〉

3월생 28세

```
            3
        ×   2
      ─────────
            6
      +     5
      ─────────
          1 1
      ×   5 0
      ─────────
        5 5 0
      +   2 8
      ─────────
        5 7 8
      - 2 5 0
      ─────────
        3 2 8
        ┊   ┊
        태  나
        어
        난
        날  이
```

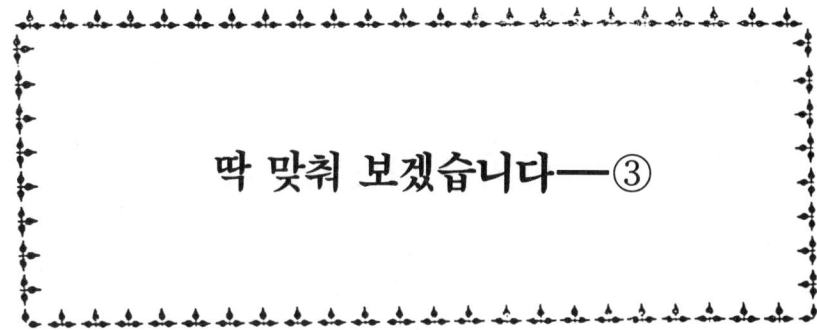

# 딱 맞춰 보겠습니다—③

## □진행 방법

(1) 상대에게 어떤 수를 마음 속에 정하게 한다(얼마라도 좋지만 자리수가 많아지면 계산에 시간이 걸린다).

(2) 그 수에 1을 더하고 3배하게 한다.

(3) 다음에 그 나온 수에 또 1을 더하고 맨처음 생각한 수를 더하게 한다.

(4) 끝으로 나온 수에서 4를 빼 발표하게 한다.

(5) '그럼 맞춰 보지요. 당신이 생각한 수는……이군요'

## □비결

상대가 발표한 수를 4로 나누면 답이 나온다.

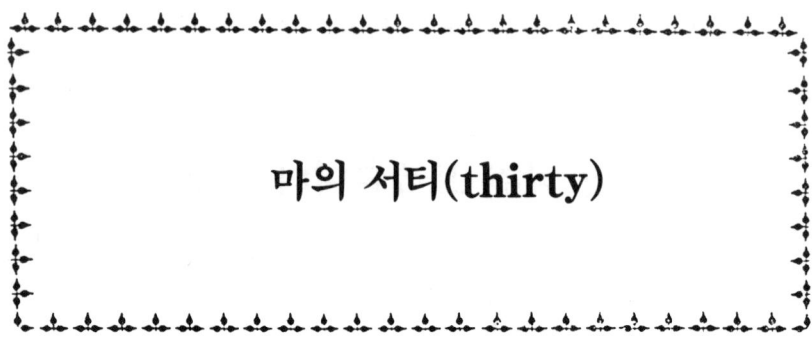

# 마의 서티(thirty)

## □진행 방법

대표 1명을 선발하여 1에서 30까지 순서대로 서로 바꾸어 세어 30을 말한 사람이 지게 된다. 룰은 최고 3개까지 말할 수가 있다.

## □필승법

선두가 반드시 승리한다. 결정적인 수를 기억해 두어도 좋다. 그 수는 25 · 21 · 17 · 13 · 9 · 5 · 1이다.

어디까지 적당히 수를 세고 있는 것처럼 행동한다. 결정적인 수를 다 외울 수 없을 때는 25를 취하도록 한다. 25를 상대가 취한 경우는 수를 잘 얼버무릴 필요가 있다.

### 〈전개의 예〉

| | |
|---|---|
| A…1 · 2 · 3 | B…4 · 5 |
| A…6 | B…7 · 8 · 9 |
| A…10 · 11 | B…12 |
| A…13 | B…14 · 15 · 16 |
| A…17 · 18 · 19 | B…20 |

A…21                    B…22 · 23 · 24
A…25                    B…26
A…27 · 28 · 29          B…30

# 원하는 건 비밀 뿐

부하 사병들로부터 몹시 미움을 받는 장교가 어느 날 강물에 빠져서 거의 죽게 되었다. 이를 보고있던 사병 하나가 곧 뛰어들어 그 장교를 구해 주었다.

겨우 죽음을 모면한 장교는 사병에게 무엇을 원하느냐고 물었다.

"아무 것도 원하지 않습니다. 다만 이 일을 꼭 비밀에 부쳐 주십시오."

"그건 또 왜?"

"다른 녀석들이 알게 되는 날엔 난 뭇매를 맞아 죽을테니까요."

# 아이 엠 어 컴퓨터

계산을 컴퓨터 처럼 빨리 정확하게 하는 숫자 트릭이다.

## □진행 방법

(1) 누군가가 모두 볼 수 있게 다섯자리 수를 쓰게 한다.
(2) 그 밑에 이번에는 당신이 다섯자리 수를 쓴다.

(3) 그 밑에 또 상대에게 다섯자리 수를 쓰게 한다.

(4) 또 당신이 그 밑에 다섯자리 수를 수를 쓰고 끝으로 상대에게 다섯자리 수를 쓰게 한다.

(5) 그 합계를 당신은 컴퓨터 같이 빨리 낼 수가 있다.

## □비결

(1) 상대가 쓴 수와 자신이 쓴 수의 각 자리수 합계를 반드시 9가 되게 한다.

(2) 두번째도 마찬가지로 한다.

(3) 상대가 마지막에 쓴 1위의 수에서 2를 빼고 5위 숫자 앞에 2를 붙이면 완성된다.

## □주의

상대가 마지막에 쓴 수의 1위의 수가 1일 경우에는 9가 된다.

## 〈예〉

상대…42681

나…57318

상대…69053

나…30946

상대…45678

＝245676

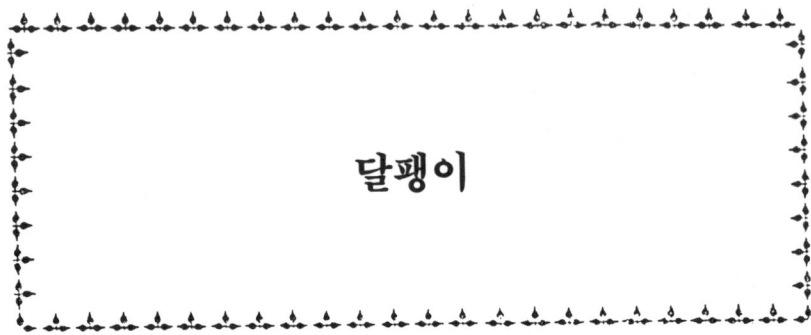

# 달팽이

## □진행 방법

우산을 이용하여 달팽이처럼 보일 수 있다. 엎드려 걸고 몸 옆에 우산을 펴 굴리면서 천천히 전진한다. 머리에 띠를 두르고 젓가락을 2개 꽂아 뿔을 만든다.

달팽이처럼 느릿느릿 움직이고 우산 속에서 목을 넣었다 빼거나 다리를 내놓는다.

우산은 무늬가 없는 것보다 무늬가 있는 편이 보다 효과적이다.

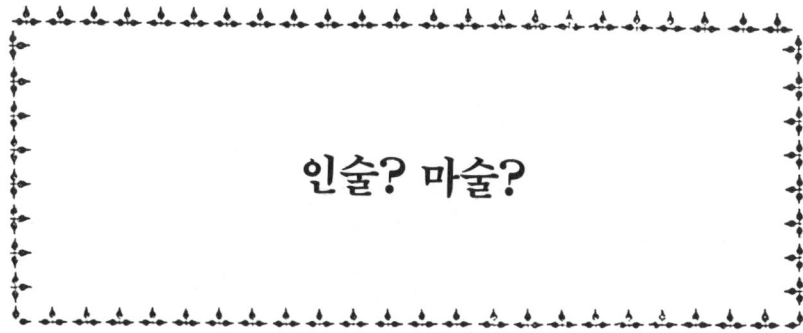

# 인술? 마술?

담배갑(빈갑)을 이용하여 노는 매직이다. 요령은 간단하므로 미리 충분히 연습한 뒤 실시하기 바란다.

## □인원
빈 담배갑 또는 엽서.

## □연기하는 법

담배갑이나 엽서 양끝을 안쪽으로 직각으로 접어 책상처럼 만든다. 이것을 책상 또는 테이블 위에 얹어 놓고 손을 사용하지 말고 입으로 불어 뒤집는 게임이다. 실제로 해 보면 간단한 것 같지만 상당히 어려운 것이다. 자, 시험해 보기 바란다.

너무 가까이서 힘껏 불어도 결코 뒤집어지지 않는다. 요령은 어느 정도 떨어진 곳에서 가볍게 '훅' 부는 것이다.

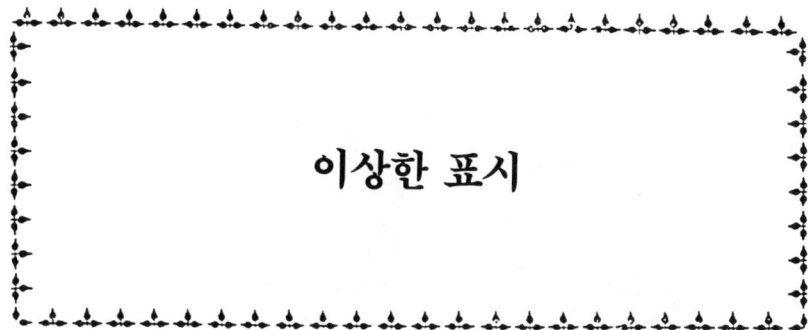

# 이상한 표시

주위에 있는 것을 사용할 수 있는 간단한 매직 게임이다. 드는 것에 따라 일방통행 화살표(그림 참조)의 방향이 바뀌어 버리고 게다가 관객은 이상하다는 것을 알아차리지 못한다. 단, 이 매직을 능숙하게 전개시키기 위해서는 능란한 화술이 필요하다. 그럼 그 요령을 설명해 보겠다.

## □준비

두꺼운 종이, 볼트지에 일방통행 표시를 만든다.

## □연기하는 법

우선 일방통행 표시(그림 1, 2)의 겉과 속을 관객 쪽으로 향하고 A 부분을 오른손으로 B부분을 왼손으로 잡는다.

손 위치를 바꾸지 않고 표시를 빙그르 손끝으로 뒤집기 바란다. 관객 쪽에서 보면 겉과 속 화살표가 같은 방향을 향하고 있는 것이다. 이때 관객의 표시에 대한 주의를 되도록 다른 곳으로 유도할 수 있도록 말을 하면서 2, 3회 빙글빙글 돌려본다.

말은 도중에 끊기는 일 없이 계속해서 하고, 다음에 극히 자연스럽

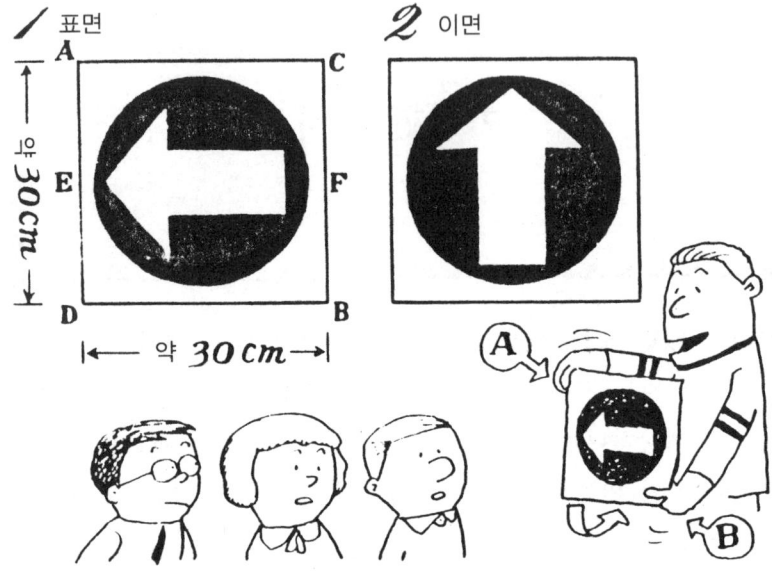

게 표시를 들고 있는 손의 위치를 왼손을 C에, 오른손을 D로 옮긴다. 다시 그 위치에서 표시를 빙글 돌려본다. 그렇게 하면 관객이 볼 때 화살표 표시는 겉과 속이 각각 반대가 되어 있는 것처럼 된다. 계속해서 말을 하면서 오른손으로 E를, 왼손으로 F를 잡고 표시를 돌린다. 이번에는 화살표 방향이 겉은 가로를, 안쪽은 세로를 가리키게 한다.

이 매직 게임은 테마가 무엇이든 재미있게 관객에게 이야기를 해주면서 관객이 알아차리지 못하도록 표시를 잡고 있는 손의 위치를 바꾸는 것이 비결이다. 즉 매우 간단한 매직으로 멋지게 연기하기 위해서는 관객의 주의를 마음대로 유도할 수 있는 감각을 갖춰야 한다.

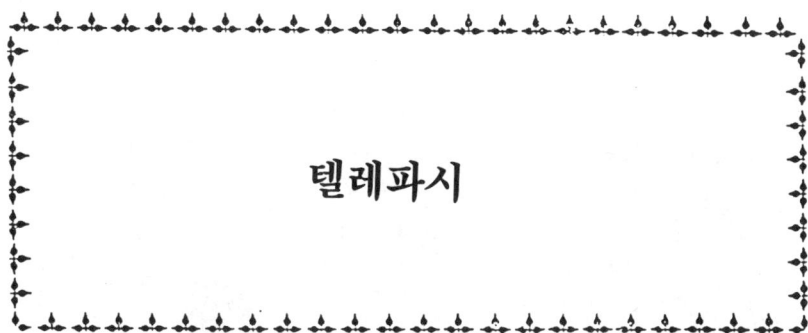

당신은 마술사. 우선 마술사는 관객 중에서 선발한 초능력자(실은 조수)를 뒤로 돌아서게 한다. 다음에 그 초능력자가 보지 못하도록 그림과 같은 칸을 관객에게 보이고 그 칸 중 어떤 한 칸을 지적하도록 한다. 다음 마술사가 보내는 텔레파시를 초능력자가 수신하여 관객이 지적한 칸을 맞추는 매직이다.

## □준비
칠판과 분필,또는 두꺼운 볼트지.

## □연기하는 법
물론 매직이므로 트릭이 있다. 관객 중에서 아무나 선발하는 것처럼 행동하지만 사실은 마술사와 초능력자는 게임을 시작하기 전에 미리 상의를 해 둔 것이다.

'이 사람은 초능력이 있을 것 같군요'라고 하면서 미리 상의해 둔 사람을 선발한다. 선발된 초능력자를 뒤로 돌게 하여 관객이 지정하는 칸의 위치를 초능력자가 보지 못하도록 한다.

지정한 칸이 어느 것인지 초능력자는 모르기 때문에 마술사는 그 어떤

방법으로든 '이것이 지정된 칸이다'라는 것을 알려야 한다. 아무튼 마술사는 초능력자를 관객을 향해 세운다. 그리고 '이 칸입니까?', '아니요', '그럼, 이것입니까?'라고 칸을 가리킨다.

□**트릭**

트릭은 아주 간단하다. 마술사와 초능력자는 상의할 때 관객이 지정한 칸일 때는 마술사가 약지를 내보이기로 약속을 해 두는 것이다.

이 매직은 마술사의 능란한 화술로 한층 연기를 돋보이게 하는 것이 요령이다.

# 이심전심

이 매직도 마술사와 조수의 연기로 관객을 감탄하게 만드는 게임이다. 연기라고는 해도 아주 간단한 것으로 역시 '텔레파시'와 마찬가지로 미리 조수와 상의해 두는 것이다.

## □연기하는 법

텔레파시와 다른 점은 마술사와 조수의 입장이 바뀌어 이 게임에서는 마술사가 연기를 한다는 것이다. 즉 마술사는 관객 앞에 서서 자못 위엄있게 이렇게 말한다. '저는 눈을 가려 보이지 않습니다. 그렇지만 제 조수가 만진 인물을 맞춰 보도록 하겠습니다.'라고.

다음에 마술사는 조수의 도움을 받아 가리개를 풀도록 한다. 그리고 조수와 다음과 같은 문답을 실시한다. 이때 조수는 관객 속에 있고 그동안 이리저리 돌아다니고 있다.

조수 : "저는 이 분을."

마술사 : "아니요."

조수 : "그럼 이분을 만졌습니까?"

마술사 : "아니요."

조수 : "그럼 이 사람을 만졌습니까?"

마술사 : "그렇습니다."

조수 : "자, 그럼 트릭은?"
그것은 몇 번 실시한 뒤에 밝히도록 한다.

□ **트릭**

매우 간단하다. 물론 미리 마술사와 조수는 상의를 하는 것이다.
문제의 인물 차례가 되었을 때는 이 분이라고 하지 않고 이 사람이라
고 하는 것이다.

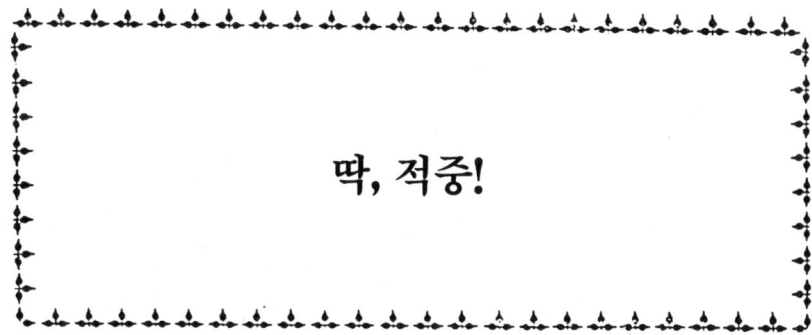

# 딱, 적중!

이 매직은 게임을 잠시 쉬는 동안이나 식사 때의 여흥으로써 실시하는데 어울리는 놀이이다. 단 연기하는 것은 1회로 한다.

## □ 연기하는 법

우선 참가자 중 한 명을 상대로 선택한다. 그리고 그 사람에게 1부터 9까지의 숫자를 하나 생각하게 한다. 그 사람이 '네, 생각했습니다.'라고 말하면 다음과 같은 문답을 한다.

마술사 : "그럼 그 수를 2배 하여 6을 더하십시오."

상대 : "더했습니다."

마술사 : "그럼 그 수를 2로 나누어 맨처음 생각했던 숫자를 빼 주십시오."

상대 : "네, 했습니다."

마술사 : "그 답은 3이지요?"

상대 : "어? 맞았네. 어떻게?"

이렇게 되는 것이다. 함께 있던 사람들도 감탄하거나 이상하다고 생각. 이상한 매직의 수는 어디에 있는 것일까. 그럼 설명해 보자.

□**트릭**

예를 들면 그 사람이 5를 생각했다고 하자.

    (1) $5 \times 2 = 10$

    (2) $10 + 6 = 16$

    (3) $16 \div 2 = 8$

    (4) $8 - 5 = 3$

이 된다. 상대가 어떤 수를 생각하더라도 이 방법을 쓰면 답은 언제나 3이 된다. 그러므로 이 매직은 한 번밖에 연기할 수 없는 것이다.

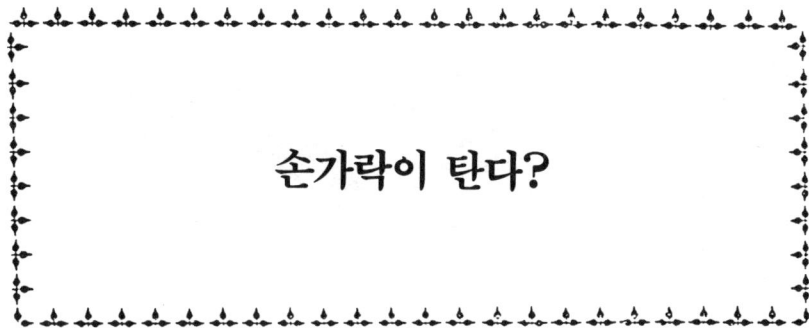

# 손가락이 탄다?

마술사가 미리 다음과 같은 준비를 해 두고 자신의 손가락에 장치를 한다. 관객에게는 손에 아무 것도 장치를 하지 않은 것처럼 하고 엄지와 인지를 서로 비비면 어, 이상하게도 연기가 모락모락 나는 매직이다.

## □준비
성냥갑. 접시(또는 재떨이).

## □연기하는 법
매직은 실시하기 5, 6분 정도 전에 미리 다음 준비를 실시한다.

우선 성냥갑에서 성냥개비를 마찰하는 갈색 약이 붙은 부분을 벗긴다(1~2㎠이면 충분). 이것을 재떨이나 또는 접시에 놓고 갈색 약이 붙은 면을 밑으로 가게 해서 태운다. 파란 섬광을 내면서 타기 시작할 것이다. 다 탄 뒤 잠시 지나 재를 제거하고 접시에 남은 갈색 댓진을 인지에 바른다. 여기까지가 매직의 준비 과정이다. 준비가 되었으면 그 뒤에 남은 것은 연기.

이상과 같은 준비가 되었으면 마술사는 관객을 앞에 두고 단 위에

이 부분을 벗긴다.

성냥으로
태운다.

갈색 진이 남는다.

서서 앞으로 이상한 일이 일어날 것이라는 것을 말하면서 엄지와 인지를 서로 비빈다. 이때 손가락 끝을 땀 등으로 축축해지지 않도록 준비해 둔다. 손가락 끝이 젖어 있으면 실패하기 때문이다.

　아, 이상한 연기가 모락모락 피어 오르고 있다.

　이 매직은 실은 술수도 계략도 아니다. 간단한 화학반응을 이용했을 뿐이다.

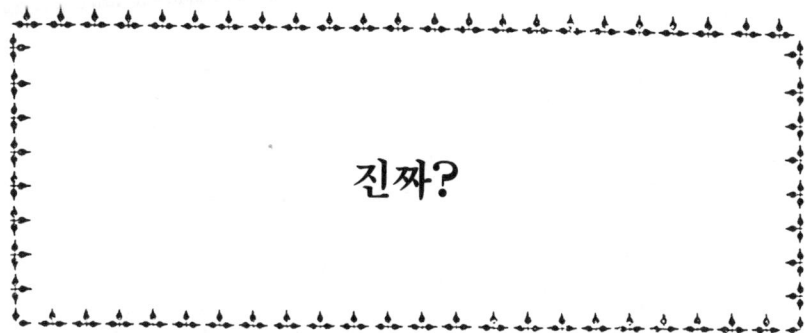

이것도 성냥을 이용한 간단한 매직이다. 또 간단해도 연기자의 많은 연습과 능란한 화술을 필요로 한다.

그럼 담배를 좋아하는 사람으로부터 성냥 한 개를 얻도록 한다. 준비는 그것뿐이다. 성냥을 결코 자신이 준비해서는 안된다. 미리 여성 두 명을 협력자로 선정한다.

### □연기하는 법

우선 성냥을 엄지와 인지 사이에 낀다. 그리고 관객 중에서 선정한 두 여성(단 바스트가 큰 여성)을 앞에 두고 다음과 같은 말을 하면서 한쪽 A여성 가슴을 성냥으로 가볍게 찌른다.

"A씨 바스트 진짜인가요? 아니면 패드인가요? 한 번 실험해 볼까요?"

성냥개비 머리쪽을 가슴에 가까이 대고 댄 순간 가볍게 손가락을 뗀다. 성냥은 '톡' 밑으로 떨어진다.

"어? 아무래도 A씨의 바스트는 패드인 것 같군요. 그럼 B씨는 어떨까요?"

다시 성냥을 집어 B씨 가슴에 가까이 댄다. 같은 요령으로 성냥

끝이 옷 부분 가슴에 닿는 순간 손가락을 뗀다. 성냥은 기세좋게 '톡' 튕겨 나간다.

　"어, B씨의 바스트는 진짜군요. 성냥이 이렇게 힘차게 튀는 것을 보니까요."

　특별히 이렇다 할 트릭이 있는 것은 아니다. 작은 연습으로 성냥은 곧 '톡'하고 세차게 튕긴다. 요령은 성냥머리 부분 잡는 법과 옷에 댄 순간 떼는 법. 성냥 끝을 대는 부분 선택법에 있다. 우선 성냥 머리를 다소 힘주어 잡고 옷의 탄력성 있을 만한 부분을 선택하여 성냥 머리 끝을 살짝 댄다. 댄 순간 손가락을 떼면 성냥 머리는 옷감 탄력에 밀려 '톡' 튕겨 나가는 것이다.

　몇 번 연습을 하면 누구든 곧 연기할 수 있게 된다.

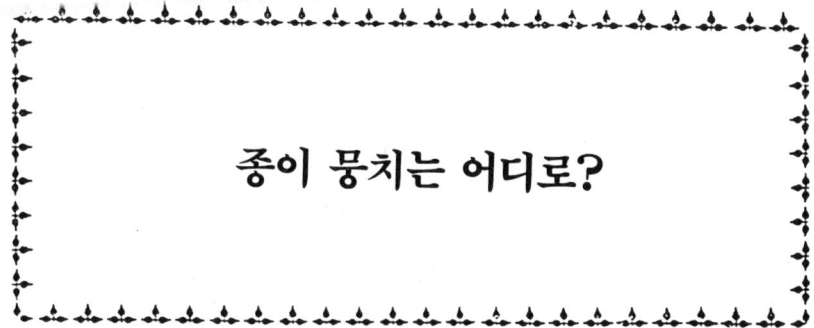

# 종이 뭉치는 어디로?

게임을 연기하는 사람과 그 상대자, 그리고 관객. 가장 즐거운 것은 관객이라는 실로 전형적인 매직 게임이다. 이 게임도 상대의 주의력을 다른 곳으로 돌릴 수 있는 교묘한 화술과 작은 연습이 필요하다.

□**준비**
종이. 의자 1개.

□**연기하는 법**
관객 중에서 게임 상대를 한 명 선정하여 의자에 앉힌다. 연기자는 그 앞에서 종이를 뭉쳐 상대나 관객이 잘 볼 수 있도록 좌우 어느 쪽 손에 쥔다. 그리고 재빨리 양손을 마주 보게 하고 종이 뭉치를 어느 쪽 손 안에 쥔다. 그리고,
"자, 종이 뭉치는 어느 쪽 손 안에 있을까요?"
라고 두 손을 상대 앞에 내민다. 처음에는 종이 뭉치가 손가락 사이로 보이게 하여 맞추게 해도 된다. 오히려 의식적으로 이것을 2, 3회 반복한다.
상황을 보아 '딱' 손이 마주칠 때 재빨리 상대 머리 위로 종이 뭉치

를 버린다. 상대는 그 동작이 바로 눈 앞에서 행해지기 때문에 종이 뭉치가 자신 뒤로 던져진 것을 모른다. 그 종이 뭉치는 좌우 어느 쪽 손 안에 들어 있을 것이라고 생각할 것이다. 이 점이 마술사의 요점.

　그것을 보고 있는 관객은 대폭소. 그 사람이 이상한 얼굴을 하면 할수록 재미있어진다. 또 연기하는 사람은 상대 바로 눈 앞에서 실시하는 것이 게임 성공 요령이다.

# 로프 벗기기

'백문이 불여일견'. 그럼 마술사의 게임 요령을 설명하겠다.

## □준비

로프 2개(1 m 정도 되는 것).

## □연기하는 법

"어느 분이라도 좋습니다. 남녀 1명씩 마주 서세요. 자, 여기 2개의 로프가 있습니다. 1개의 로프를 남성 양 손목에 묶습니다. 그리고 다른 1개의 로프로 여성의 양 손목을 묶습니다.

　모처럼 두 분이 나오셨으니 떨어지면 안되지요. 그럼……,."

① 우선 여성의 오른손 로프를 푼다.
② 그리고 남성 로프의 고리 속을 위에서부터 통과(그림 1).
③ 또 원래대로 손목에 묶는다(그림 2).

"자, 언제까지나 함께 하시지요. 하지만 둘이만 함께 있는 것은 다른 사람들이 너무 가엾지요. 역시 떨어져야겠습니다. 단, 매듭을 풀지 말고 둘이서 떨어져 보십시요. 자, 할 수 있습니까?"

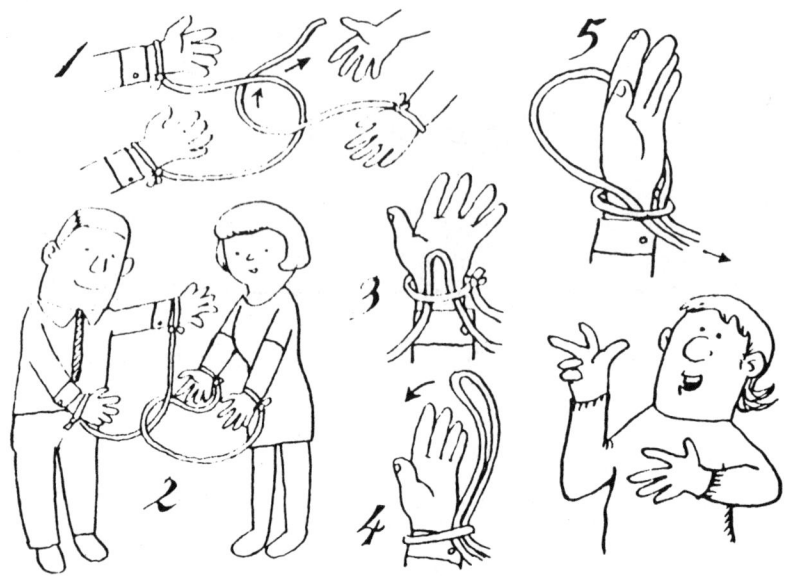

④ 여성 로프 중간 부분을 집어(그림 3) 남성 왼쪽 손목을 묶고 있는 로프 사이로 뺀다(그림 4).

⑤ 반대쪽으로 당긴다(그림 5).

"네, 보시는 바와 같이."


□**주의**

여성의 오른손을 풀은 로프를 남성 로프 고리 위로 넣는 경우는 남성의 왼쪽 손목에서 행하도록 한다. 오른쪽 손에서 하면 2개가 얽혀 버리고 만다.

# 이상한 최면술

이 매직도 마술을 실시하는 사람의 능란한 화술로 관객의 눈을
속이는 놀이이다. 그러나 그것을 관객이 모르게 할 수 있느냐 없느냐
가 요령이다.

## □준비
실, 엽전.

## □연기하는 법

앞에서도 그랬듯이 우선 협력자를 1명 관객 중에서 선발한다. 그리고 그 사람에게 길이 1m 정도의 실 끝에 엽전을 묶어 들도록 한다. 준비가 되었으면 협력자에게 눈을 감으라고 하고 다음과 같은 말을 한다.

"엽전이 바닥에 떨어지지 않도록 팔을 수평으로 뻗어 주십시오. 자, 당신이 아무리 가만히 있으려 해도 엽전은 혼자서 원을 그리기 시작합니다. 자, 작은 원이 그려지기 시작하지요. 보십시오. 점점 커지고 있습니다."

## □트릭

인간은 살아있는 이상 움직이지 않고 가만히 있을 수는 없다. 하물며 팔을 뻗은 상태에서는 팔 끝의 움직임은 커진다.

# 타기 시작하는 각설탕

## □준비

각설탕, 성냥과 담배, 재떨이.

## □연기하는 법

연기자가 연기를 하기 전에 미리 관객 중 1명을 선발하여 성냥으로

각설탕을 태우도록 한다. 아무리 실험을 해 보아도 각설탕은 녹기만 할 뿐 결코 타지 않는 것이다.

'그럼 제가 주문을 외워 보겠습니다'라고 하면서 적당한 주문을 외우며 각설탕을 비빈다. 실은 연기하기 전에 담배재를 손가락에 묻혀 두고 그것을 각설탕 불 붙이는 부분에 비비는 것이다.

불을 대면 드디어 각설탕은 하얀 연기를 내며 타게 된다. 담배재가 있는 재떨이 위에서 연기해도 좋을 것이다.

# 이상한 바둑알

## □준비
바둑알 10개, 수건.

## □연기하는 법
관객 중에서 한 사람을 선발한다. 그 협력자 앞에 바둑알 10개를

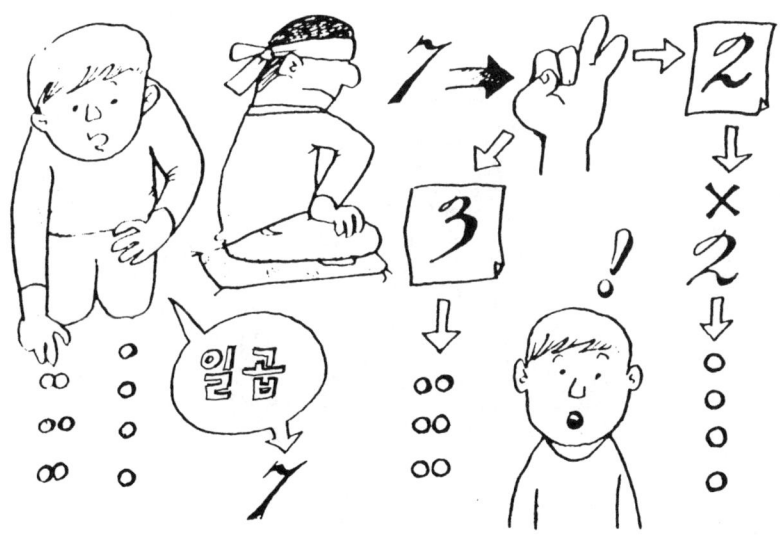

놓고 그 10개를 하나씩 그리고 짝을 지어 나눈다. 연기자는 미리 눈을 가리고 다음과 같이 게임 연설을 한다.

"바둑알을 1개씩 그리고 2개씩 놓아 주십시오. 1개씩만 놓아도 2개씩만 놓아도 좋습니다. 단 바둑알을 놓은 채 네, 네라고 말을 해 주십시요. 저는 눈을 가리고 있겠습니다. 그리고 당신이 바둑알을 다 놓았을 때 1개씩 있는 것이 몇개, 2개씩 있는 것이 몇 개인지 딱 맞추어 보겠습니다."

### □트릭

협력자의 네 하는 소리에 맞추어 엄지 손가락부터 하나씩 꼽아 간다. 꼽지 않은 손가락 2배가 1개씩 있는 것이고 꼽고 있는 손가락 수가 2개씩 있는 것으로 그 2배가 바둑알 수이다.

# 껍질을 벗기지 않고 속을 자른다!

## □준비

바나나 한 개, 바늘과 실.

## □연기하는 법

'바나나를 한 개 가지고 왔습니다. 나이프로 속을 자르는 것은 재미

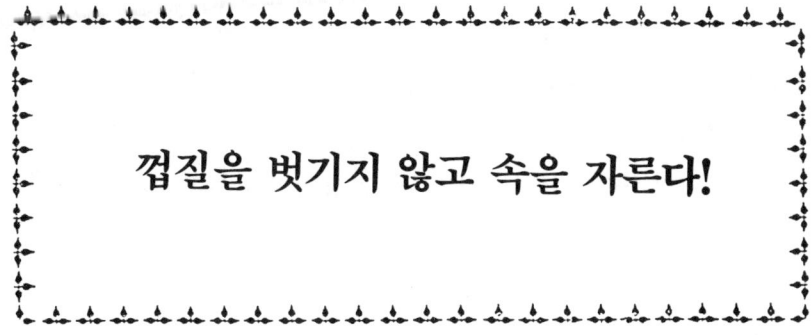

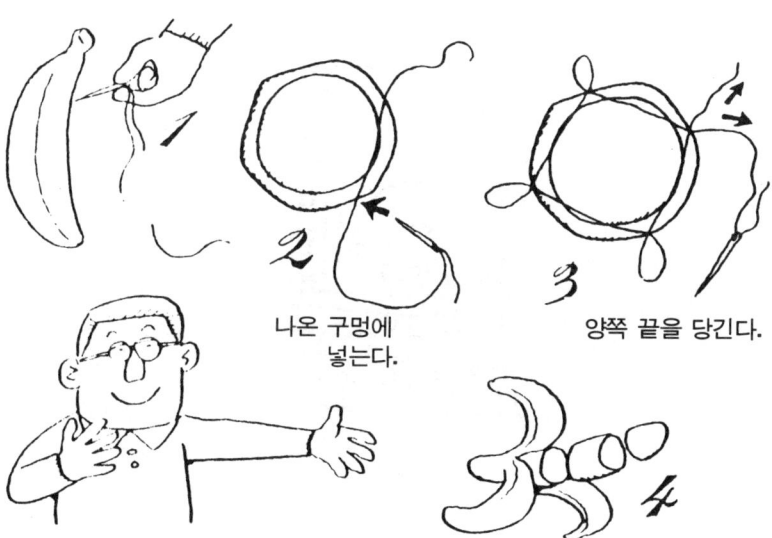

나온 구멍에
넣는다.

양쪽 끝을 당긴다.

없지요. 그럼 껍질을 벗기지 않고 속을 잘라 볼까요?'라고 말하며
기합을 넣는 시늉을 한다. 그리고 관객 한 명에게 껍질은 그대로 있고
속만 잘려 있는 것을 확인하게 한다.

사실은 미리 준비한 바나나에 그림과 같은 방법으로 손을 써 두었
던 것이다.


□**트릭**

우선 바늘에 실을 꿰어 되도록 바나나 겉껍질이 다치지 않도록
실로 속을 감싼다. 한 바퀴 돌려 실 양끝을 당기면 속이 잘리는 것이
다.

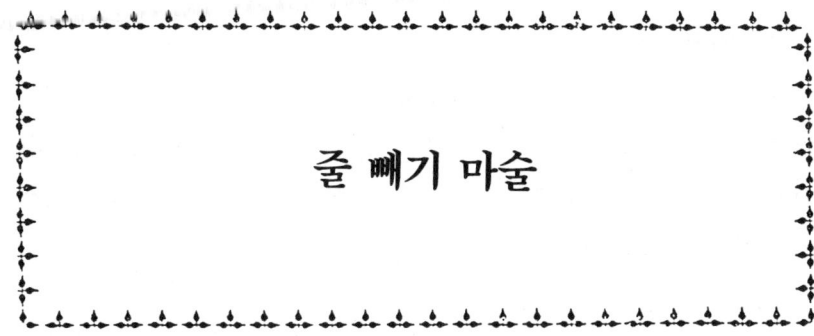

# 줄 빼기 마술

## □준비

젓가락. 줄(30cm 정도).

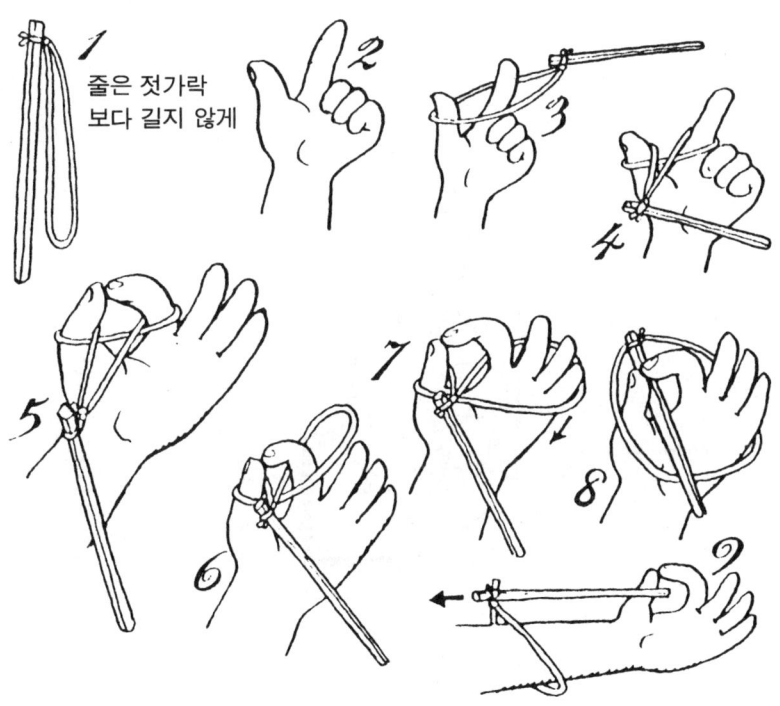

### □연기하는 법

그림과 같이 젓가락에 줄을 묶는데 줄은 젓가락 보다 길어지지 않도록 주의한다. 엄지와 인지에 줄 고리를 걸고(그림 4), 엄지와 인지를 오무린다(그림 5).그 손가락 끝을 떼지 않고 끈을 풀기 위해서는 어떻게 하는 것이 좋을까?라는 놀이이다.

### □트릭

우선 인지에 감겨 있는 줄을 당긴다(그림 6). 중지·약지·새끼손가락 3개를 풀고(그림 7), 또 팔쪽으로 고리를 통과시키면 빠진다(그림 9).

# 스픈이 나이프로

## □준비

나이프, 스픈, 손수건.

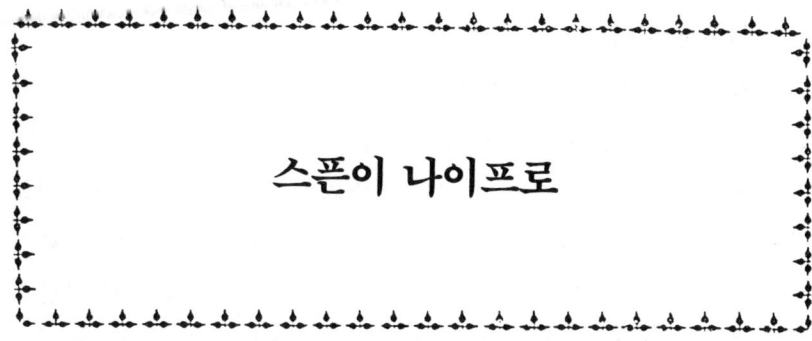

## □연기하는 법

게임을 실시하기 전에 나이프를 준비해 두고 손수건을 꺼낼 때 그 밑에 교묘하게 나이프를 싸 넣는다.

우선 손수건을 펴 그 대각선상에 스푼을 넣고 삼각형으로 손수건을 접는다. 그때 한쪽 끝을 조금 길게 해 둔다(그림 2). 다음에 스푼과 나이프를 들고 손수건을 앞으로 말아간다(그림 3). 짧은 끝 부분이 맞은편 쪽으로 나오면 손수건 양끝을 잡아당긴다(그림 4). 스푼이 나이프로 바뀌게 되는 것이다.

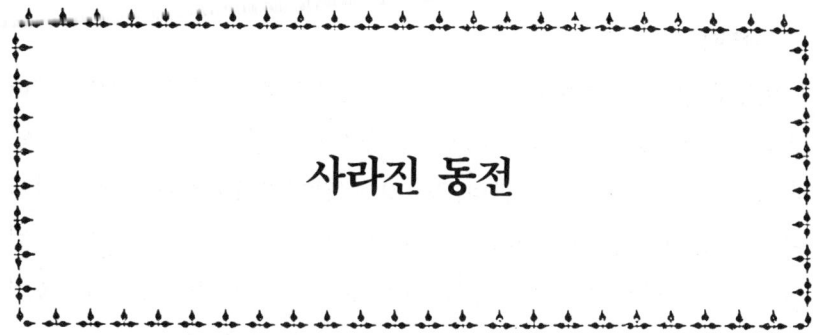

## 사라진 동전

### □연기하는 법

흰 테이블 보가 있는 테이블을 사용해서 실시한다.

우선 10원짜리 동전을 테이블 위에 놓고 컵에 손수건을 덮었다가 그것을 살짝 동전 위로 씌운다. 그리고 기합을 넣고 조용히 손수건을 들면 컵은 그대로 있지만 10원짜리 동전은 컵 속에서 사라지고 없다.

## □트릭

이것은 컵에 트릭이 있다. 즉 컵 가장자리에 테이블 덮개와 같은 색의 종이를 붙여 두었다가, 그것을 숨기고 테이블 위에 놓으면 종이가 붙어 있다는 것을 모른다. 단 컵을 갑자기 10원짜리 동전 위에 덮으면 동전이 없어져 버림으로 컵 위에 손수건을 덮는 것이다. 컵 가장자리에 종이를 붙이기 위해서는 컵 가장자리에 풀을 발라 종이 위에 엎고 잘 마른 뒤 주위의 종이를 잘라 내도록 한다.

# 꿈도 야무져

항상 생활고에 시달려온 벼룩의 내외가 어느 날은 오손도손 장래에 대해 설계하고 있었다.

아내가 말하기를,

"여보오, 우리도 장차 부자가 되거든 개를 한 마리 삽시다. 네?"

# 어,시원하다

## □진행 방법

병풍으로 3면을 에워싸 욕조라고 생각하고 옷을 벗고 얼굴을 내밀어 목욕탕 기분을 낸다.

수건을 얼굴에 얹고 '어어, 시원하다'라고 한다. 재떨이의 담배 5~6개에 불을 붙여 연기를 내면 목욕탕 기분이 한층 더 해 정말로 욕조에 들어가 있는 것처럼 보인다.

권사유
판본소

정통 실내 레크레이션

2018년 5월 25일 인쇄
2018년 5월 30일 발행

**지은이** | 현대레저연구회
**펴낸이** | 최 원 준

**펴낸곳** | 태 을 출 판 사
서울특별시 중구 다산로38길 59(동아빌딩내)
**등 록** | 1973. 1. 10(제1-10호)

ⓒ2009. TAE-EUL publishing Co.,printed in Korea
※잘못된 책은 구입하신 곳에서 교환해 드립니다.

■ 주문 및 연락처
우편번호 ⓪④⑤⑧④
서울특별시 중구 다산로38길 59 (동아빌딩내)
전화 : (02)2237-5577  팩스 : (02)2233-6166

ISBN  978-89-493-0523-3    13690